2年で会社を変えられますか

V字回復の経営

実話をもとにした企業変革ドラマ

Turnaround Task Force

三枝匡
Saegusa Tadashi

日本経済新聞社

V字回復の経営

目次

第3章　改革の糸口となるコンセプトを探す 95

第4章　組織全体を貫くストーリーをどう組み立てるか　167

三枝匡の経営ノート 4

第5章　熱き心で皆を巻き込む　247

装丁　桂川　潤

プロローグ　不振事業をいかに蘇らせるか

元気を失った事業の再建をコンサルタントとして手がけるようになって、いつの間にか一五年の歳月が過ぎた。連結売上高で一〇〇〇億円から一兆円の企業まで、さまざまな業種の経営者とともに、全社改革あるいは赤字の事業部や子会社の立て直しにかかわってきた。それ以前も、自分自身が経営トップの立場で赤字企業二社の経営に責務を負った時期が一〇年近くあったから、私は「事業を元気にする」仕事に人生の大半を費やしてきたことになる。

瀕死の重病人を手がけることもあるこの仕事は、いつもうまくいくとは限らない。人生意気に感じた大成功もあれば、今思い出しても不愉快な苦汁を舐めたこともある。再び利益が出るようになって安心してしまったのか、私が離れた数年後に倒産して新聞紙上を賑わした企業もある。改革を行うとなれば「毒を食らわば皿まで」の覚悟でトコトンやらない限り日本企業の体質は変わらないことを、私は多くの体験から思い知った。

会社を元気にするためには、その会社の「戦略」を大きく組み替えなければならない。あるいは「仕事のやり方」をドラスチックに変えなければならない。しかし何よりも大切なことは、危機感をバネに「心」と「行動」を束ね、皆で一つの方向に走ることだ。

ところが問題は、その危機感だ。いくら経営が苦しくなったからと言って、その会社の社員が強い危機感を持っているとは限らない。むしろダメな企業ほど社内の危機意識は低く、たるんでいることが多い。

日本企業特有の社内の甘えが蔓延する中で、役員や社員の価値観、行動を短期間で変えていくことは、私が共に働いたどんな経営者にとっても容易なことではなかった。

とりわけ組織が肥大化した企業では、改革を狙い撃つ弾は、前面の敵よりも、しばしば後ろの味方陣地から飛んでくる。

「企業戦略の最大の敵は、組織内部の政治性である」。自分の体験から得たこの教訓を痛感する状況に、人生の中で何度、遭遇したことだろう。

ここで言う組織の政治性とは、会社の中の派閥のような話ではない。一緒に飲めばとても楽しく、性格もよい普通の社員が、危機感の欠如と変化への恐れから、新しい変革に背を向け、身の安全を図るのである。そのため企業を変えようとする努力は社内のあちこちで骨抜きになり、結果的に業績回復や体質変化が遅れてしまう。

求められる経営技量

これが米国なら、経営者の行動はきわめて単純かつ短絡的である。彼らは社内の抵抗を強権で排除する。トップの方針に逆らったり行動を怠ったりする者に対する経営者の我慢の時間軸は、日本では想像もできないくらい短い。反抗的な部下には「明日から来なくていい」と伝えればいい。だから、上司の方針に納得しない社員は、そう言われる前にどんどん会社を辞めていく。米国人は、切れ味のよい経営とはそんなものだと思っている。

米国では、強烈な金銭的インセンティブを目の前にぶら下げられると、それに魅せられて社員を大量にクビにしても平気という経営者が、とりわけ八〇年代からたくさん生まれた。昔は米国にも長期雇用システムがあり、経営者は苦しみながら「最後の手段として」社員に辞めてもらうという態度だった。しかし今では決算が黒字でも「株価維持や財務目的で」社員を切ることが普通になった。証券アナリストはそれを喜び、ウデのいい経営者は年に数十億円のボーナスをもらう。社員は経営の単なる道具である。これが米国資本主義の「株主支配型」経営が行き着いた姿である。

一方、事業不振に陥った日本企業の多くは、時間をかけてなんとか会社を改革していこうという姿勢を示してきた。それは日本的雇用システムを守りたいという大義名分ばかりではない。仲よく暮らしてきた村社会から、自分の村人を切り捨てても平気という冷厳な経営者は生まれにくい。恨まれても得はないし、自分一人に札束が降ってくるわけでもない。

そこで多くの日本の経営者は、既存の枠組みを大きく壊さない範囲の改善に励んできた。しかし、それは問題を先送りする道だった。成長期ならいざ知らず、閉塞した経済環境の中で余剰人員を抱えた経営者が、人減らしや体系変更はイヤだが、ドラスチックな組織活性化は必要だと考えるのはかなりの矛盾になってしまった。それを両立させたいのなら解決法は一つしかない。そこにいる社員が今まで以上に有効な働きをすることである。それなら、余剰人員を抱えた沈滞企業でも元気になれる芽がある。

ところが多くの日本企業の社員は、老成してしまって昔ほど働かない。目標が見えないこともあって、頑張る気にもならない。上が燃えないから、下も燃えない。戦略的なものの考え方が米国のビジネスマンより劣っている。経営リテラシー（戦略、マーケティング、組織変革など経営コンセプトに関する読み書き能力）が低い。したがって経営者的人材が少ない。社内に米国のＭＢＡと同じ給与レベルの上級ミドルがゴロゴロしているのに、その人たちの事業意欲や責任感は薄い。若手社員は上位者のだらしなさに怒るが、同じ穴の狢《むじな》だからいつの間にか同じ色に染まっている。とりわけ必死に働くべき不振企業の社員ほどノンビリしている。そのくせ狭い社内で政治性を発揮することだけは得意だ。

余剰人員を抱えているうえに社員がこの状態では、会社が元気になるわけがない。

日本企業が米国企業のスピードに対抗しつつ、米国企業よりも人を大切にする経営を守ろうというなら、役員も社員も米国人以上に経営的技量を身につけ、熱く燃え、集中的にいい仕事をしない限り、競争に打ち勝つことなどできない。

結局、日本企業の多くがこのギャップをいまだに埋めることができないので、業績が沈滞し、自信を失ったままなのである。個々の日本企業の改革の遅れが国全体で集積し、それが日本経済の長期低迷を生んでいる。不景気を日本の政治の貧困のせいにする人が多いが、責めるべきは自分の会社の改革の遅れなのである。

ストーリー仕立ての経営書

日本企業をめざましく生き生きとした組織に変えるためには、われわれはどんな壁を乗り越えなければならないのだろうか。本書は、こうした疑問に一つの答えを提供することを目指した。本書のストーリーは、私が過去にかかわった日本企業五社で実際に行われた事業改革を題材にしている。この五社は、いずれも東証一部上場企業ないし同等規模の会社である。

改革タスクフォースの結成、その作業の進捗スピード、組織変更のタイミング、その後の急激な業績回復に至るV字回復の二年間の「時間軸」は、比較的最近一つの企業で行われた改革の経緯をほぼ正確に再現している。

その「時間軸」に従いながら、ストーリーには、五社で起きたさまざまなエピソードや人物像が混ざり合っている。商品や事業内容は抽象的な描き方になっている。売上高や赤字額、市場シェアなどは変化のトレンドをかなり正確に再現したものの、機密保持のために数字そのものは修正してある。

主人公の黒岩莞太《かんた》や香川社長などの登場人物は、それぞれ一人の実在する人物を再現したものではない。複数の人物の組み合わせである。また本書のあちこちには、これら五社の実在する社員一八名から寄せられた文章が組み込まれている。それらは寄稿者の了解を得て、文脈に合わせて書き換えや抜粋が行われている。

なぜこのように手の込んだ手法をとったかといえば、第一に「客先の社名や機密を明かしてはならない」というコンサルタントの職業倫理を、この書き方であれば守れると判断した、第二に複数企業の経験をミックスすることで企業変革のテキストとして汎用性が高まると考えたからである。本書を読めば、世の経営改革プロジェクトでしばしば出現する困難な現象がかなり網羅的に出てくるはずである。

本書は実際に起きたことが集められているという意味においてはノンフィクションであり、当事者の方々には話の部分部分で思い当たるふしがあるだろう。しかしストーリー全体を見れば、すべてが当てはまる単一企業や人物は実在しないという書き方になっている。その意味ではフィクションと言われても仕方がない。しかし私にとっては、どれも生々しい実体験の再現であり、作り話だと言われると悔しい気持ちになる。

四人の改革リーダー像

経営改革はスポンサー役（香川社長）、力のリーダー（黒岩莞太）、智のリーダー（五十嵐直樹）、動のリーダー（川端祐二）の四人が揃わない限り、成功を収めることはできない。

とりわけ「黒岩莞太」がカギである。彼は理想の改革者だ。この人にまるごと当てはまる人物は日本にほとんどいないと感じる読者は多いだろう。しかし読者は、「自分の会社に黒岩莞太はいない。改革は無理だ」と簡単にあきらめる必要はない。

たとえば、「ウチの会社では、『黒岩莞太』の役割を専務が四割、事業部長が六割の組み合わせで満たすことができる」という読み方をすればよいのだ。

あるいは逆に、「うちの副社長は『香川五郎』の要素を六割、『黒岩莞太』の要素を三割、『五十嵐直樹』の要素を一割持っている人だ」といった見方をすることだ。

そのように組み合わせて考えてもなお、どうしても四人の役割を埋めることができないとしたら、あなたの会社が高リスクの改革を貫徹するのはかなり困難だと考えたほうがいい。

特に「黒岩莞太」のリーダーシップが大幅に欠落する組織では、トップが格好をつけて改革をぶち上げることはご自由だが、いずれ途中で頓挫して雲散霧消する可能性が高い。その場合はリスクの低いシナリオ（それだけ改革効果も少なくなるが）を組むしかない。日本企業の改革が遅々として進ま

なかったのはまさにこのためである

組織の硬直化や閉塞感の諸現象は、日本企業の多くに蔓延している。本書に描いた改革へのアプローチは、業種の違いを超えて、すべての企業に応用可能である。しかし本書のアプローチは、誰もが成功した気持ちになれる単純なハウツーものとは違う。いったん始めたら大変な戦いが待っているから、事前に慎重に考え抜くことが必要である。

本書は成功物語である。しかし私は成功物語を書きながら、自分の気持ちでは失敗物語を同時に書いている気分である。というのは、大きな成功は、成功要因を一つひとつ着実に押さえ、きちんと積み上げていくことによって呼び込まれてくる。積み木細工と同じである。その押さえや積み上げを甘くすれば、積み木は崩れ、改革は成功への道からはずれる。つまり成功物語には、成功要因と裏腹の関係にある、同じ数の失敗要因が書き込まれているのである。

本書を読み進むと、数ページごとに潜在的な「失敗の落とし穴」が現れる。それがいったい何なのか、そこに注目して読み進むのも興味ある読み方になるだろう。

それでは解説はこれくらいにして、物語を始めよう。

第1章

見せかけの再建
——覚悟を固める

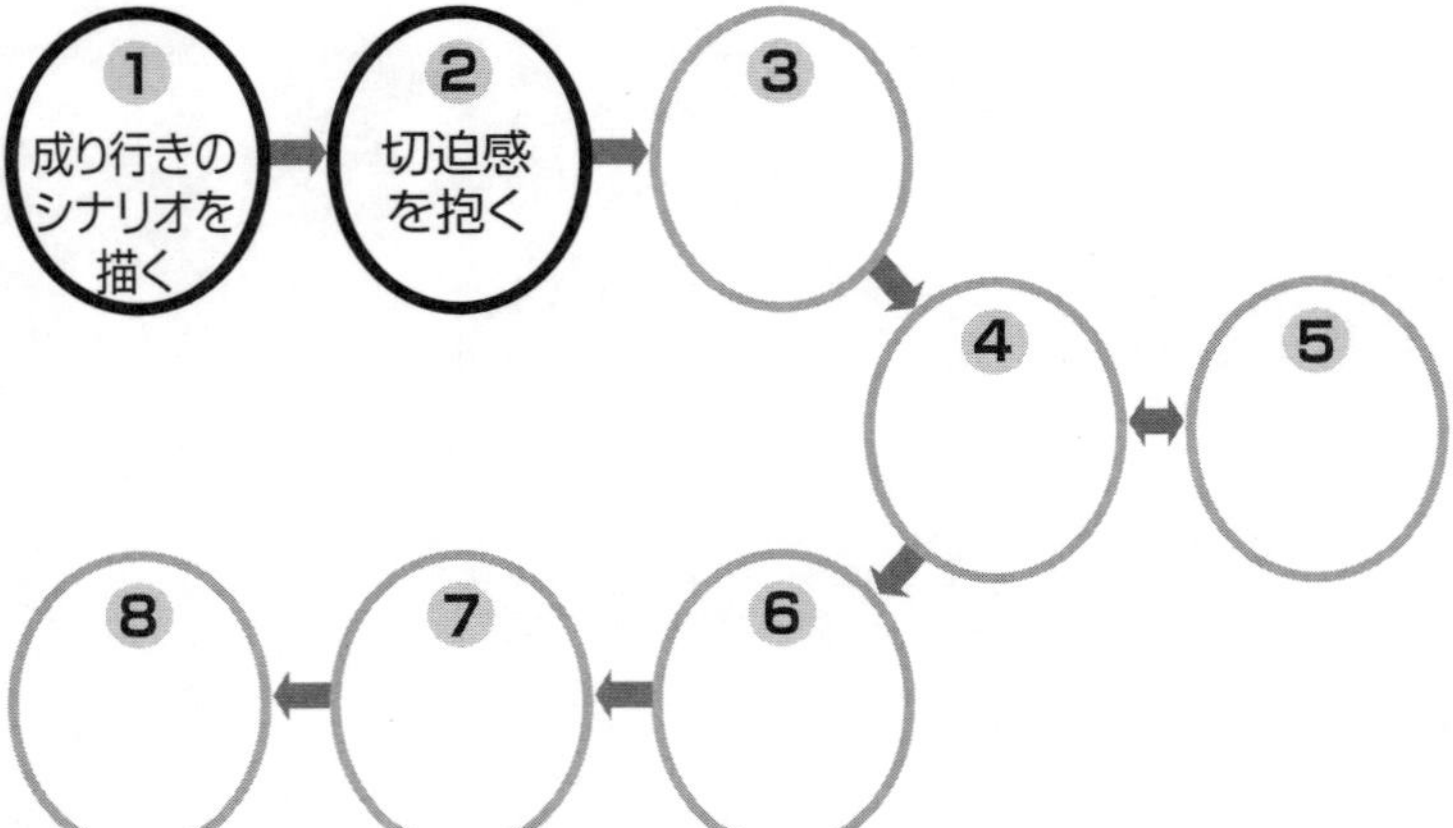
1
成り行きのシナリオを描く
2
切迫感を抱く
3
4
5
6
7
8

再び業績悪化

太陽産業の本社は、東京の大手町、皇居東御苑を望むお堀端にある。

東証一部上場で売上高三二〇〇億円。この業界が日本の花形産業だった頃に積極的な経営で世間の注目を浴び、今でも社名を言えば知らない人はいない。

しかし成長が鈍化して久しく、今では学生の就職先としても話題になることは少ない。

二八階の役員会議室では、臨時の経営会議が開かれていた。

社長の香川五郎は、大きな会議テーブルの中央席に座って、正面のスクリーンに次々と映し出されるパワーポイントの色鮮やかなグラフと、居並ぶ二三人の取締役や執行役員の表情を交互に追っていた。

六十代も半ばに近づいてから疲れやすくなった。白髪をきれいに分け、背が高くスマートな体形に紺色の背広がよく似合う。

心は少しだけ弱気になっていたが、それを周囲に気取られることはなかった。

今、経理部長が今期の決算見通しを説明している。大幅な予算未達成であった。

香川は、その説明が役員たちに大きなショックを与えることを期待したが、役員たちは社長と目が合うのを避け、ほとんど無表情にスクリーンと書類を眺めているだけだった。

先週の経済誌に載った批判記事も、香川の心を硬くしていた。

「太陽産業、上期業績失速」「アスター事業縮小か」「経営改革に遅れ」「組織体質変わらず」

そうした記事も役員たちにさして大きなインパクトを与えたようには見えなかった。

「痛みを感じないのか……」

役員の顔を見ながら、香川五郎は強い不満を感じた。

症状1　一般に企業の業績悪化と**社内の危機感**は相関しない。むしろ逆相関の関係だと言ったほうがいい。つまり、業績の悪い会社ほどたるんだ雰囲気であることが多く、業績のよい成長企業のほうがピリピリしている。

香川は社長に就任して以来、この会社を変えようと必死の努力を続けてきた。

歴代の経営者の最大の罪は「何もしない」ことだった。なかには、就任したとき社員に向けて「皆と一緒に考えながら、この会社を変えていきたい」と語った社長もいた。

しかし社員が社長と一緒になって考えてくれるなどというのは幻想にすぎない。社長こそが新しい考え方を模索し、それを提示し、そして社長が自ら行動しなければ、何も起きないのだ。

このまま行けば、長い会社の歴史に終わりがくるのかもしれなかった。

香川は役員人事で大なたを振るった。それを見て社員は社長の覚悟を知った。

そして執行役員制が導入された。しかし取締役会を少人数にしたところで、「下が動かない」「上が動かない」と言い合っている図式に大した変化はなかった。

症状2　多くの日本企業でカンパニー制や執行役員制が導入されたが、執行役員制それ自体が自動的に何らかの効果を生むものではない。

結局は経営責任の持たせ方や社長の経営スタイル次第であった。

香川社長は事業部の独立採算と事業部長の目標管理を明確にし、その見返りとしてインセンティブをつけた。役員が戦略責任を果たせないなら、早期に退任させると語った。

そして社長が部門別の経営責任を厳しく追及したので、確かに、経営会議の雰囲気は昔と大きく変わった。

「雇用だけは守りたい」

香川社長は一度ならず、そう言った。正直なところ、社員を辞めさせるのはいやだった。

日本の会社は、米国人のように金次第で動く人々のかりそめの居場所ではない。人生のすべてを託した人々の集団なのだ。会社人間の何が悪いのか。

米国の経営者のように株主のためだと言って社員を大量に切り捨て、自分だけは何十億円ものボーナスを得るような金まみれの経営が、長期的に見て会社を強くするとは思えなかった。

しかし五年前の太陽産業は追いつめられ、香川は人に手をつける以外になかった。

多くの企業が同じように社員のクビを切っているという事実が、社長だけでなく後に残る社員や労働組合までをも気楽にさせていた。

この五年間で七二〇〇名いた社員の四分の一を削減し、今では五三〇〇名ほどになっている。

辞めていった連中はどうしているのだろうと、香川はふと考えることがあった。しかしもう関係ないのだからと、社内の誰もが意外なほどあっさりしていた。

放逐した者に冷たくなれる日本の**村社会の心理**とはこんなものだったのかと密かに思ったが、その感想を社長が口にするわけにはいかなかった。

人を減らして仕事に大きな支障が生じることはなかった。工夫を重ねてみれば、少ない人数でこなせることばかりだった。

香川の就任三年目に、全社決算はようやく黒字に戻った。利益の高い二つの事業部が業績を支える構造に変わりはなかったが、他の三つの事業部もわずかながらすべて黒字を計上した。

それまで一〇年間近く、太陽産業はいつもどこかの事業部が赤字というのが当たり前だったから、全事業部黒字というニュースに社内は明るく反応した。

香川もようやく自分の経営スタイルに自信を抱くようになった。

しかしその頃、新たな問題が忍び寄っていた。

五つの事業部の中で、わずかな黒字を計上していたアスター事業部の業績が、赤字事業部の立ち直りと入れ替わるように、急速に崩れはじめたのである。

黒字幅はわずか数千万円に落ちてしまい、本来行うべき不良在庫処理を行えば実質的にかなりの赤字であった。

他の事業部と同じように、アスター事業部もかなりの人員削減策を進めてきたが、それでは追いつかないほど市場が冷え込み、売上高が減少して急速に利益が減ったのである。

香川社長はアスター事業部のリストラ策をさらに強化するように指示した。

不発だった改革

そして香川は、信頼していた常務執行役員の春田を新たにアスター事業部長に任命し、改革に当たらせることにした。

「アスター事業部は組織が古臭い。人減らしだけではだめだ。もっと攻めることを考えないと、いずれもっと大きな赤字を出しはじめるかもしれない。君が思い切って改革を進めてくれ」

言葉では激しく言ったが、香川はそこから先、自分で動くことはしなかった。そこに香川の甘さがあった。

折しも、すべての事業部が黒字になったと聞いて、社員は会社がようやく長いトンネルを抜けたと思った。役員も、周囲のスタッフも、若手社員も、そう思った。それが問題だった。

社内に**安易な安心感**が広まり、わずかに残っていた危機感も急速に薄まっていった。

多くの社員を切り捨てたおかげで生き残った者たちが、はかない繁栄に祝杯をあげていた。

気を引き締めようと春田常務は、社員の前で語った。

「今、アスター事業部は危機だ」

「改革は痛みを伴う。血が流れることもある」

歴代の事業部長でそのような言葉を吐いた人はいなかったから、社員は内心ぎょっとしたが、実際に変わったことは何も起きなかった。

症状３　経営者が「改革は血が流れる」「危機」「正念場」「最後の勝負」「あとがない」といった言葉を口にしたところで、その人が本当に改革推進者とは限らない。

言葉で社員の心をえぐりながら、問題の根底にまで切り込んでいかないと、トップ発言に不感症な社員が増殖していくだけである。

そして心配された事態が起きた。

一昨年にアスター事業部はとうとう赤字に転落し、五億円の欠損を計上した。

市場の縮小が下げ止まらず、しかも競合企業にシェアを食われ、そのダブルパンチで売上高が減り続けたのである。

合理化努力も競合企業の後追いにすぎなかった。多くの犠牲を払いながらも、終わってみれば市場で三番手の事業はやはり三番手、四番手の事業はやはり四番手のままであった。

症状4　日本企業は縮小後退の毒を食らうときにも、**横並びの業界心理**が経営陣を支配している。

そして昨年度の業績はさらに低下し一二億円の赤字になった。春田常務は経営会議で、さまざまな対策を考えていると繰り返し説明したが、さしたる効果も表れなかった。

今年度に入ると悪化傾向に一段と拍車がかかった。上期だけで昨年度の年間赤字額を上回る一三億円の赤字を出す勢いだった。

このまま行けば、アスター事業部の年度決算はどこまで沈んでいくのか分からなかった。

太陽産業全体の業績も崩れた。利益の出ている他の事業部が、アスター事業部の落ち込みをカバーするどころか、むしろ予算未達成の状態だったからである。

香川社長は計算違いに大きな戸惑いを感じた。これまで何のためにたくさんの社員に辞めてもらったのか。

春田事業部長は厳しい叱責を受けた。しかし事業部の部長たちは、太陽産業の全体業績から見ればまだ大丈夫、大したことはない、なんとかなるさ、という反応であった。

香川はその雰囲気を感じ取って、言いようのない腹立ちを覚え、自分の甘さに地団駄を踏んだ。

彼の甘さは、業績の先行きを読み違えただけではなかった。何と言っても、具体的行動の**途中経過のチェック**が甘かった。

経営会議の席上でただ追及するくらいでは、実際の行動に落とし込まれるまでには至らなかった。

会社の中で「キャッシュフロー」「ROE」といった言葉は使われるようになったが、それが幹部の経営行動を変えることにはまったく結びついていなかった。

切り札と思って投入した春田常務だが、いざ前線で戦闘となれば、からきしだらしがなかった。香川の人を見る目にも甘さがあったのだ。彼にはそれが一番こたえた。

症状5　リスク戦略の実行能力の低い人材を難しい局面に立たせても、結局、その人は企業の体質転換を指揮することなどできない。

香川五郎は社内で経営者育成が行き詰まっていることを身にしみて感じた。官僚や政治家がソフトランディングばかりを求め、日本経済を泥沼から救うのが遅れたのと同じことが、太陽産業の中で起きているのだ。

香川五郎は前向きだった。この業績の落ち込みは、天が自分に与えたチャンスだと考えよう。ダメなものはダメになればいい。

ダラダラと待つのではなく、指導者が白黒をはっきり示し、壊すべきものは壊して、さっさと次に移っていくほうが賢明なのだ。

まだ遅くはない。香川はそう心に決めた。

若手ミドルのぼやき

経営会議で上期業績見通しが説明された日の夜、アスター事業部の三人の若手ミドルが会社近くの赤提灯で飲んでいた。三十代の前半、主任や課長代理の肩書だった。

「今日、他の事業部の奴に嫌味を言われた。『アスター事業部のお陰で、俺たちのボーナスが減る。みんな怒っているぞ』ってね」

先週の営業会議では春田常務が大声を出したばかりだった。

「今、会社は危機だ。しかし社内の危機感が薄すぎる」

しかし社員たちは危機という言葉に慣れっこになっていた。それどころか、「危機感がないのは、あんただろう」と心の中で春田常務に言い返した者が少なくなかった。

もちろん、春田の発言は経営者として稚拙だった。

症状6　組織の危機感を高める経営手法は「危機感が足りない」と叫ぶことではない。経営風土を変える経営手法は「風土改革をしよう」と叫ぶことではない。社員の意識を変えるために「意識改革をしよう」と叫んでも意識は大して変わらない。

トップの呼びかけやミドルの話し合いで会社が本当に変わってくれるなら、世話はないのだ。よく計算された総合的アプローチと具体的行動の切り口を経営者が用意し、そのうえでトップ自ら矢面に立つ覚悟で社員の既成価値観を突き崩していかなければ、実際には何も起きないのである。

「確かに社員はみんな、アスター事業部は絶対につぶれないと思っている」

「ここ一〇年近くずっと落ち目、しかも今年で連続赤字三年目……それでも社内はのんびりしているよ……」

読者はご存じだろう。上司を批判するこうした社員の会話の背後には、いつも新たな英雄の出現を待望する気持ちが隠されている。

しかしこの一〇年間、アスター事業部にその英雄が現れることはなかった。

「課長レベルは結構、上に言いたいことを言ってるんだけど、その上が……」

「今の部長たちだって、課長の頃は元気だったよ」

「上に行くとみんな同じウイルスに冒されて……元気なのは外から来た人くらいだろう」

この会社に途中入社した者は、いつまでたってもそと者であった。二〇年近く勤めて課長になっている者でさえ、社内で噂話になると「彼は外から来た」と言われた。

面白いことに、太陽産業社内の他の事業部から送り込まれてきた人も「外から来た」人であった。日本でも転職が珍しくない時代がきているのに、成長が止まって転職者を放出するだけの伝統企業ばかりが、図らずも純血主義を守っている。

症状7　日本の伝統的企業には、「そと者」を心理的に区別する態度が世間的に古臭い習性になっていることにいまだに気づいていない社員が多い。

成功している「高成長組織」では組織が頻繁に変更され、社員の異動が日常茶飯事で、いつも社内はガタガタしている。あまり長い期間異動のない人はかえっておかしいと見なされかねない。

ところが、事業内容がいつまでたっても変わらない「低成長組織」では、人事異動は一大イベントだ。誰が昔、どこの部署にいたか、他人の異動歴まで皆が実によく知っている。

正論でものを言う人ほど、結局は生き残りにくいことが太陽産業では定説になっていた。

ある取締役が、「役員といっても私は部長兼務。他の部署のことにかかわりたくない」と発言して、ミドルのひんしゅくを買ったこともあった。

会議で部長連中が、問題解決のためにガンガン言い合うことは決してなかった。

症状8　激しい議論は、成長企業の社内ではよく見られるが、沈滞企業では大人げないと思われている。情熱を持って突き進む者がしばしば「青い」と疎まれる。

他の部署の仕事に立ち入るまいと生ぬるい議論が繰り返され、うやむやにされた問題は、しばらくすると、それでは困る人がまた持ち出してきて、同じ議論が蒸し返され、また先送りにされるのだった。

アスター事業部では、言い出しっぺが損をしていた。勇んで二階に上がってみたら、後ろで梯子をはずされるということが、しばしば起きたのである。

「この前の経営会議で部長の態度を見て、頭に来たよ……課長が気の毒でね……」

厳しい質問の矢面に立って、満座の中で一人の課長が必死に戦っていた。それを目の前で見ながら、上司の部長がだんまりを決め込んだ。

前日、同じ説明を受けて「これでいいだろう」と承認を与えたくせに、事業部長の否定的態度を見て、助け船を出さなかったのである。

「そもそも、課長に説明させることがおかしいんだ。あれは部長の仕事だろう」

「事業部長が部長に、おまえが自分で説明しろ、と言えばいいんだ」

上に立つ者がぴしりと言えば簡単に是正されるはずの現象が放置されていた。

「でも、変なんだ……事業部長のことを悪く言う人が意外に少ない」

「春田常務は基本的に優しい人なんだよ。その分、他の人がやり玉にあがって……」

危機感を持ちクールに問題に切り込もうとする人のほうが、現場から嫌われていた。

症状9 トップが社内の人望を集め、周囲の役員やスタッフが批判される構図は、それ自体が病気の現象である。トップが自らハンズオン（現場主義）の経営スタイルをとらない限り、組織の危機感を保つことはできない。しかしそうなれば、トップが温かな人気者であり続けることはない。

「事業部長も問題だけど、結局は香川社長だ。なんで放っておくんだろう。これだけ悪いんだから……

「いくらなんでも気づくだろう」

「いや、役員を集めて会議するだけで、分かるわけないよ」

「事業部長がコロコロ変わりすぎて……数えたらこの一〇年間に六人だよ（笑）。まるでお役所の玉突き人事さ」

日本の大企業組織は官僚化が進み、事業戦略よりも人事のご都合主義を優先するケースが増えているのである。

三人は遅くまで飲んだ。毎日アフターファイブになれば、同じ調子のグチがサラリーマンの集まる居酒屋に満ちみちている。

彼らから社長まで、↓課長↓部長↓常務取締役↓社長と、間にたった三人が介在しているだけだったが、その組織階層が地球から月を見るような心理的距離を生んでいた。

症状10　成長の止まった会社では語り部が多くなる。変化が少ないから、去年のことを言っているのかと思うと、実は一〇年前のことだったりする。つまり一年前と一〇年前をまぜこぜに話しても違和感がないのだ。

読者の皆さんは気づかれたことだろう。今夜の話の中に、彼ら自身の反省はまったく聞かれなかった。この事業部をどう活性化したらいいのか、具体的アイデアを言う者もいなかった。

彼らにとって悪いのは、いつも「どこか」の「誰か」だった。

しかしそれを責めることができようか。

症状11　ミドルが問題を他人のせいにしたがるのは、ミドルが自分の裁量で解決できない問題があまりにも多いからである。ミドルを動きやすくしてやれば、組織は急に元気になる。それが本書のテーマの一つである。

そしてもう一つ、彼らの話の中では競争企業の影が薄かった。彼らの関心はあくまで内向きのことばかりなのだ。

中小企業やベンチャー企業であればすでに社長になっているかもしれない若い優秀な人材が、大企業で情熱をぶつける対象を見いだせず、夜になって不満をもて余す。

それは個人にとっても、会社にとっても、国家にとっても、不幸なことだった。

会社の外では一流上場企業の社員の顔をしているが、社内に戻れば「この会社はどうにもならない」と自嘲気味に傷を舐め合う。

たった一回しかない人生を、そんな張り合いのない毎日で埋め続けていくつもりなのだろうか。

会社全体が、やっても、やらなくても同じ世界になっている。

それなりに深刻な事態だと思いつつも、誰もが「自分のせいではない」「自分で直せる問題ではない」と考えているのだった。

日陰にいた切り札

その翌日、社長の香川五郎は朝八時に出社するとすぐに電話をとった。一年ほど前から考えていたことを実行するときがきたと、昨夜、心に決めていた。

電話は大阪の関係会社、東亜テックの社長室に直通でつながった。香川の予想した通り、社長の黒岩莞太はこの時間にすでに出社して、コーヒーをすすっているところだった。

短い会話だった。香川社長は電話を切ると女性秘書を呼んだ。

「来週の月曜、莞太が東京に出てくる。午後の打ち合わせと……レストランを予約してくれ」

大阪で電話を受けた黒岩莞太は、デスクに座ったまま、いぶかしげに考えていた。

急に東京に来るように言われたことが、どうも自然ではない。

何か来るな。そう考えると、なんとなく思い当たるふしもあった。

太陽産業では、社長が子会社の社長に自ら電話をかけることは珍しい。しかし黒岩だけは例外だった。

彼が本社の関連事業室長を務めていたとき、その管掌役員が当時常務取締役の香川だった。

六年前、ある関西財界人を通じて太陽産業に東亜テックの救済話が持ち込まれてきた。当時の東亜テックは年間売上高一二〇億円、債務超過を目前にして青息吐息の企業であった。

あれこれ調べあげたうえで、黒岩莞太は「なんとか救えるのではないか」「分野としては魅力がある」と考えた。一方、香川は慎重で「やめておけ」という態度であった。

結局、当時の社長の判断で、太陽産業は東亜テックの再建を引き受けることになった。そして、話が回りまわって、黒岩莞太自身がその社長として送り込まれることになったのである。

四十八歳で関係会社の社長になるのは、太陽産業では例外的に早かった。しかし、相手がとんでもないトラブル企業であったから、社内では同情論が強かった。

「もうすぐ役員になれるかもしれない莞さんが、なぜあんな会社に行くのだろう」

しかし黒岩自身は、そんな見方を一笑に付していた。

「俺は自分で行きたくて、東亜テックに行くんだ」

黒岩莞太は不振企業に乗り込み、人生で初めて、人を切り捨てる決断を迫られた。

組織を元気にするには、組織の上から手をつけなければ意味がないことも学んだ。工場を一つ閉めた。新製品開発を強化し、営業組織を変えた。労働組合と渡り合った。新たな成長戦略を求めて、開発にリスクを賭けた。

時代も変わったので、M&Aを仕掛けたいと動きはじめていた。

たくさんの失敗も犯した。論理的に考える姿勢は変わらなかったが、組織はしょせん人間の集まりであり、人々の心の中に入り込まない限り、会社は変わらないことをいやと言うほど思い知らされた。

それから六年がたった。

世の中の景気が低迷していたにもかかわらず、東亜テックの売上高は倍近い二一〇億円に増え、親会社が許せば株式上場を狙うこともできる優良会社になろうとしていた。

翌週、東京本社に出てきた黒岩莞太は、すぐに社長室へ向かった。

今年五十四歳になる。背が高く、ゴルフ向きの引き締まった体形で、六年前に比べて精悍さが増し、枯れた感じになりつつある同年輩の社員が多い中で、見るからにエネルギッシュな顔を輝かせていたが、よく見れば頭に白いものが混じりはじめていた。大きな目で相手の顔を見ながら話をするのだった。

香川社長は、子供を諭すような言い方で、いきなり切り出した。

「莞太、おまえに戻ってきてもらいたい」

予想通りの言葉であった。

「アスター事業部を再建してくれないか」

香川は黒岩に、執行役員でアスター事業部の事業部長に就任するという人事を内示した。前任者の春田常務が手こずった事業部の再建に、平《ひら》の執行役員を行かせるのである。

普通の人なら「社長、私は東亜テックを上場させるのが楽しみで、あの会社に骨を埋めるつもりだったのですが……」などと、お決まりの小さな抵抗のセリフを吐いたところだろう。

しかし、黒岩莞太は黙って頭を下げ、わずかに笑みを浮かべた。

香川はそれを「分かりました」という返事に受け取った。黒岩は淡々としていた。内心では……これを出世と言うべきか、不幸の始まりと言うべきか……などと考えていた。

アスター事業部の部長レベルには、黒岩莞太より年上の先輩社員が多い。あの人、この人と古池の蛙のような顔を次々と思い浮かべると、黒岩はさすがに少し気が重くなった。

「社長、あの事業部は赤字になる以前から、もう一〇年近くも停滞しています。よほどのことをやらないと……相当揺らすことになります」

ここまでくれば改革者は外から来るしかないということを香川は分かっていた。

「今まで誰もそれをやり切らなかった。今度こそやってくれ」

そのとき、黒岩が剛速球を投げてきた。

「いっそのこと、『事業撤退』という手はお考えになりましたか」

香川はギクッとした顔で黒岩の顔を見た。事業をやめるのなら、わざわざ莞太を呼び戻す必要はない。

日本の経営者の頭に、事業撤退、売却、買収、ＭＢＯなどの選択肢が現実に加わったのは最近のことだ。

「黒岩君……私は……いざとなったらそれもやむを得ないと思っている」

それは歴史的な社長発言と言ってよかった。

ここ一〇年来さんざん投資したのに、先行きが見えず、市場シェアを失い続けたこの事業にこだわることはないという意見は社内に多かった。

しかしアスター事業部は太陽産業の社歴と同じ年数の歴史を持ち、アスター事業部を売り払うということは太陽産業の歴史を捨てることでもあった。

アスター事業部の撤退を口にする人は、いつも古手の幹部から袋叩きに遭い、社内どころか引退したはずの元幹部までが跋扈して、電話を入れてくることさえあった。

症状12 組織の「政治性」は「戦略性」を殺す力を持っている。政治性は、個人の利権・利害の混入、過去の栄光への執着、個人的好き嫌いなどによって生まれ、「正しいか正しくないか」よりも「妥協」重視の組織風土を醸成する。

歴代の社長は、事業部長が交代するたびに新たに提案される中期経営計画なるものを承認し、一年もしないうちに期待を裏切られるということを、しみついた性のように繰り返してきた。

しかし香川五郎は、自分が同じ轍を踏んだことに気づいた。そして決然として、今、黒岩の目の前で、歴史的な転換を口にしているのである。

「トップの『覚悟』を社員に示したほうがいい。再建できなければ事業売却か閉鎖だね」

黒岩莞太に異存はなかった。社員の気持ちの甘えを殺すには、退路を断つことがもっとも有効であることを黒岩は知っていた。

東亜テックは経営者も社員も甘え、抜本解決をずるずると先延ばしにし、時間の経過を許した。最後は身売りか会社更生法の申請しかなかった。

日産自動車のように、愚鈍な組織が二六年間も市場シェアを失い続け、それでも社内で危機感を共有できず、すべての選択肢を失い、最後に、外から来た改革者、それも外国人に救いを求めた例もある。

アスター事業部も、もし五年前に抜本的な戦略転換を図っていれば、もっと簡単に再建する方法があったはずだ。

しかし追い込まれた企業を放っておくと、問題の根は深く複雑になり、やがてどうしていいのか分からなくなる。

症状13　不振事業では、時間経過は「原因と結果の因果関係が複雑化し、解決の押しボタンが見えなくなる」「選択肢が減少していく」ことを意味する。本書は時間的にじっくり取り組む改善ではなく、追い込まれた泥沼状態から最短距離で抜け出るための抜本的改革のケースである。それだけにリスクも高い。

「社長、どれくらいの時間をいただけますか」

黒岩莞太が香川の顔を見つめながら、行動の時間軸を尋ねた。

「マックス、二年だな」

もしかすると一年と言われるのではないかと思っていた莞太は、内心ホッとした。自分の報酬に金まみれの米国の経営者であれば、半年とさえ言いかねないところだ。

「私が十月一日に着任したとしても、基礎的なことを理解するのに最低二カ月、改革の切り口を見つけ出して基本方針を固めるのに、そこから三、四カ月はいただきたいところです」

それを聞いて香川は頭の中で計算した。この下期を準備期間にして、莞太が来年四月の新年度から本格的な改革推進体制に入ってくれるなら、それでいい。

「なんとか改革初年度の下期には、単月ベースで黒字の月が出るようにしませんと……そうでなければ、二年目に完全に黒字に転換するのは不可能だと思います」

四月に改革を始めて、その年度内に黒字の月？……太陽産業の中で、冗談でもそんなことを言う者はいなかった。

香川は自分からそれを要求したくせに、黒岩の明快な答えに一瞬とまどった。そして、その自己矛盾を微笑でごまかしながら言った。

「うん、それで御の字だ……。根本的な改革を狙ってくれ」

「はい。もし二年以内に黒字にできなければ、私も退任させていただく覚悟でやります」

社長香川五郎は嬉しくもあり、驚きもした。

自分は春田常務に引きずられ、二年間も問題を先延ばしにしてきた。

しかし目の前の黒岩莞太は、事業撤退の決断まで視野に入れ、「経営者の覚悟」に一時間たらずで到達しているのだった。格好がよすぎると感じる読者もいるだろう。しかし莞太は腹を決めていた。

これはどのみち、断れる人事ではない。だから、やるとなれば徹底してやってやろう。自分は「経営者」として動くのだ。

サラリーマン意識から抜けられない者には、簡単に口にできる言葉ではない。しかし彼はリスクを踏むことに慣れていた。

「社長、実は一つ、お願いしたいことがあるのですが……」

どんな注文をつけられるのかと、香川は顔をかしげた。

黒岩が東亜テックを立て直したとき、彼は一人の経営コンサルタントを使っていた。経営者として素人同然だった黒岩莞太にとって、大きな助けになったことは聞いていた。

黒岩のお願いとは、その人をアスター事業部の再建に連れていきたいということであった。

香川五郎の頭に多少の迷いが生じた。

その昔、二億円を払って戦略コンサルタント会社を使ったことがある。しかし彼らは社内の意見を集約しただけで、事業展開に役立つ創造的な計画は出てこなかった。

風土改革コンサルタントと称する人を雇ったこともあるが、社外でミーティングをすることを売り物にしたり、仲よし新聞を配るだけのことで、事業強化にはほど遠い手法だった。

コンサルタントといえば「正しい、正しくない」をトコトン問いつめていく職業かと思ったら、経営者のご機嫌うかがいをするような人がいて驚いたこともある。

しかし最近の業績悪化を見て、香川は外部の血を導入する必要性を痛切に感じていた。

「君はこの仕事に命を賭けると言っているのだから、好きにしたらいいだろう」

次の週、黒岩莞太は経営コンサルタント五十嵐直樹を社長に引き合わせた。早稲田大学商学部出身。四十九歳。力強い声が黒岩莞太と共通していた。

三人は会議や夜の会食を何回か重ねて、互いのスキンシップを図った。

社長香川五郎、事業部長黒岩莞太、コンサルタント五十嵐直樹。アスター事業部の改革に向けて、これでトップのリーダーシップ体制は固まった。

「莞太、私は何があっても、徹底的におまえをサポートするからな……同じ船だよ」

香川は黒岩にそう言い切った。社長は腹を固めていた……どのみち、他に頼める人材はいない。この男に託してダメなら、誰が乗り込んだところでダメだろう……。

黒岩にとっては、これがすべての始まりだった。

アスター事業部の人々の気持ちを、一つに集めなくてはならない。冷めている彼らの気持ちを、熱く燃えるように導いていかなければならない。

それにはまず、危機感を持ち、変化を待望している改革志向の人々を糾合しなければならない。

「この指とまれ」

そう呼びかけて、現場の「燃えるリーダー集団」を形成させなければならないのだ。

自然死的衰退への緩慢なプロセス

もしある企業で突発的な事件がいきなり起きれば、それに対して社員は瞬発力をもって反応することができる。しかし毎日毎日、少しずつ、一〇年、二〇年の単位でジワジワと進む老化現象に対して、人々は鋭い反応を示すことはできない。惰性に流されながら長い年月をかけて、少しずつ衰退への道を辿るのである。その道のりを、私は「自然死的衰退への緩慢なプロセス」と呼んでいる。日本企業は、そのプロセスのどん詰まりまで追いつめられたことが分かってからも、依然として変化への対応が鈍い。

日本企業に改革者はいるのか

一〇年たっても組織体質を変えることができず、低迷する業績にあえいでいる企業を見ると、われわれは一つの素朴な疑問に答えを出すことを迫られる。それは「同じ人々が、同じ会社で、同じような行動パターンを続けていて、果たして会社を変えることが可能なのか」という疑問である。常識的にはこの答えは「ノー（無理）」である。

なぜなら第一に、普通の人間は誰しも自主努力だけで簡単に自分を変えることはできない。心に大きな影響を及ぼす何らかの出来事がない限り、自分の価値観、行動パターン、好き嫌い、リスク感（安心や不安の感じ方）などを自発的に切り替え、習慣を崩し、突如として革新的行動に出ることなど容易にできない。組織も同じなのである。

第二に、それでもなんとか企業内の自助努力で変身を図ろうとするなら、最低条件として、強力なリーダーが出てこなければならない。

ところが同じ人々が同じ会社で問題をこね回している限り、自分たちのやり方を否定するような改革リーダーは、よってたかって事前につぶしていることが多い。よく言われるように、「出る杭」は打たれ、スターがいなくなっているのである。

重要なことだが、スターやエリート層のいない組織で変革は絶対に起きない。エリートとは「選ばれた者」というよりも、「集団への責任を自覚した者たち」と解すべきなのだ。

今、日本には「自分がこの国の将来を背負っている」「この企業を救うのは自分だ」と使命感を抱いているエリート集団がいるだろうか。国民も社員も「誰かがやるだろう。でも、少なくとも自分ではない」と思っている。外野席にいるから批判だけは旺盛だ。

そうなれば、組織はリーダー不在のまま、行き着くところまで行かざるを得ない。「変革者は外から来る」「新しい変革は組織の辺境で起きる」という一般法則が作動するところまで追いつめられない限り、大した変化を起こせない企業が増えているのである。

第三に、仮に元気な「出る杭」が残っていて、社内から改革リーダーが出現したとしよう。実際私の経験では、どんなに元気を失った企業でも、何人かの「気骨の人材」が必ず隠れているものである。

私は業績不振で追いつめられた会社に行ってそのような人材に出会うと、いつも感激する。失礼ながら、まるで生卵を荷台にいっぱい積んだトラックが道路でひっくり返っても、何個かの卵がつぶれずに生き残っていたようなものだ。米国企業ではほとんどお目にかかれない現象である。なぜなら米国人は金銭ずくだから、会社が冴えないとなれば逃げ足が速いからだ。

しかし日本企業では優秀な者がかなり社外に去り、残っている者もやる気を失っていることが多い中で、何人かの気骨の人材がまるで隠れキリシタンのように、会社、職場、仲間への愛着を捨てがたく残っている。私はそこに事業再建の最後の拠り所を見いだす。

しかしいくら元気者でも、改革経験を蓄積した人材がいきなり出てくることなどあり得ない。だからある日突然「出る杭」の人材が日なたに引きずり出され、「おまえが頼りだ、この会社を元気にしろ」などと言われたところで、その人にとって組織を変えていくことは未体験の孤独な作業になる。

そして、その人が日夜涙ぐましい努力を重ねたとしても、客観的に見て素人療法に頼っているなら、やはり企業の改革は容易に実現することができない。つまりそこで問われるのは、プロ経営者としての「経営技量」と「見識」なのである。

本書の第1章を読んだだけで、黒岩莞太のような人間は自分の会社にいないと感じた読者は多いかもしれない。この先のストーリーを読めばなおさらそう感じるだろう。ところが米国には黒岩莞太に似た経営技量を持った人間がたくさんいる。それがあの国の経済活性を支えている。彼らはほとんどが金まみれで、社員よりも自分の利益を優先する人たちだが、残念ながらそんな利己的ルールで会社を転がす経営スタイルのほうが結果的には効果的で、日本は、彼らの経営技量と変革スピードにやられてしまっているのである。

こうして、多くの日本企業で（あるいは政治や官僚の世界でも、つまり日本という国全体において）変化対応型リーダーシップの著しい枯渇状態が生まれている。今、日本企業における「経営者的人材の不足」はきわめて危機的状況にある（拙著『経営パワーの危機』日本経済新聞社）。これからの国際競争に対応し、戦略転換や経営革新をタイムリーに切れ味よく実行していくためには、日本企業の社内で「変化志向のリーダーシップ」が急いで育成されなければならない。

辺境で育った軍鶏

黒岩莞太は太陽産業の中でつぶれずに生き残っていた卵だ。そのガッツは生来のものだろう。しかも彼は東亜テックでの戦いを経て、立派な軍鶏《しゃも》に変身して本社に戻ってきた。黒岩莞太は今、腹をくくって、古い価値観と新しい価値観の衝突を起こそうとしている。その戦いが、黒岩莞太の意図した範囲の中で進行する保証はない。それが改革のリスクであり、リーダーにとってはもっとも危険な時期が始まるのである。

もし黒岩莞太のシナリオが失敗すれば、黒岩は組織から排除されることになる。そんな例はこの世にいくらでもある。その場合、黒岩莞太の改革を支持してその陣営に加わったメンバーまでもが、「くだらないことに荷担した」と冷笑される。そして組織の中で古い価値観が復権し、しばらく生き延びることになる。しかしそれは「自然死的衰退への緩慢なプロセス」が戻ってきたにすぎない。

改革者が有効な手を打つための第一歩は「事実の把握」だ。自分で組織末端を歩き回り、「ハンズオン」つまり自らの手で現場の細目に触れて事実を確かめなければならない。そこで見る景色の中に必ず「改革の押しボタン」が隠れている。それは、それなりの考え方と経験を積んだ者だけが見分けることのできる押しボタンである。

改革者は多くの社員に会い、新しい「ものの見方」を語る。そのストーリーがシンプルで正しいと思われるものであれば、改革者の言葉は強いメッセージ性を発揮しはじめる。そして改革者は熱き心の社員を「この指とまれ」で組織化することを目指す。

この先、こうした変化がうまく進みはじめるのだろうか。黒岩莞太はまだ何も見えない不安の中を、とりあえず前に向かって歩きはじめた。

第2章

組織の中で何が起きているか

——現実を直視する
——成り行きのシナリオを描く
——切迫感・危機感を抱く

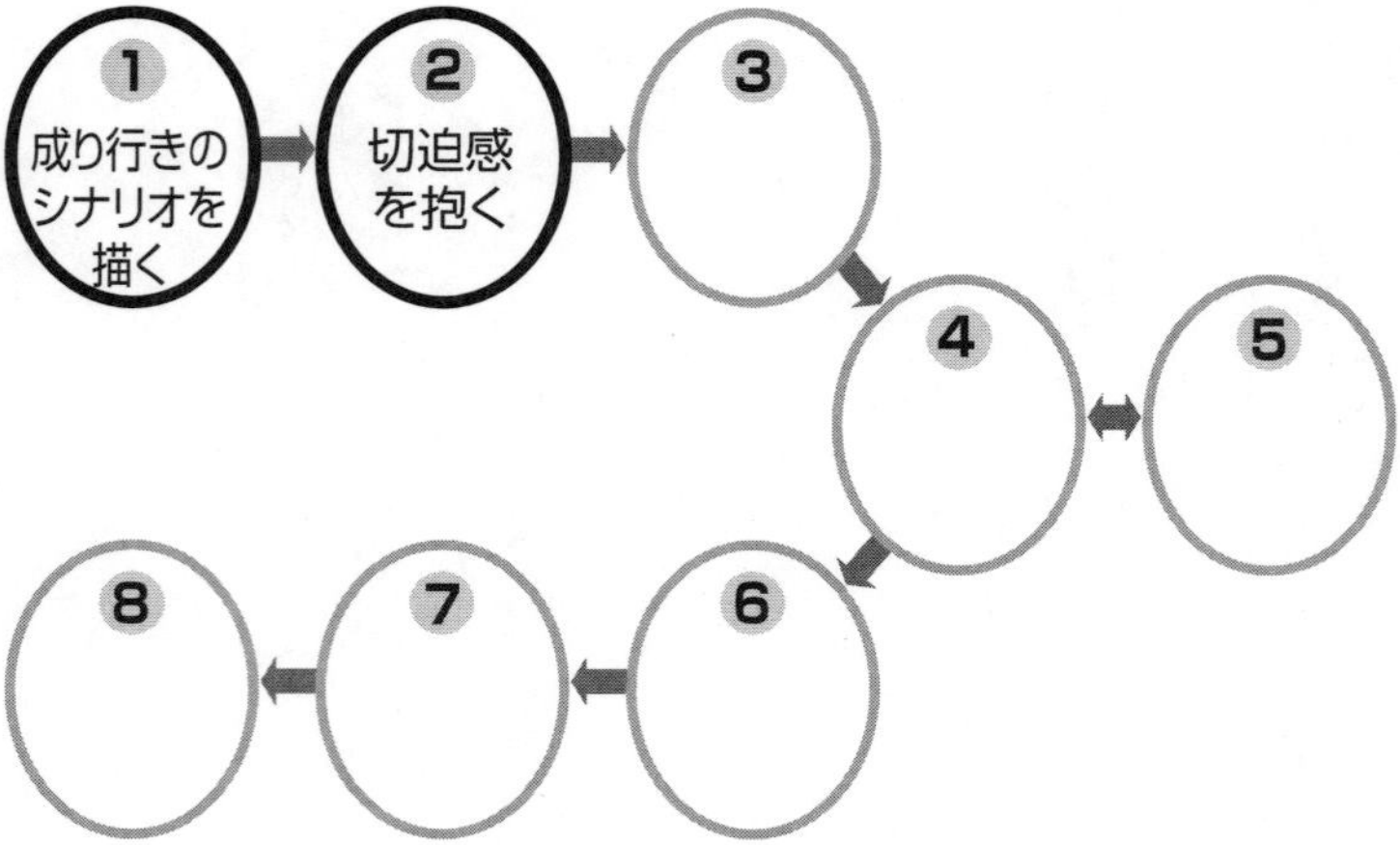
1
成り行きのシナリオを描く
2
切迫感を抱く
3
4
5
6
7
8

出席者の多い会議

太陽産業アスター事業部の改革を命ぜられた黒岩莞太《かんた》は、東亜テックの後任人事や引き継ぎをバタバタと片づけ、十月十日、東京本社に出社した。

とりあえず家族を大阪に置いたまま、まずは単身赴任で東京に移ってきたのである。

黒岩はいったん自分の部屋に落ち着いた。伝統企業らしい立派な事業部長室だったが、感慨に浸っている時間はなかった。

事業企画室長の山岡と簡単な打ち合わせを済ませると、二人は会議室に向かった。

会議室のドアを開けて一歩中に入ると、黒岩は予想外の情景にあれっと思った。少人数の会議のつもりだった。しかし、目の前に三〇名近い出席者が待っていた。

黒岩は正面の席に座ると、ささやくような声で隣の山岡に尋ねた。

「これは全員、経営会議の正式なメンバーか？」

「はい、今日の欠席者はいません」

直感的に変だと思った。黒岩は静かにノートを開き、気づいた症状をメモにした。

症状14　やたらと出席者の多い大会議。ダメ会社症候群の典型。出席者を減らすと「自分は聞いていない」「関係ない」と拗ねる者が出てくる。リーダーシップの弱い組織の特徴だ。

山岡が開会を告げ、「新事業部長からお話があります」と黒岩を紹介した。

改革者が全体を把握せずに、いきなり**つまらない局地戦**に入るのは賢明ではない。黒岩莞太は立ち上がったが、細かい方針を述べるつもりはなかった。

「アスター事業部にはこれまで巨額の投資が行われました。しかし市場での敗退が続き、とうとう赤字に陥って今年で三年目になります。太陽産業は今や、アスター事業部の赤字を支える体力がありません。今後この事業部をどうするか、香川社長と何度も話し合いました」

会議室の隅まで行き渡る太い声で、目を見開き、出席者の顔を次々と見ながら話した。

「そして……もし二年以内にこの事業部が黒字化できる見通しが立たないならば……この事業からの『撤退』もやむを得ないとの結論に至りました」

問いかけるように言ったが、ほとんどの者は無反応であった。

「私は経営者として、やるべきことはすべてやります。この事業部を救うために、背水の陣で改革に当たりたいと思います」

黒岩の話が終わると、会議室は静まりかえった。

新任の事業部長が、自分を「経営者」と呼んだのは初めてのことだろう。

それよりも、事業部の長い歴史の中で、事業撤退の可能性が公式の席で語られたのは初めてのことだった。しかもそれは社長と事業部長の意思であり、二年の期限までついている。

事業部を「救う」という言い方をされたのも初めてだった。

しかし、居並ぶ出席者の表情に大きな変化はなかった。多くの者が心の中で計算していた。いきなり「血が流れる」と言っただけで、結局何もしなかった常務も以前にいたからだ。

ほとんどの者が「まともに聞けば損する」「まあ、お手並み拝見だね」と考えた。

しかしD商品群プロダクトマネジャーの星鉄也は、即座に違う反応を示した。

三十九歳の課長。類は友を呼ぶというのだろうか。多くの者が下を向いていたのに対して、星は前を見つめたまま、迫るような声で問いかけてくる黒岩の表情を追った。

「太陽産業の上層部に、こんな人が残っていたのか」

黒岩も何人かの好意的な目線に気づいたが、その場を支配していたのは冷めた反応だった。

黒岩はそれを気にせず、黙って座った。今日はこれ以上彼らを煽るつもりもなかった。これから二カ月ほど、黒岩は「低い静かな姿勢」で実情を把握するつもりだ。

管理者たちのすくみ合い

定例の議事が始まった。

会議の事務局を務める事業企画室長が、手慣れた感じで会議を進めていく。

上期の決算速報と下期予測を加えた年度見通しが報告された。年間総売上高は予算を大幅に下回って四一〇億円の見通し。

かつてはこの事業部が太陽産業全社売上高の三割近くを占めていた栄光の時期もあったが、今は一三％ほどになっている。

現在の人員数は七一〇名。一〇年前のピーク時には一六〇〇名もいた社員が、今はその四割レベルにまで減っている。

もっとも製造の半分近くを下請け企業で行っているので、その人員を加えればもっと大きな組織である。

事業部の連結赤字は上期だけで一三億円に達する見通しだが、計画では下期赤字をなんとか八億円に縮小し、年度赤字を二一億円に抑え込むという。

問題は商品群別の損益だった。アスター事業部には大きく分けて六つの商品群がある。総売上高四一〇億円のうち、A商品群は一三〇億円で、今年度見通しの経常利益約五億円。B商品群は売上高九〇億円で約四億円の利益。

つまりA、B商品群合わせて売上高二二〇億円で九億円の利益があり、なんとか食いつないでいる状態であった。

これらA、B商品群は比較的大きな企業への直販が主体で、本社の中に直販営業部があった。

これに対して、話はややこしくなるが、C、D、E、Fの四つの商品群の営業活動は子会社のアスター工販を通じて行われている。

アスター工販には五カ所の支店が、その先には各地の代理店網があり、全国約三万社といわれる中小企業ユーザーをカバーしている。

そしてこのC～F商品群がすべて赤字であった。

長い歴史を持つC商品群は売上高七〇億円、赤字一〇億円。D商品群は売上高一〇〇億円で赤字一四億円。

さらに五年前からプロジェクトチームで取り組んできた新規事業のE商品群は売上高一〇億円で赤字二億円。三年前に始めたF商品群も売上高がほぼ同じ一〇億円で赤字四億円。

つまりC～F商品群を合計すると売上高は一九〇億円に達するが、赤字額は合計三〇億円にもなる。A、B商品群の黒字と相殺しても二一億円の事業部赤字が残るという計算だった。

もう一度整理すると、研究、開発、生産までの段階ではすべての部署が全製品を扱い、典型的な機能別組織になっている。その先の営業だけは二つに枝分かれしている。

そしてアスター事業部直販営業部の扱う事業は黒字、子会社アスター工販の扱う事業は赤字という色分けであった。

組織が機能別のままで、どんどん商品群が増えていけば、当然、個々の商品すべてのフォローが難しくなる。そこでアスター事業部は一〇年以上も前に、プロダクトマネジャー制を導入していた。各商品群とその中に含まれるいくつかの基軸商品にプロダクトマネジャーがつき、研究開発から販売、サービスまでを「一気通貫」でフォローさせようとしたのである。

しかしこうした制度が社内で多くの対立と欲求不満を生んでいた。

機能別組織の部長と、プロダクトマネジャーの権限がぶつかり合い、「最終の決定権はどちらにあるのか」という裏のせめぎ合いが問題ごとに繰り返されていたのだ。

マトリックス組織の典型的な弊害だが、この一〇年間、この問題に真正面から取り組む事業部長はいなかった。

定例報告が終わり、今日の最初の議題はD商品群であった。大幅なコストダウンと、不採算商品の削減計画を決定する手はずだ。

出番が回ってきたD商品群のプロダクトマネジャー、課長の星鉄也は、会議室前面に歩み出ると、パワーポイントを使いながら、対策の全体像と各部の作業計画を報告した。

星は、目の前の席で振り返りながら聞き入る黒岩莞太としばしば目が合い緊張していた。

説明を終えるとアスター工販の吉本社長が意外なことを言いはじめた。

事業部の中で、C～F商品群だけに特化している部署はアスター工販だけだから、吉本社長はこれら赤字の商品群に大きな発言権を持っていた。

しかも太陽産業の理事からアスター工販社長に転出したので事業部に遠慮がなく、事業部の社員には扱いにくい相手だった。

子会社の経営者は先輩だから親会社のライン責任者が口を出せないという政治的現象は、昔から日本企業のあちこちで常態化している。

「星君、商品数の削減が大幅すぎるね。これでは、かえって赤字が増える恐れがある」

先週の商品別会議で、今、横に座っているアスター工販の取締役営業部長が最終案を了承して持ち帰ったのに、経営会議の席上でまた元に戻そうというのである。

議論は初めからおかしな雲行きになった。工場長が助け舟を出してくれた。

「生産品目の集約はこれくらいやらないと効果が出てきませんよ」

星鉄也にはありがたい援軍だったが、この数カ月間、何度も繰り返された議論がまた蒸し返されているにすぎなかった。

工場とアスター工販は、日頃から対立することが多かった。

工場は、営業の販売計画がいい加減であてにならないと独自の生産計画を立て、営業側は欠品や過剰在庫が起きるのは工場のせいだと陰口を叩いていた。

いつも静かな物言いだが、内心では吉本社長を嫌っている開発部長の佐々木が意見を言った。

「これらの商品は競争力がなくなっているのですから、私も大幅削減に賛成です」

人数的には吉本社長の劣勢だったが、結論が出ないまま押し問答が続いた。

最後に皆の視線が星鉄也に集まったが、彼は困った顔をしていた。持ち前の気の強さで、腹の中は「いい加減にしろ」と煮えくり返っていた。

全体をまとめるのは、確かにプロダクトマネジャーの仕事とされていたが、役員や部長レベルが対立しているのに、その場で課長が決断を下すことなど、あり得ない話なのだ。

明確な結論を言えば、否定された部長にあとでいじめられることは分かっている。

この一部始終を聞いていた黒岩は、無表情の顔をしていたが、心の中は苛立っていた。

症状15　部長たちが機能別の**組織のたこつぼ**に潜り込んでいる。事業全体の責任を分かち合う意識は消えている。

症状16　プロダクトマネジャーが社内政治の「掃き溜め」にされている。上位者でなければ解決できない戦略的課題を若手に押しつけている。

課長の星が答えに迷っていると、不意に資材部長の秋山が別のことを言い出した。

「実は、D商品群とB商品群の部品発注が重なって……メーカーからどちらを急ぐかと相談され……私はD商品群を後回しにすべきと判断し、したがって予定が一カ月ずれることに……」

驚きの新事実であった。こういうときにいつも後回しにされるのはC～F商品群であった。しかもこの古タヌキみたいな部長は、いつも勝手な理屈で他の部を振り回す。

さすがに星は言い返した。

「部長、そんなことを、資材部だけで決められるのですか……」

本当は「ふざけるな。プロダクトマネジャーの権限って何なのさ」と怒鳴り返したかった。彼は必死になった。今さら全体スケジュールを変えるわけにはいかない。

関係部署が事前によく打ち合わせていれば済むレベルの低い話だった。しかし他の商品群まで巻き込んで、話は二転三転し、結論は出なかった。

会議の持ち時間を大幅に超過したので、山岡が無理やりまとめに入った。

「星君、各部を集めて、もう一回すり合わせをやってください」

それで終わりだった。星鉄也は腹を立てていたが、怒りをぶつける相手はいなかった。

症状17　機能別組織の全部署が全商品群に関与し、よってたかって仕事を複雑にしている。その分、個々の商品への責任感が薄まっている。

症状18　妥協的態度＝決定の先延ばし＝**時間軸の延長**＝競争力の低下。外で負けることよりも、内部をよろしくやることのほうが大事だと思っている。

会議はさらに続いた。多くの議題で、同じパターンのやりとりが繰り返されていた。黒岩莞太の頭の中は、警戒信号の赤ランプでいっぱいになった。

競合他社の話はどこへ

《黒岩莞太の話》

この前の経営会議の印象ですか？　正直言って、うんざりしました。

あの会議で誰の主張が正しく、誰が間違っていたかは、問題ではありません。あれは経営会議になっていません。

幹部全員が、つまらない**政治劇**を演じているんです。

自分たちで結論の出せない議題は先送りして、最後の調整を若いプロダクトマネジャーに投げてしまうのですから……どうせ妥協の産物しか出てこないに決まっています。

私がガックリ来たのは、まる一日会議をやっていながら、競合企業の話がほとんど出てこなかったことです。相手の社名さえ、会話に出てきたのはわずか二、三回でした。

症状19▓顧客の視点はどこに行った？　競合の話は？　内向きの話ばかり。

私は立ち上がって、怒鳴りつけたくなりました。「俺たちは負け戦をやってるんだ。赤字を垂れ流しているんだ。こんなことで勝てるわけないだろう」とね。

でもあの日は喋らないことに決めていましたから、我慢して観察していました。

症状20▓「負け戦」をしているという自意識がない。

症状21▓個人として「赤字の痛み」を感じていない。責任を皆で薄め合っている。

あの綱引きを見ながら、私は歴代の事業部長の責任を感じました。これは、今後進める改革の重要なポイントですから、きちんと説明します。

どこの企業でも、組織はタテ組織とヨコ組織の組み合わせになっています。

たとえば、営業のライン組織をタテとすれば、営業企画、業務、人事、経理といったスタッフ機能がヨコ串を刺しています。プロダクトマネジャー制も同じです。

米国で複雑なマトリックス組織がもてはやされたのは一九七〇年代のことですが、導入してうまくいかない企業が続出しました。

タテとヨコの利害がぶつかるのは宿命なんです。

それぞれ異なる使命を与えられ相互牽制を狙っているのですから、放っておくと当事者の仲が悪くなるとか、問題が先送りされる現象が出てきます。そういうものなのです。

その症状が長く続けば、事業展開のスピードは落ち、競争にも負けていくことになります。この事業部が示している病状は、まさにその現象なのです。

解決法ですか？　その答えは、簡単と言えば簡単なことです。

一つ上の組織階層にいる共通の上司が、早め早めに積極的に動くことしかないのです。つまりあの経営会議の状況で言えば、事業部長がカギなわけです。

元気な成長企業に行きますと、一つ上の階層の上司は、いつも配下のタテヨコの矛盾を自分で嗅ぎ回り、問題を自分でいち早く吸い上げます。組織内の綱引きに自分から先手を打ちます。そして、明確な方針を自分で示します。

元気な組織というのは、そういう人がいるから元気でいられるのではないでしょうか。それも、下の者が妥協的な案を固めてしまう前の、多少まだ生煮えという段階で、積極的に下に入り込んで、本来とるべき戦略や基本思想をインプットしてやらなければなりません。

この行動こそが、経営における**リーダーシップの本質**ではないでしょうか。

しかし残念ながら、アスター事業部の歴代の事業部長の中には、それを自分の役割だと考えなかった人が多かったに違いありません。

そのような事業部長は「黒幕」のように、下から見えない存在になっています。黒幕が出てこないと、何が起きると思います？

代わりに山岡事業企画室長のような代理者が……彼はスタッフですよ、それなのに全部ひっかぶって……不人気でも耐えながら組織をまとめる、そんなことになるのです。

トップのリーダーシップが弱いから、下も鍛えられることがないのです。そう考えると、レベルの低い言い合いをしているミドルたちも、いわば被害者に見えてくるのです。

まだ一週間が終わったばかりです。今、一番気が焦っているのはこの私です。しかし東亜テックのとき、私は急ぎすぎて、何度かドジを踏んでいるんです（笑）。ちゃんと踏むべきステップを踏んでいかないと。でも、思い切ってぶち壊さないと打開できませんよ、この事業部は……とんでもないですよ……。

真の赤字要因を追わず

黒岩莞太はすぐに、管理職や若手など約五〇名と個人面談を行う予定を組んだ。社内の実情をつかみ、改革の切り口を最短距離で見つけることが目的だったが、もう一つ、重要な目的が隠されていた。

黒岩は二カ月ほどの「静かな観察期間」が終われば、直ちに数名の「改革タスクフォース」を編成し、この事業をどう改革するか、そのシナリオ作りを始めるつもりだ。

黒岩は、この一連の面談でそのメンバーを選び出したいと目論んでいた。

一人ずつ、一時間から長ければ三時間も話し込んだ。朝から晩まで、時には、面談者を昼食や夕食に連れ出して話を続けた。

《D商品群プロダクトマネジャー、課長星鉄也（三十九歳）の話》

私は事業部長に昨日呼ばれました。経営会議のことで何か言われるのかなと思っていましたが、行ってみたら事業部長はニコニコしていました。

いきなり、「プロダクトマネジャーの権限は何なの？」と聞かれました。

ヘビに睨まれたみたいな感じで（笑）……つい正直に「何も決められません」と答えちゃいました。

「分かるね。あの経営会議の調子で、会社の幹部が滑った転んだとやっていたら、**組織の戦闘力**など絶対に出てこない。競合にここまで負けたのは当たり前だよ」

驚きましたよ。二週間でそこまでお見通しなら、この先、何をしてくれるのかなと嬉しくなりました。まったく違うタイプの人が現れたと思います。

市場の状況を聞かれました。私が担当しているD商品群は、かつて三〇%近いシェアがあって業界二位を争っていましたが、今では半減して一五%のシェアしかありません。

それでもまだ、業界第三位を保っています。

第一位は関東工業で四五%、第二位は横田産業の約三〇%です。

ええ、どちらも今は上場企業ですが、わが太陽産業から見れば、昔は中小企業みたいな会社でした。太陽産業はそんな会社にやられちゃって……情けない話ですが。

品目別に見ても、われわれが第一位だという優勢商品は一つもないのです。

「今、拡販している商品は何なの?」

「アスター工販の吉本社長は、前期の重点商品を今期も引き続き拡販する計画です。私はむしろ今月出る新商品を一気に拡販すべきだと思いましたが」

こう答えた途端、事業部長の表情が変わりました。「え?」という反応です。

「商品の拡販方針は、プロダクトマネジャーが決めるんじゃないのか?」

「営業マンにどの商品を拡販させるかは、アスター工販の社長が決めることになっています。営業をアスター工販に分離して以来、ずっとこのやり方です」

「なんだい、それ」

症状22　商品別の全体戦略や、新商品導入計画が「開発→生産→営業→顧客」の**一気通貫**の連携で行われていない。

「D商品群の中身だけど、それぞれの商品は、先月どれくらいの損益だったの？」

「まだ速報ですが、D1商品は営業限界利益ベースで約六〇〇〇万円の黒字、D2商品は一億二三〇〇万円の黒字……」

この返事で、また話の雲行きがおかしくなりました。

営業限界利益というのは、この事業部特有の言葉です。固定費や研究開発費を配賦する前の損益のことです。その昔、経理出身で数字をいじることが好きな事業部長がいましてね。その人が決めたんです。

「赤字商品ばかりのC～F商品群は、今年度三〇億円の赤字を出す情勢だ。それなのに君たちは……商品別損益を営業限界利益なんてレベルで見て……黒字のつもりでいるのか？」

事業部長はびっくりして、ものすごく深刻な反応です。

「いえ、どの商品も経常損益までいけば赤字ということは分かっているつもりです……でも月次の商品群別となると、経理からこの程度の数字しか出てこないのです」

症状23　商品別損益がボトムラインで語られていない。担当者レベルの「赤字に鈍感」の集合体が組織全体の危機感不足を構成している。

「つもりじゃダメなんだよ。赤字を消すには個々の商品レベルに下りて、単価は崩れていないか、数量差はどれくらいか、原価がおかしいのか……原価ならどの項目がおかしいのか……原因を遡及してアクションをとっていかなくては」

「そういう『差異分析』の数字は、大雑把な分類でしか出てきません」

事業部長が私の顔をじーっと見るんですよ（笑）。

「君ね、商品別の損益が半年待たなければ分析できないなんていうのは、会社がどんどん成長していた時代のドンブリ勘定から進化していないということだよ」

それが実態です。私は自分のせいでもないのに、小さくなりました。

症状24 原価計算がたくさんの商品を丸めた形で行われている。赤字、黒字が相殺され、実態の見えない情報になっている。

症状25 赤字の原因を個々の「現場」に遡及できない。社内の行動不足を引き起こしている理由の一つはこれである。

症状26 関係会社を含めた商品別の連結損益が見えていない。戦略判断を間違えたり、経営行動が遅れる原因になる。

「数字が君たち現場の者にとって役に立つ形に分解されて出てこなければ、具体的改善の切り口は見えない。それで、フリーキャッシュフローがどうのこうのと米国人の猿まねみたいな議論ばかりしたって、ナンセンスじゃないか」

今どきこんなレベルの低い話があるのかと言われました。あるから困っているんです。

「商品別の損益が分からないとなると、毎月の業績は何で判断しているのだ？」

「結局は、売上高です」

「そう言うと思ったよ……驚いたね……あれほどトップが『利益志向』と言っているのに、ミドル以下の実際の行動は昔と同じなんだ」

症状27 組織末端では旧来の売上高志向管理から抜け切れていない。管理システムが途中で切れているからである。

症状28 不振企業の共通現象は、トップも社員も**表層的な数字ばかりを追いかけて**、議論が現場の実態に迫っていないこと。

「こういうやり方のまま、しばらくすると人減らしで帳尻合わせ。じり貧だね」

その通りですよ。でも変でした。まるで私が経営者として批判されているみたいな（笑）……立場が逆の会話になっていたんです（笑）。

上がったり下がったり……冷や汗も出ましたが、しかし、何か痛快な気分でした。

事業部長は五十四歳でしょう？　私より一回り上ですが、ショックですよ。ストレートな物言いと、それでいて意外に老獪さみたいなものも感じました。

この職場で私があと一五年間仕事をしたからって、あんなふうになれるとは思いませんね……絶対に。私の周りを見れば、自明の理です（笑）。

いくら頑張れとか、経営者意識を持てとか言われたって、こんな自分で何も決められないような環境で……飼い殺しですよ……だから時々、辞めたくなるんです。

でも、これで少し面白くなってきそうな……何が起きるんですかね（笑）。

多すぎるプロジェクト

《開発センター開発技術者、課長猫田洋次（四十五歳）の話》
私のデスクの横に誰かが立ったので見上げたら、なんと黒岩事業部長でした。気軽に歩き回って幹部社員をつかまえて、そこいらの空いた椅子に座り込んで話をしておられたようです。

今までそういう事業部長はいませんでした。私はあとで個人面談に呼ばれました。

まず、開発センターがこの五年間に何をしてきたのか、開発リストをお見せしました。

「この新商品の数を、競合企業と比較するとどうなるの?」

その質問には、以前に作った表が手元にあって、すぐに答えることができました。
A、B商品群では、当社の新商品が八に対して第一位の中外工業は一〇。善戦です。
しかしC商品群を見ると、当社の新商品一三に対して、第一位の丸井産業が三二。

D商品群では当社の新商品七に対して、第一位の関東工業が一五、第二位の横田産業が一三。

売上高の少ないわれわれは完全に力負けです。

「問題は中身だよ。ユニークな商品を出して、ある分野で勝ち戦になっていれば望みがある。それを示すデータはないの?」

そんなデータはありません。

「じゃあ、C、D商品群の二〇の新商品に絞って、市場導入が成功した、まあまあ、ダメだった、という分類で○△×をつけてくれる?」

単純な質問ですが、何をもって成功とするか、基準をはっきりさせないと答えられません。

実を言うと……それは言い訳で(笑)……私はそんな見方で考えたことがなかったのです。

話がこういう方向に行くのは予想外でした。開発の話をするのだと思っていましたから。

「感覚的でいいから、君の判断を表現してみてくれるかい」

勝ち負けを見るのですから、市場シェアしかないと思いました。

そこで、新商品投入によって市場シェアが以前より上昇したら○、同じままなら△、新商品を入れても減少傾向が止まらなかったら×として印をつけることにしました。

つけ終わってみるとガックリでした。○の商品はゼロ、△が四、×が一六。

「大成功した商品が一つもない……開発は『惨敗』だね」

惨敗という言葉が妙に新鮮で、ギクリとしました。

「これが業績悪化の大きな理由の一つだろう」

正直に打ち明けると、開発者はそれほど市場での勝ち負けに執着してこなかったと思います。われわれはよい商品さえ送り出せばいいと。あとは「営業の問題」だと思っていました。

症状29　開発者がマーケティングや市場での勝ち負けに鈍感になっている。何が「よい商品」なのかの定義が社内でずれていることに気づいていない。どの答えが正しいかは顧客が知っている。

「開発の立場から見て、この『惨敗』は何が原因だと思う?」

驚きましたよ。やっと私の部署の話になると思ったら、そのときには「惨敗」が前提になっていたんですから(笑)。この人はこのために回り道をしてきたのかもしれないと思いました。

しかし、私はその質問の矛先を営業のほうに持っていきました。

「アスター工販の販売戦略が不明確」「営業マンはユーザーのことを分かっていない」「彼らの技術知識が乏しすぎる」「だから付加価値の高い商品を売り込む技量に欠けている」「売りやすい商品しか売りたがらない」「すぐに値引きで勝負したがる」「販売計画がいい加減であてにならない」「売り出す前から負け犬根性」。

私は工場のことも言いました。

「工程不良が多すぎる」「客先クレームに鈍感」「コスト削減が甘い」「納期遅れが多すぎる」「生産計画の修正が遅くて、過剰在庫の山」

しばらくしたら、事業部長が私を遮りました。

「あのね、他部署の批判ばかりだけど……この『惨敗』に君が関係していることはないの？」

人のことを言いすぎたのかもしれません（笑）。

「人が減って、全部の開発テーマを消化できません」

リストラで高技能者が減り、長年培った仕事のノウハウの伝承が弱くなっているのです。多くの日本企業で同じ現象が起きていると聞いています。

「それも人のせいみたいだね（笑）。人が減ったらその分、開発テーマを絞らなければだめだろう。私の経験だと、ダメ会社ほど開発テーマを多く抱える傾向がある」

症状30 ダメ会社ほど開発テーマが多すぎる。全部やり切れるはずもないのに上層部があれもこれもとテーマを増やすので、どれもはかばかしく進まない状態になる。

私はそんな傾向があることなど、知りませんでした。つい、私のほうが「どうして、そうなるのですか」と質問する側に回ってしまいました（笑）。

「理由は三つある。まず第一は、会社に明確な『戦略』がない。そのため、開発テーマをふるい分ける基本思想がハッキリ打ち出されない」

当たっています。私は上司や歴代事業部長の顔をダーっと思い浮かべました（笑）。

「第二に、戦略がないので時間軸が甘くなる。開発をダラダラ続けても、まずいと思わない」

当社でも、開発スケジュールが多少遅れたからといって、ひどく叱られることはありません。

「第三に、そういう会社では、開発の意思決定者が誰だかよく分からなくなっている。戦略を決める人がハッキリしないのと同じ病気だね」

確かにこの会社は責任者がはっきりしなくて、実を言うと、「失敗してもごまかしやすい」組織なんです（笑）。

「だいたい君ね、C、D商品群にどうしてこんなにたくさん似たような商品があるの？　多すぎて開発も面倒を見切れないだろう？」

「開発だけじゃなく、工場も、営業も、どの商品に力を入れるべきか分からないんです」

「おまけに新事業とか言ってE、F商品群にまで手を出して、それでまた赤字を増やしている」

結局は行き当たりバッタリでやってきただけなんです。

その話のあと、事業部長の質問の矛先がまた私に向いてきました。この緊張感……久しぶりの快感というか、私も必死というか……（笑）。

「今、開発中の新商品の**顧客メリット**を説明してくれるかい」

今度は何を見ようとしているのでしょうか。

「新商品は部品性能が三割よくなって……」

私は商品仕様を説明していきました。しかし、またすぐに事業部長に遮られました。

「私が聞いているのは、性能じゃない。お客様がどのようなメリットを得るのかだよ。たとえば顧客の経済的利益はどれくらい？　どれだけ利益が増えるの？」

「……」

「別の聞き方をすると、この新商品の価格が高いとか安いとか、お客さんはどのような理屈で判断するんだろうね」

私はこの単純な質問に答えられなかったのです。当社では、単に従来商品を踏襲して価格をつけるのが当たり前になっていたのです。

症状31 開発陣が「顧客メリットの構造」「顧客の購買ロジック」を完全に把握していない。
それでよく開発ができるものだ。

その日の晩、家に帰って一杯やりながら考えました。

もし面談の初めから事業部長に、頭ごなしに開発はダメだと言われたら、私は反発していたと思います。過去にそういう人がいましたよ。

しかし**一緒に鉛筆なめなめ**の議論をしたうえで、やはり開発に問題があると言われたので、それは私の気持ちの中に自然に入り込んできました。

事業部長をどう思うか?　さあ……あとから考えてみると、不思議なんです。

あの人は商品や技術のことなど、まだほとんど分かっていないはずなのに……どうしてあそこまで私に食い込んでこられるのか。経営の定石みたいなものがあるのでしょうね。

敵を作りやすい人かもしれません。しかしこの事業部はがんじがらめ状態ですから、それくらいの人でないと……。

戦略不在が招く不信感

黒岩莞太は早い時期に市場での評価を聞くことが先決だと思った。そこで幹部面談の合間に顧客訪問の予定を入れた。

そうすれば同行する営業マンや支店長と話をすることもできる。

子会社のアスター工販は深刻な赤字を出しているＣ～Ｆ商品群の営業を担当し、代理店販売を主体にしている。全国約六〇社の代理店がアスター協力会を組織していた。

その先にＣ～Ｆ商品群のユーザーとして中小企業約三万社の市場がある。

《代理店大山商事、代表取締役大山郁夫社長の話》

私の会社は太陽産業と三〇年近いおつきあいになります。

先日、新任の黒岩事業部長がお越しになりました。私とほぼ同年輩とお見受けしました。

黒岩さんよりも私のほうが、歴代の事業部長さんのことをよく知っています……初めの小一時間ほどは、昔話をしていました。しかし、単なる表敬訪問ではなかったようです。

「これまでいろいろ迷惑をかけているはずです。ご意見を伺いたい」

非常に真剣な表情でそう言われたので、途中から私も真剣になって、日頃感じていることを申し上げることにしました。

「昔のアスター事業部の営業マンは目が輝いていましたね。ところが最近はグチばかり。長いつきあいですから、私も話は聞いてあげますよ……しかし開発センターが悪いからいい新商品が出てこない、工場が悪いから品質がよくならない……そんな不平ばかりで、私ら代理店はどうすればいいのでしょうか」

症状32　社員が外部に会社の不満を垂れ流している。会社の看板を背負うことを投げ出している。

同行してきた支店長の顔から笑いが消えましたけど、私は構わず話を続けました。あの支店長にはこれまでさんざん言ってきたのですが、いくら話してもムダでしたから。

何年か前、アスター事業部の商品に品質クレームが多発した時期がありました。それで、顧客ばかりでなく、販売代理店の営業マンの中にもアスターを敬遠する人が増えたのです。

保守サービスの人々は実によくやってくれます。しかし、それ以前の問題として、メーカーはクレームを未然に出さないようにしないと。

黒岩さんは熱心に聞いていました。われわれはいろいろな企業と取引がありますから、各社の対応を比較して、具体的にお話ししました。

「アスター事業部のクレーム対応は完全に競合に負けています。重大な問題でも、開発や工場の人が出てくることは少ないし……」

昔は、当社の取り扱い商品の中で、太陽産業が五割近くを占めていました。今は二割ぎりぎりのところです。

「アスター事業部の商品だけでは食っていけません」

そうハッキリ申し上げました……一応、仁義を守って競合商品の扱いは控えていますが。

それと、もう一つ重大な事実。

「五年前に一度、アスター事業部は直販強化の方針を出して、そのあと引っ込めたのです。われわれを飛ばす話です……それで代理店は不信感を抱きました」

この市場のエンドユーザーはC～F商品群合わせて約三万社といわれています。それをアスター工販の一〇〇名ほどの営業マンでカバーできるわけがありません。

つまり、面をカバーするためには、依然として代理店に依存しなければならないのに、突如として直販を増やすという方針が出たのです。

当時の事業部長さんは、ずいぶんおかしなことを考えたものですよ。

症状33　過去の流通政策に、愚かなふらつき。戦略不在。取引先の人たちが不信感を抱いている。

支店長さんはますます落ち着かない様子でしたが、一緒に来た営業マンは涼しい顔をして、私に「この際、じゃんじゃん言え」ってな目つきでした（笑）。

一般に、太陽産業の営業マンは紳士的ですね。もっとがめつくやらないと関東工業や横田産業に勝てない気がします。一言でいえば、単なるサラリーマン集団なんですよ。

はい、黒岩事業部長には好感を持ちました。歴代の事業部長さんで、これだけ腹を割って代理店に近づいてきた人は初めてだと思います。

もしかすると、これで太陽産業は変わってくれるのではないか……。ただ、これまで口先だけの事業部長が多かったですからねぇ……もう少し様子を見ないと（笑）。

被害者意識の営業マン

《アスター工販、大阪支店次長の話》
危機だ、危機だと言われてますが、私は聞き慣れてしまいましたよ（笑）。会社の中は大して変わっていないですね。人は減りましたけど、ただそれだけのことで……。

事業部長はこの二日間、名古屋と関西地区でユーザー八カ所を回ったということです。

応接室に呼ばれてソファーに座ったら、すぐに一つの表を見せられました。二〇の新商品の市場導入結果を○△×で採点した勝敗表でした。この五年間に成功が一つもないという表です。

「この『惨敗』の原因は何だと思う？」

私は日頃から開発や工場に問題があると思ってきました。ただそれを事業部長に言うのは勇気がいります。

しかし、あれこれ話しているうちに、きちんと聞いてくれそうだったので、途中から私も、いいや、言ってしまえ、という気分で日頃の不満を口にしました。

「開発技術者が個人の趣味で開発した商品を、われわれに売らせていると思うことが多いんです。工場にも、『ユーザー』『お客様』の発想があるとは思えないですね。悪いのは自分たちじゃない、客がおかしい、営業が悪い、という態度です。世の中がすべて開発中心で回っていると思っているのです。あいつらはそれで毎月の給料がもらえるのだから……赤字でもさすが大会社ですよ」

事業部長はちょっと呆れたような顔で私の顔を見ていました。そこまで言う私に呆れたのか、話の中身に呆れたのか……きっと両方でしょう（笑）。

「支店の要望を、開発に伝える機会はないの？」

「さあ、われわれ営業末端の者には、本社の中で何を議論しているのか、サッパリ分からないのです」

つまり支店が「こっち側」で、アスター工販の本社営業部は「あっち側」なのです。遥か彼方の中央官庁みたいなものです。その先の親会社のアスター事業部なんて、神の国ですよ（笑）。

支店にいた人が本社に転勤してしばらくすると、言うことが変わってしまうのです。私などには見えない力学が本社の中で働いているのでしょう。

何を考えて方針を立てたのか……話がコロコロ変わりますしね。

しかも……事業部長やアスター工販の社長が次から次とよく替わるんです。社内のご都合人事で、これもコロコロと。

新しい人が来ると「こんなやり方じゃダメだ」と方針を変え、実態が分かってきた頃には転出。違う人が来てまた同じことの繰り返し。植民地みたいなものです。

競合企業は同じ経営者がずっと一貫した考えで攻めていますよ。こちらの「経営の継続性」がブッブツ切れているのは相当のハンディです。ここまで差をつけられたのは当たり前です。

本社のご都合のしわ寄せが、全部、現場の営業マンばかりにくるんです……われわれ営業は理不尽な戦いを強いられて……若手なんか、かわいそうですよ。

症状34 組織末端に一種の**被害者意識**が広がっている。

そのあと、営業活動の組み立て方について聞かれました。

「本社の商品別販売目標は、支店の活動にどう組み込まれているの？」

「はい、支店の拡販方針は、支店長が独自の方針を加えて発表します。本社の重点五品目だけは必ず含まれていますが」

「ということは、その五品目を別にすれば、本社の戦略商品と、各支店長が営業マンに示す重要品目は一致しないものがあるのだね？」

「売りにくい商品があれば、他の商品でカバーすればいいということになっています……」

あたしもドジでね（笑）……この一言が、火に油を注いだ感じでした。私はまだ、事業部長が何を気にしているのか、よく分からなかったのです。

「おかしい。そんなやり方をしたら、**『何を売ってもいい』**ということになってしまう。本社の販売戦略が成り立たないじゃないか」

「でも、アスター工販の営業部長も、売上合計のことしか聞いてきませんよ。品目別は、単なる内訳の話です……」

「単なる内訳?……」

「それを気にしているのは、アスター事業部のプロダクトマネジャーだけですね。時々、事業部から電話がかかってきますから」

事業部長は、何か、ものすごくがっかりしたような感じでした。

症状35 本社→支店→営業マンは実質的に「何を売ってもいい」の関係。本社の商品戦略は顧客接点まで届いていない。

その先は、さらに細かくグイグイ押すように聞かれました。

「この支店で、営業マン一人当たりの顧客数は多い人だと四〇〇社もあるね。どう見ても回りきれない。どうやって重点顧客を絞っているの?」

「過去二年間に売り上げの大きかった顧客を重点的に回っています」

「そのやり方では、競合企業のお客さんとか、昔はいいお客さんだったが競合にとられてしまったお客さんには、行かなくていいということになる」

「そうですね……でも実際に回り切れないので……」

症状36 営業活動のエネルギー配分が管理されていない。営業マンの行きやすいところが、会社として攻めるべきところとは限らないのに。

症状37　大きな市場を少人数の営業マンで効率よく攻めなければならないのに、「絞り」「セグメンテーション」の考え方が足りない。

「彼らの活動内容はどうやって管理しているの？」

「日報を読んで、それで指導しています」

事業部長の目が、ウソだろうと言っていました（笑）。

「君の部下一三人が出す日報は、一カ月三〇〇枚近い。それを全部読んで、一人ひとりの行動を商品別に押さえて、さらに顧客別に拡販の進み具合をチェックして、特に新規の開拓状況を確認する……バラバラに出てくる日報で、そんなことを全部フォローできるの？」

できません（笑）……ホンネで言えば、アタリです。

「結局は売れそうな話が出てきたら一本釣りで、どうなってる、どうなってるって追いかけ回して、そして月末がきたら売上総額が達成できるかどうかで尻を叩く……そういう形だろ？」

これは、かなり的確な描写ですよ……すごいですね。感心している場合じゃありませんが。

「そうやってかけずり回っていると、本社の重点方針が何だったかなんて、どっかに行っちゃうだろう？」

「いやあ……でも、一応、みんな本社方針を気にして動いていますよ」

われながらいい加減な返事でした（笑）。

事業部長も笑っていましたけど、そろそろ降参しろという雰囲気で、たたみ込まれました。

「この管理法なら……私が営業マンだったら、売りづらい新商品とか、競合にとられたお客さんなんかに、売りに行かないね。それで叱られることがないのだから」

そう言い切られるとねぇ、私も辛いですよ、でもねぇ……当たっていますよ、それが……。

症状38 営業の「やってもやらなくても同じ」は、①「戦略」が個人レベルまで降りていない、②毎日の「活動管理」のシステムが甘い、の二つによる。

いやー、どーっと疲れが出ました……(笑)。売り上げが伸びないのは開発のせいだなんて、最初に言ったのがまずかったんでしょうかね。

しかし、いろいろ言われてみると、われわれ営業にも問題はあるようですね。それにしても事業部長は、あんな面談を毎日やって疲れないんですかね……。

はびこる組織官僚

黒岩は幹部面談の合間を縫って、社内で行われているさまざまな会議に出てみた。本社ばかりでなく、アスター工販の社内会議や、大阪、名古屋などの支店営業会議にも出た。

ある日、黒岩は変なことに気づいた。

黒岩が本社営業部の営業会議に行ってみると、会議の招集者である営業部長が自ら喋ったのは冒頭と終了の挨拶だけだった。

議事はすべてスタッフである営業推進課長が代理として進め、営業部長は最後まで黙って座ったままだった。

「この営業部長は何のために、今日一日、ここに座っているのだろう？　つまらん男だな」

そう考えたとき、黒岩莞太はハッと気づいた。

「あの症状だ！」

そう思って支店の営業会議に行ってみた。すると支店長はやはり冒頭の挨拶だけ、あとは貫禄を見せて、よほどのことがない限り発言しない。

会議の進行は支店の管理課長が行い、司会役だけならまだしも、出席している営業所長に対する新たな指示事項までも彼が喋っていた。

開発会議に行けば開発管理室長が会議を仕切り、開発部長は黙って座っていた。

工場の生産会議に行けば生産管理室長が議事を進め、工場長はやはり黙っていた。

気づいてみれば、黒岩が初めて出席した経営会議からして、そうだった。

事業企画室長の山岡が、進行役の役割を超えて、部長クラスにかなり辛辣な質問を投げかける。時には目上の工場長や営業部長が、やり込められる場面が見られた。

事業企画室は管理システムの中心であり、その室長は事業部のいわば番頭さんだった。

山岡がその役を見事にこなしていることは確かだが、しかしそうなると、会議の本来の招集者である事業部長は何をするというのか。

黒岩は、春田常務が議事を山岡に任せたまま、まるで天皇の御前会議のように黙ってそのやりとりを聞いているだけだったという事実を見抜いたのである。

黒岩自身も事業部長としてそのようなやり方をすれば、これほど楽な仕事はないだろう。

症状39　会社の中に**代理症候群**が蔓延している。ラインの推進力が弱いと、その分、スタッフが強くなる。

代理症候群とは、彼が東亜テックの再建中に考えついた言葉であった。欧米企業にはほとんど見られない日本企業特有の組織官僚化現象ではないかと思われた。

攻めの成長会社では、ラインの責任者が自ら議事を組み立て、自ら進行を取り仕切り、自ら問題点を指摘し、自ら叱り、自ら褒めることをしている。

しかし当時の東亜テックやこのアスター事業部では、会議の招集者であるライン管理職が自分の果たすべき役割をスタッフに「代理」させ、自分は**お山の大将**を演じているのであった。

会議の主催者だけでなく、出席者のほうにも代理行為が蔓延していた。

部長クラスが何かを説明するときには、自分は枕言葉だけを喋って、あとの詳細は連れてきた部下が話すという情景が頻繁に見られた。

代理症候群は会議だけにとどまらない。

ラインによる攻めの仕事が減り、スタッフ中心の「守りの業務」が主流になっている沈滞企業では、組織の柱であるラインよりも、副次的存在であるはずのスタッフ同士のコミュニケーション網のほうが発達していることが多い。

本来であれば、ラインの上司と部下が直接話すべき指示や報告が、各部署のスタッフ経由で流される。

ラインの上司に電話する代わりに、自分のスタッフに聞けば上司の意向が分かるといった現象が頻繁に見られるようになる。

それが常態化すると、やがて「戦略決定」までもがスタッフ中心に行われるようになる。

最後には、よくよく冷静に見ると、スタッフがラインの手伝いをしているのではなく、まるでラインがスタッフの下請け仕事をしているのではないかという、本末転倒の様相が出てくる。

そんな組織では、必ず権勢の強いスタッフの親玉みたいな人がいる。省庁の事務次官のような存在で、多くのことがその人のセットした手順で動くようになっている。

これが大企業における「組織の官僚化」の典型的現象である。

代理症候群はそれを演じている代理者の責任ではなく、それを許しているライン管理職の責任である。自分は偉そうにして楽ができるのだから、組織の上層部が代理症候群を始めると、簡単に組織末端にまで伝染してしまうのである。

症状40　代理症候群が広まると組織の各レベルにミニ大将がはびこりだす。彼らは社内における「自分の立場」が重要になり、政治に流されて妥協的行動が増える。事業の発展が番頭さんの器の大きさで規制されるようになる。

しかしスタッフは、しょせんスタッフでしかない。いざ大きな決断となればスタッフでは決め切れず、かといって牙を抜かれてきたラインが急に動き出すはずもない。

そうなると事業組織はリーダーシップ不在で、糸の切れた凧のようになる。皆がリスクをとらないのだから、ジワジワと負け戦になっていくのは当たり前なのである。

黒岩莞太は早期の段階で、アスター事業部の中にこうした組織体質が広まっていることを嗅ぎ取ったのである。

葬り去られた変革型人材

黒岩が事業部に来てしばらく日がたつと、五十嵐も黒岩の面談にしばしば同席するようになった。

二人の最大の関心事は改革タスクフォースのメンバー選定に移っていた。

人選を間違えれば改革の先行きに致命的な影響が出る。面談で格好のいいことを言う者が優秀な者とは限らない。また激しいことを言う者が改革チームに向いているとも限らない。

黒岩の面談スケジュールが終わりに近づいた頃、黒岩は興味ある一人のミドルに出会った。それは、工場の生産管理室長、川端祐二、五十歳であった。

川端は太陽産業に入社以来、ずっとアスター事業部で仕事をしてきた。ただ、そのキャリアが変わり種だった。

彼はもともと工場の生産技術者だった。しかし若い頃、ヨーロッパに派遣されて欧州販売会社の設立に走り回ったり、国内の営業企画部でマーケティングの仕事をしたりしている。

四十歳のときには、アスター事業部が米国で買収した小さな企業に社長として送り込まれて現地で苦労したが、四年前に日本に戻り、工場の生産管理部長になった。ところが折しもアスター事業部の業績が悪化したため、川端は厳しい合理化計画を作成した。

その案は、生産活動をすべて協力企業に移し、アスター事業部は開発と販売に特化するというファブレス形態の実現だった。

川端祐二は次の工場長候補の最右翼だったが、自ら工場を不要にしてしまう計画を推進したのである。それがこの事業を救う「正しい」道だと考えていた。

結果的に、アスター事業部が一〇年前のピーク時に抱えていた社員一六〇〇名のレベルから、現在の七一〇名へと六割近くも人員を減らすことができたのは、この生産部門の厳しいスリム化なくしてはあり得なかった。

しかしその計画は、川端祐二の構想通りに実行されなかった。自社工場を失うことに対して、工場長や工場スタッフから頑強な抵抗が出て、春田常務やその前任者が妥協を許したからである。

現在でも工場は一部品目の生産を続けているが、規模を縮小した分だけ効率はさらに低下し、そのために維持されている工場間接部門の経費は製造原価を相当に押し上げていた。

「ここ一年ほどの工場のコストダウン実績を説明してくれますか」

黒岩莞太は他の面談と同じようにかなり細かい質問をしたが、川端の答えは的確だった。

「顧客クレームへの工場の対応スピードは？」

「クレーム情報が工場に届いてから回答を出すまでの時間を、二年前からモニターすることにしました。それをＴＡＴ（ターン・アラウンド・タイム、返却時間）と呼んでいます」

以前はクレームが放ったらかしで、返事を出すまでに三〇日もかかるような事例があとを絶たなかった。改善を進めて最近は平均すると五日を割るようになったという。

「クレーム案件の六〇％の一次回答を一日で出すところまでもっていきたいと思います」

黒岩は生産リードタイム（納期）削減計画、在庫減らしの状況などについても尋ねたが、彼の説明はやはり明快だった。

川端は社内の若手に人気があった。

しかし彼が工場長や製造部長などのライン責任者とツーカーの仲かと言えばむしろ逆で、黒岩はある程度の緊張関係を嗅ぎ取った。

川端が二年前に春田常務に進言した話を、黒岩は別の人から聞き及んでいた。

「改革をペースダウンしてはいけないと思います。元に戻ってしまいます」

事業部が見かけの黒字化を実現して周囲が華やいでいるときに、川端祐二が事業部長にそう言ったというのである。

そういう行動が、多くの若手の人望を勝ち取っている理由であると同時に、彼が「外（海外）にいた」と言われたり、上層部から煙たがられたりしている理由でもあった。

黒岩莞太は川端に強い興味を抱いた。

時に物議をかもした過去の行動力だけではなく、川端がアスター事業部のミドルの中では、際だって広い視野と、強い語り口を持っていたからである。

川端祐二が面談を終えて会議室から出ていくと、いきなり五十嵐が黒岩にささやいた。

「現れましたねぇ……ようやく（笑）」

タスクフォースのリーダー候補者にようやく行き当たったという意味であった。

読者に簡単に読み過ごしてほしくない会話である。会うべき人が会えば、会社の中で埋もれていた人材が、一発で見いだされる。

こうした出会いがなければ、古い体質の組織は変革型人材を葬り去っているのである。

《生産管理室長川端祐二（五十歳）の話》

私はアメリカで社長をしていた頃、営業でよくシリコンバレーのベンチャー企業を訪ねました。

米国人経営者はみんな一生懸命でした。夜中まで夢中で仕事をして……彼らの熱気を見て、私は脅威に思いましたよ。米国人がこれだけ働けば、日本も危ないのじゃないかと……。

そして四年前に日本に戻ってきたときに、私は強烈な違和感を感じました。

昔の日本企業と違って、アスター事業部のオフィスは夕刻六時を過ぎたらガラガラで寂しくなるんです。お役所が定時に終業するみたいに（笑）。

日本でも、皆の気持ちが燃えていれば、早く帰れと言っても、皆は夢中で仕事をするはずです。

そういう**ガンバリズム**は古臭いなんていうのは、絶対に間違いです。

米国のベンチャーなんか、ガンバリズムの塊ですから。朝食のミーティングから始まって、夜中まで。週末には家に仕事を持って帰るし……。

症状41　今や日本人が勤勉だというのはウソである。働き者の米国人はたくさんいる。とりわけ役員やエリート層は日本人のほうが働かない。

日本の管理職の給料は世界一なんです。米国のＭＢＡと同じか、それ以上の給与をとっている管理職が日本企業の中にゴロゴロいるわけです……それほどの自覚もなく……。

私を含めてそういう人たちは、本来なら経営をリードするエリートのはずですよ。

しかしわれわれは、米国のＭＢＡたちと同じように目を輝かせ、若い連中を巻き込んで戦いの先頭に立っているでしょうか。

競争のことを考えると、もうそこで勝負がついちゃっていると思いました。

若手が事業戦略にかかわる問題を提起しても、上司は「まず自分で手のつけられるところから始めよう」とか、「君自身がしっかり努力することが先じゃないのか」と説教するわけです。

部下を指導する言葉としては、まあ、それでもいいですよ。しかし、そこに上司の逃げがあると私は思います。

症状42　経営レベルで抜本的に構造を変えなければ直しようがないものを、個人や狭い職場の改善に話をすり替える人が多い。

つまり会社の現実と対峙し、上層部を動かさなければならないのに、その穴埋めを部下に求めているのです。

気骨のある人は悶々としています。ただ淡々と、毎日が過ぎ去っていくんです。

症状43 ■組織に感動がない。表情がない。真実を語ることがタブーになっている。ただシラーッとやっている。

昼休みに電灯を消したり、コピー用紙を裏表使って節約したり、残業をするなというようなことばかり徹底させて、もっと重要な「組織の戦闘力を上げる」ことが手つかずでした。

上から下まで、縮み思考が当たり前になっています。

こんな閉塞状態で人生を過ごしていくのは、お互いに人生の不作ではないでしょうか。

症状44 ■社員が共有し心を束ねる「攻めの戦略」が提示されていない。それを実行する**攻めの組織文化**が見失われている。

私は五十代の大台に乗りました。四十歳のときにアメリカで社長になって、自分のものの見方が一気に広くなったと感じました。

ところが日本に戻ってからは……もう四年になりますが……自分で仕事が面白いと感じたことがないんです。淀んだ水たまりのような、この雰囲気が何とも……。

学生時代からの友人が今ヘッドハンターをしていて、久しぶりに電話がかかってきましてね。来週会います。何か具体的な話があるのか、ただ飲むだけなのか分かりませんが……。

この職場でいつまでも霞んでいるのはね……本当に枯れてしまう前にもう一回、面白い仕事をしてみたいんです。

組織全体を貫くストーリーの欠如

《再び、黒岩莞太の話》

アスター事業部に来てまだ一カ月ちょっとですが、社内をずいぶん歩いて回りました。末端顧客も関東、名古屋、大阪の周辺で一五社くらい訪ねました。代理店にも行きました。

予定通り今月末まで目いっぱい動き続けるつもりですが、すでにかなり見えてきたと思います。

六年前に東亜テックに行ったときは、この程度の実態が見えてくるのに半年近くかかりました。

知らず知らずに、やはり私の経営経験やものの見方が豊富になっていたのだろうと自分で感じました。

ところで、私が面談でずいぶん細かいことまで聞いているという印象を受けませんか？

社内にも面食らっている者がいるようです。上場企業の役員ともなれば、どっしり構えて、大局的なことを考えていればいいのにと。

その考え方が間違っているのです。

調子の悪い会社は「上層部で大局的に語られている戦略」と「現場の実態」がつながっていないに決まっているのです。

症状45　総合的な分析力と経営コンセプトに欠けている。沈滞企業は戦略だけいじくっても事態はよくならないし、現場の問題だけいじくってもダメ。両方をバラバラに扱うのではなく、一緒に俎上《そじょう》に載せないと打開できない。

ですから、まず私はボトムに近いところまで降りて、現場のブラックボックスをこじ開け、そこから出発して、全体と部分が矛盾なくつながった一枚の絵を描かなければいけません。

それにしても、あなただったら今のこの組織の病状を、どのような**構図**（フレームワーク）で整理します？

この事業部の幹部たちは、経営会議で……あの冴えない大会議ですけど……開発方針を機関決定するわけです。

ところがその時点で、実は商品の本当の顧客メリットまで徹底的に検討していない。開発に金をかけて商品ができあがると、それをプロダクトマネジャーに引き渡して、ようやくその時点から、お客にどう売り込めばよいのかを考えはじめる。

出だしから、完全に順序が逆なんです。しかしその先に、もっとおかしなことが待っている。アスター工販の社長は、新商品を無視して別の商品を拡販しようと思えばそれが許される。つまり大変な開発費と時間をかけたのに、せっかくの新商品が販社の意向で手抜き、あるいは見殺しにされることが起きている。

さらにアスター工販の支店に行ってみると、支店長が「地域性」と称して、本社の販売戦略をひん曲げているのです。

それで最後かと思ったら、とんでもない。末端の営業マンに聞いてみると「何を売ってもよい」ことになっている。だから本社の方針も、支店長の方針も、営業マン個人の段階で雲散霧消している可能性が強いのです。

面白いことに……営業の連中に会うと、自分たちばかりが理不尽な戦いをさせられて、被害者だと言うわけです。

ところが、開発に行くと、技術者たちも被害者意識で凝り固まっているんです。俺たちが必死に新商品を作ったのに、工場はちゃんと作らないし、営業はろくろく売らないと。

そこで工場に行くと、自分たちこそこんなに夜遅くまで頑張っているのに、商品設計がおかしいとか、営業はつまらないクレームまで工場のせいにして理不尽だと……。

ダメ会社というのは、機能組織ごとに被害者意識を蓄積させるのですね。そして、会社全体の赤字や負け戦なんて、自分のせいではないと全員が思っているんです。

しかもここ数年、なんとか状況を打開しようと、リーダーシップ不在のまま中途半端な組織変更や人事異動が頻繁に打ち出されてきました。社員はみなうんざりしているのです。

症状46　事業全体を貫くストーリーの欠如。組織の各レベルで**戦略が骨抜き**にされていく図式。

症状47　目先の対症療法的な組織変更や人事異動が頻繁に行われ、大した効果も出ないまま、すでに社員は**改革疲れ**を起こしている。

アスター工販の社長や営業部長は、現場回りで忙しい、忙しいと言うわけです。とにかく毎月の数字を固めようと、営業所や個々の得意先を訪問して、売上促進をやっている。その意味では彼らは確かに現場主義をとっているつもりなのです。

ところが総指揮官のくせに、**マクロの戦略感覚**が足りません。つまりマーケティングや全体戦略の感覚が足りないのです。

企画や戦略のことなんか、若いスタッフにでも考えさせておけばいい、むしろ営業部長は営業マンと一緒に、竹槍持って野原を駆けずり回るべきだ。それが当社の伝統的考え方でした。

もちろん本社に閉じこもって、理屈をこね回すばかりがいいとは言いません。世の中にはそんなタイプも多いですから……。

しかしこの会社では、人間関係重視型の営業で成績優秀だった者が、年功で昇進し、最後に総大将になるというシステムでした。

その昇進の過程で、マーケティング思考や戦略的なものの見方が磨かれるという仕組みは、この会社にはほとんどなかったのです。

そういう知識や技法は社外からの刺激で向上していきますからね。ちゃんと勉強させないと身につくわけがないのです。

症状48 会社全体で戦略に関する知識技量が低い。戦略の創造性が勝負を分ける時代だというのに。

症状49 幹部の経営リテラシー（読み書き能力）が不足している。社内力学に流されやすいのはこのせいでもある。

しかも、アスター事業部の社員はアホの集まりではないのです。一人ひとり見ると、基本的には優秀で、知的レベルも高い者が多いのです。

しかし会社という「狭い世間」の中で、来る日も来る日も一緒に働いているうちに、似たような価値観で固まっていく……はずれた行動や発言をすると、叱られたり、はずされたり、飛ばされたり……そうやって固め上げられた価値観は簡単なことでは崩れません。

症状50 「狭い世間」の社内で同じ考え方が伝播し、皆が似たようなことしか言わない。社外で何が起きているかにも鈍感。

われわれはこの会社をダメにしている甘えの構造を変えなければいけないのです。しかし同時に、**日本的組織のよさ**をなるべく温存しなければなりません。簡単なことじゃありません。

以上が、アスター事業部の中を自分で動き回って、つかみかけている現状の「絵」です。一言で要約すると、会社の中を端から端まで貫いているストーリーが見当たりません。

これから私が推進する改革では、中心になるコンセプトが必要だと考えています。問題の根っこにあるものが何なのかをしっかり見極め、基本的な思想を固め、それにこだわって最後まで走り抜く覚悟が必要です。

私の場合、その基本的切り口は、こうです。

アスター事業部は小さな組織なのに、開発→生産→営業→顧客までの距離が、異常に遠くなっているという構図です。

当社では、開発の人たちが考えていることと、営業末端でやっていることが、まったくかみ合っていません。

お互いにろくろくコミュニケーションもとらずに……バラバラ状態で、戦略が途中でズタズタに切れているのです。

われわれの周りにいる普通の人々……自分たちが官僚化しているなんて、まったく気づいてもいない……そう言われたら気分を害しそうな普通の社員たちに……いかにそれを分かってもらい、いかに鋭敏な組織に変えていくか。

それを競合企業よりも早く、徹底して実行できれば、われわれにはまだチャンスが残っているのではないでしょうか。

あと二年間でどこまで行けるか……失敗すれば、この事業は本当に撤退することになるでしょう。

まあ、やれるだけのことはやってみたいと思っています。

改革の推進者と抵抗者のパターン

黒岩莞太と五十嵐直樹が静かに社内を観察する期間は終わった。ここから彼らは、いよいよ本格的な改革作業に入っていく。社内に潜んでいた改革への期待感、その逆の警戒や抵抗の心理はいよいよ表立った行動として現れはじめる。改革の旗印が掲げられたときに、一般に社員はどのような反応のパターンを示すのだろうか。

この先、このストーリーには改革の先導者、追随者、抵抗者などさまざまな類型の社員が登場してくる。改革者はその人々にどのような姿勢で接すればよいのだろうか。

そこで私の体験に基づき、組織の構成員が改革に対して示す態度にはどんな類型があるかを明らかにしておきたい。

以下は改革における反応類型である。改革が成功するかどうかは、組織構成員がこれら類型のどこに分布し、改革の進行とともにどう変化していくかによって決まってくる。

改革者は一人ひとりの社員がどの類型に属しているかを見分け、それぞれの類型に適合したコミュニケーション姿勢をとっていかなければならない。

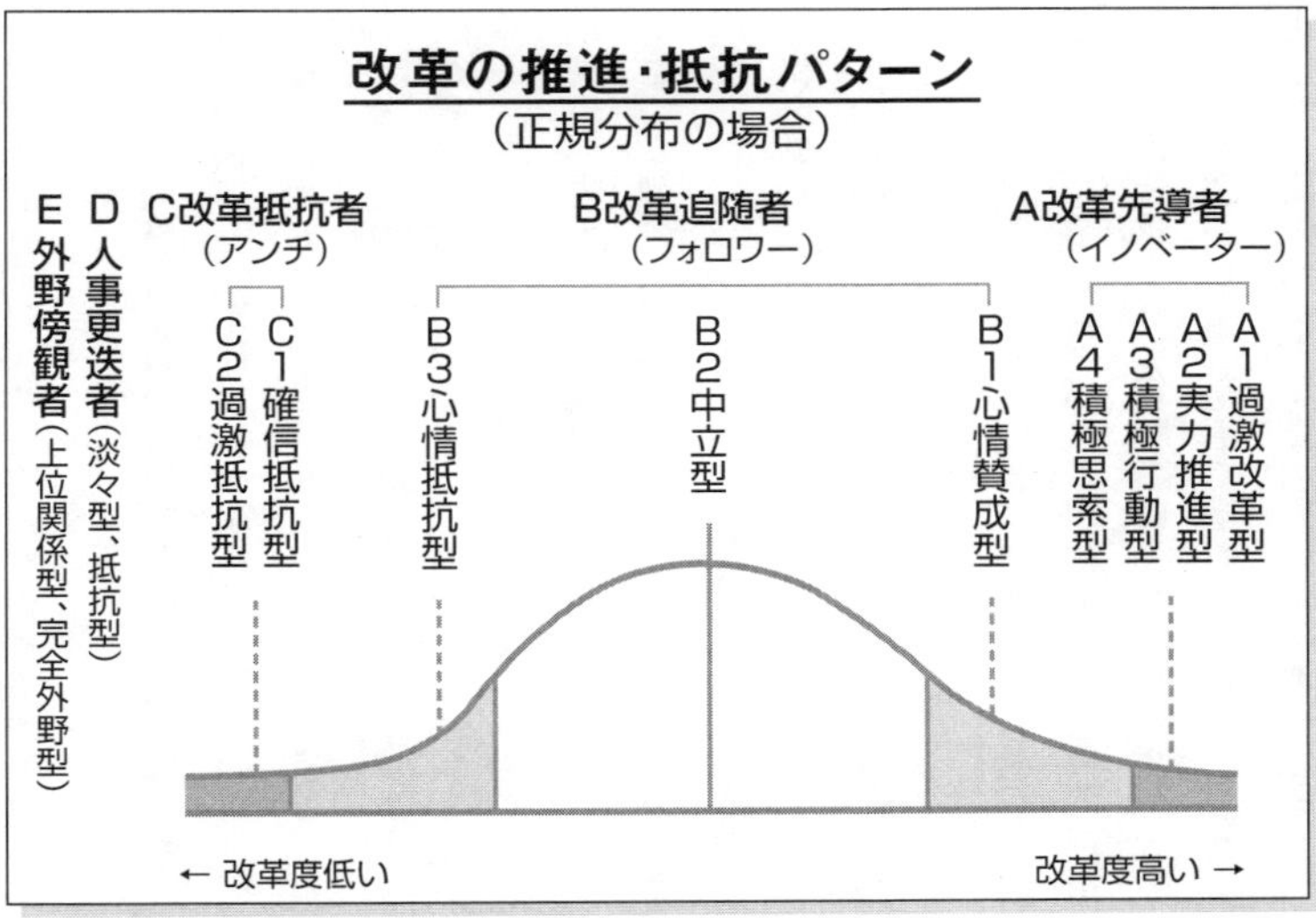

A改革先導者（イノベーター）

A1過激改革型　旧体制を過激に否定し、改革論理で先行する人。社員数千人の会社に数人しかいない（必ず数人は生き残っている）という変種。思想的先駆者だが、しばしば突出しすぎて組織の支持を受けない。

この類型の人は具体的実行に落とし込む実務能力に欠けていることが多い。強い指導者の下なら生かされる人材だが、放し飼いは危険。このタイプが改革リーダーの立場に立つと活動が途中でバラバラになりやすい。

A2実力推進型（改革リーダー）

強いリスク志向を持っているがバランス感覚があり、論理的、実務的に詰めながら改革を推進できる人。プレッシャーに強く、いざとなれば既存体質を切り捨てる気骨を持つ。古い体質の会社では、このタイプが過激改革型と見なされて封じ込められたり、放逐されていることが多い。

本書では黒岩莞太がこの類型の希望の星であり、やがて黒岩によって引っ張り上げられる川端祐二も短期間で「A3積極行動型」からこの類型に移ってくる。

社長香川五郎とコンサルタント五十嵐直樹が彼らを支え、四人の強力な改革リーダーシップ体制が本書のストーリーを生む最大の要因になっている。

A3積極行動型　改革リーダーを行動的に支える人。まだ経験や力量が不足しているが、将来の改革リーダー予備軍。黒岩はこのタイプをタスクフォースに多く集めようとして、星鉄也、古手川修、猫田洋次などを選んだ。

この類型の人が早すぎる時期に経験不足のままリーダーになると、しばしば自分だけが突出して「ひとりよがり」「やりすぎ」になったり、小さな成功で「傲慢」になるなどの症状を見せ、時に自滅、放逐の目に遭う。

この類型の人にとってそれは麻疹《はしか》のようなもので、その失敗を一度超えることによって、打たれ強い「A2実力推進型」になっていく。

経営者的人材の育成では、できるだけ若いうちにその麻疹を経験させることがカギである。日本企業の経営パワーが枯渇した最大の理由は、麻疹の経験を遅らせる人事体制をとり、また貴重な麻疹経験者に失敗者やはずれ者の烙印を押すことが多かったからである。

この類型からは、途中で指導者と考えが合わなくなったり自分の利害に反したりすることが起きると反発し、その行動的な激しさから一気に「C改革抵抗者」の類型に飛んでいってしまう者もたまに出てくる。

A4積極思索型　改革リーダーと思想・行動を共にするが、自身がリーダーになるには不向きな性格の人。聡明で人当たりがよく改革の当たりをソフトにしたり、逆に少し変わった人だが思想思索が深く、改革の知的発想を豊富にする人などが含まれる。一般に分析能力や文章能力に優れている。

強気の発言をしていたかと思えば意外にプレッシャーに弱い者が多く、修羅場の中で重い責任を負わせると先に参るのはこの類型。時々やたらと明るく熱心に改革に同調するが、いざ具体的仕事になるとサッパリ無能という憎めないタイプがこの類型に紛れ込み、見間違えることがある。

B改革追随者（フォロワー）

B1心情賛成型（改革早期フォロワー）　心情的に改革の考え方は「正しい」と思いつつも、リスクを避けて様子見の姿勢をとる。時々、否定的言葉を口にすることによって自分の立場に保険をかけている。

改革がうまく進みはじめればA3、A4に加わってくる改革先導者予備軍。社内の重要な人材は、改革の準備段階で少なくともこの類型にまで巻き込んでおくことが重要。

口先では積極的なことを言っていたくせに、いざとなると改革の責任やリスクを部下や社外から来た人に負わせて、自分はこの範疇に潜り込むずるいトップや役員も時々いる。

B2中立型（改革中期フォロワー）　危機感が低く、変化願望も弱い「大衆層」の社員が多く含まれる。まずは「お手並み拝見」の態度をとり、改革の進み具合、自分の利害得失、周囲の反応などを見て、肯定否定いずれかの方向に動いていく。

肯定と否定の言葉を同時に口にすることで保険をかけている。改革が成功すれば「自分も初めからよいと思っていた」と言い、うまくいかなければ「ダメだと思っていた」と言う。どちらに転んでも自分には関係がないと思っている罪のない人々だが、改革を成功させるためには、この大衆層を巻き込まなければならない。

黒岩莞太は、「改革抵抗者」はせめてこの中立型に入って静観していてくれるだけでありがたいと言っている（第4章参照）。

B3心情抵抗型（改革後期フォロワー）　攻撃的態度まではとらないが、改革に明確な距離を置く。軽度の面従腹背。改革リーダーから見えないところで、A3やA4の人たちを冷やかしたりする。性格的にはごく普通の人が多い。

改革の成り行きに納得する気持ちが強くなればB2方向に移動し、やがて新組織に同化していく。改革が失敗方向に動きはじめたときには、この類型が急激に増殖し、C1方向に移動する人も増える。

C改革抵抗者

C1確信抵抗型（反改革リーダー）　改革を「正しくない」と断じる論理ばかりか、改革者を個人的に「好きになれない」という強い感情を併せ持っている。実は感情のほうが先で論理は後からつけた人のほうが圧倒的に多い。思い込みが強いとC2に移るか、退職する。

強度の面従腹背。言い放しで構わない野党の強みを利用し、陰でかなり行動的に批判をばらまくので、それが改革者にも聞こえて関係がおかしくなる。米国なら早々に退職ないしクビだが、日本ではそこまでいかずに居残るのが一般的。そのため改革が成功しても新組織に同化せず（あるいは同化を許されず）、会社の隅でおとなしくしているしかない存在になる。

日本企業には、幼児性が強く甘えている社員が多いため、自分がどんな悪作用をばらまいているか自覚していない人もいる。改革の成果を見てシマッタと思う（感情を先行させたために論理判断を間違えたと後になって気づく）人もいるが、感情的しこりが残っているので修復は難しく、後悔しても遅い。そうなれば、もともと行動的なタイプのはずだからさっさと転職して楽しい人生を探せばいいと思うのだが、それほどのガッツもなく日陰で恵まれない人生を過ごす人も多い。

改革者の事前のコミュニケーション不足、稚拙なシナリオ、詰めの甘さ、急ぎすぎなどが確信抵抗型の出現リスクを高める。お互いの不幸だから双方ともきちんと正面から話し合う努力をして、違いを理解し、早い段階でせめて中立型への移行を図ることができればいいが、現実にはそう簡単にいかないことが多い。

しかし改革者が遠慮すれば改革者が殺される。この類型の人が否定的言動を続け、前向きな人々をくじけさせ、改革の積み木を崩そうとするなら、断固として「切るべきガンは切る」の蛮勇が必要になる。

C2過激抵抗型　改革者と表立って対決し、場合によっては組合や法的問題にまで持ち込むなど突出行動をとる。最後は退職ないし係争のケース。社内の支持者は少ないが、この類型が出現すると社内の改革の熱は冷めてしまう。それがこの類型の人の思う壺である。改革者への個人的恨みつらみ、思想的背景などがからんでいない限り、この類型の人は少ない。もし出現すれば改革者は一歩も引かず、食うか食われるかの戦いにならざるを得なくなる。

D人事更迭者

D1更迭淡々型　過去の自分の責任を認識し、潔く淡々と後任への橋渡しを行って退陣していく。

D2更迭抵抗型　自分が辞めることを納得せず、改革者への抵抗を周囲に煽りつつ退陣していく。

E傍観者（外野席）

E1上位関係型　たとえば本社人事部、経理部など、改革部門に対して牽制機能を有している上位組織や、社内取引の相手部署の人々。インフォーマル情報の媒体役を果たし、時に本社の「世論形成」に無視できない存在。とりわけ改革が苦しい局面に入ると重要性を増す。本社内で改革抵抗者に同調する意見が勝てば、本社役員を動かして改革リーダーを切り捨てる事態も起き得る。

E2完全外野型　組織上の関係はないが、過去にその部署にいたことのある社員、社内の同期生や友人、取引先の社員など。最大の存在は家庭の配偶者。通常は関係ないが、噂の媒体役になったり、たまに重要関係者として出現する。

社員の多くがこれらの類型のどこに属するか、その「分布」によって改革の帰趨は決まってくる。しかしその分布は、時とともに大きく変動する。

「分布の移動」は、改革の「結果」として自然発生的に起きる面がある（「大衆」は結果を見て態度を決めることが多く、いわゆる「勝てば官軍」の現象を生み出す）が、それだけではない。成功する改革では、強い改革者が「分布の移動」を恣意的に引き起こす。断固たる覚悟と見識を示すことで、賛同者の「移動」を呼び込むのである。

その反応を強く起こすために必要なのが、次章以降に登場する「コンセプト」「シンプルなストーリー」「熱い語り」などの要素である。

第3章

改革の糸口となるコンセプトを探す

——改革先導者を組織化する
——原因を分析する
——改革コンセプトを共有する

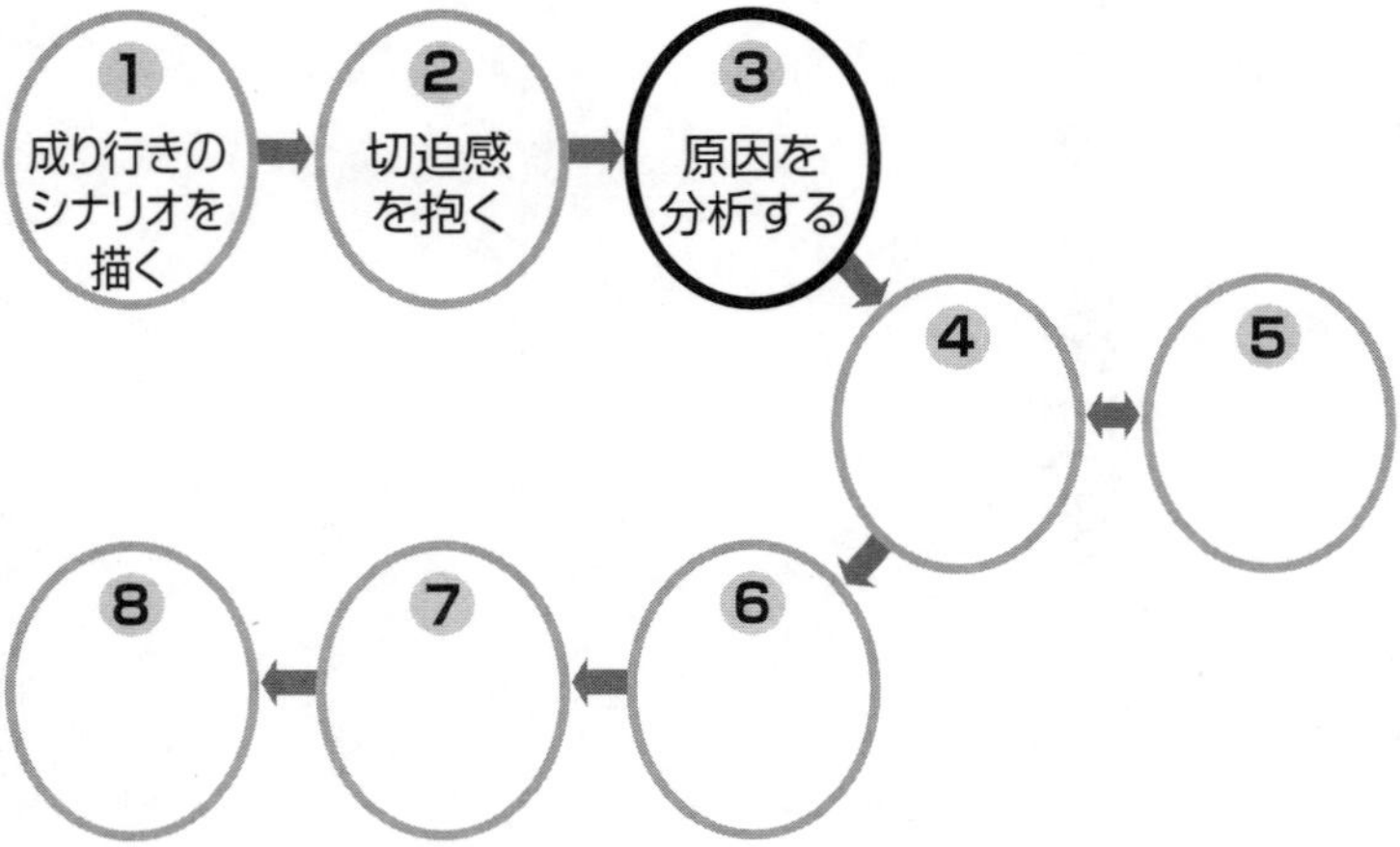
1
成り行きのシナリオを描く
2
切迫感を抱く
3
原因を分析する
4
5
6
7
8

埋もれていた人材

黒岩莞太がアスター事業部に着任してから二カ月後の十二月一日、事業改革のシナリオ作りを目的とする改革タスクフォースが発足した。

毎月の赤字が続いていた。皆が仲よく合意できる案を探す段階は過ぎている。既存の枠にとらわれている者は、この苦境を思い切って打開する発想を持ち得ない。それは黒岩が東亜テックの再建で思い知ったことだった。

要諦1　改革チームの人選は改革の成功失敗に重大な影響を及ぼす。特に「社内政治」を改革チームに持ち込みたがる者を選んではならない。

そのメンバーには、アスター事業部の中でもとんがった者を集めなければならない。かといって一匹狼のはずれ者では困る。

問題の抜本解決を目指して一心に立ち向かう気骨のある者。独自の見識を新鮮に語り、人を束ねられる者。

改革タスクフォースの仕事が終わったあとは、スタッフに残るのではなくラインに入り、自ら損益責任を背負い、泥をかぶって新しい事業作りを推進していける幹部候補生。

もちろんそのような理想の人材が、この事業部に何人もいれば世話はない。

しかし黒岩は、**磨けば光る素材**の社員が必ず数人は社内に埋もれていると信じていた。

「人選のカギは**気骨**と**論理性**。それさえあれば、あとはメチャメチャど突いて鍛えればいい。すぐに光ってくるさ」

黒岩は最初に、面談の中でもっとも注目した男、川端祐二（五十歳）を選んだ。

黒岩が川端祐二を呼んでタスクフォースのことを説明すると、彼は迷いもなくやる気を見せた。黒岩が香川社長に会ったときに見せた覚悟の場面に似たものがあった。

これで黒岩、五十嵐、川端の三人が、タスクフォースの**主導チーム**を形成することになった。

翌日から彼らはメンバーの選定に当たった。川端祐二も推薦する候補者を挙げたが、そのリストは黒岩の考えとかなり重なっていた。

やがてフルタイムの専任メンバー四人が決まった。

生産関係を熟知している川端祐二の他に、すでに前章で登場したD商品群プロダクトマネジャーの課長星鉄也（三十九歳）と、開発センターの開発技術者で課長の猫田洋次（四十五歳）。

さらにアスター工販営業企画室から課長の古手川修（四十一歳）。

この四名に加えて、現在のポジションで仕事を続けながら、必要に応じて動員される兼務メンバーが四人。

工場製造部次長の大竹政夫（四十六歳）。A、B商品群のプロダクトマネジャーを経験したあと、現在はアスター工販のアフターサービス部にいる課長赤坂三郎（三十八歳）。

以前は工場の品質管理部にいて、現在は事業企画室にいる課長代理原田太助（三十五歳）。最年少のメンバーとして、本社で人事・総務を経験したあと、今はアスター工販大阪支店で営業業務を担当している主任の青井博（三十二歳）。

この八人が集まれば、ミドルの各年齢帯を代表するだけでなく、六つの商品群の知識と、開発から営業に至る機能別組織の経験がある程度は揃うという「クロスファンクショナル」な組み合わせになっていた。

黒岩はできることなら女性メンバーを一人でも加えたいと思った。しかし二十一世紀になっても、この伝統企業の中で女性管理職は異常に少なかった。

黒岩は選んだ人材を「ど突いて鍛える」と言ったものの、勝負の期間はあまりにも短い。

「経営改革となれば誰もが経験不足。ちょっと頼りない感じもあるけれど……(笑)」

どのみちこれ以上の人材は見当たらなかった。

タスクフォースは緊急人事として発表され、二週間後の十二月一日に発足した。

経営会議の席上、黒岩は幹部に言明した。

「改革タスクフォースは、事業部長の直轄とする。兼務メンバーが作業経過をそれぞれの所属長に報告することはない。必要な社内説明は、すべてこの私が一本化して行う」

改革タスクフォースが社内政治の坩堝《るつぼ》と化さないための配慮であった。しかしこうした事業部長の発言自体が、一つの大きな「事件」であった。

改革タスクフォースという聞き慣れない言葉が、幹部に浸透するのに時間はかからなかった。

要諦2

組織カルチャーの変化は必ず、組織内で起きる「**事件**」(大きな出来事)を触媒にして進展する。事件を避け、なるべく静かに、無難にことを進めようとする経営者や管理職では、その組織文化を変えることはできない。

改革者は固く覚悟を決め、ガタガタと音を立て、人々の心を揺らし、インパクトを与える「事件」を起こしていかなければならないのである。

それも単なる演技や計算ではだめである。自分の信念、生き様、そして注意深く組み立てた明快な戦略を、熱い心で皆にぶつけなければならない。

《星鉄也（三十九歳）の話》

「会社の大改革が始まる」という声が漏れ聞こえてきたとき、最初に私が思ったことは「またか……」でした。

最初の改革体験は一三年前でした。そのときは改革の目的さえはっきりさせることができず、私が企画部員として行った作業は全部ムダになりました。

二度目は別の事業部長が来て、社外のコンサルタントを雇って始まりましたが、途中で事業部長が代わり、改革案も見えてこないうちに打ち切りになりました。笑っちゃいました。

三度目は数年前にまた別の事業部長が大きな組織変更を仕掛けました。そのときも私は計画作りに参加したのですが、単に組織を変えただけでそのあとは何も起きませんでした。

過去の改革は、会社にも自分にも、何も生まなかった、いや、それに熱く向かっただけ無力感が強烈に残ったのです。もう勘弁してもらいたい、が本音でしたね。

ところが上司から今回も専任メンバーに指名されたことを聞いて、驚きましたよ。ホントにまたか、ですよ（笑）。今さら何をするのかなと思いました。

改革と聞いたら逃げ出す人が多くて……前回にはこんな笑い話もありましたよ。

経営企画室長という先導的立場にいる人が、改革の始まる直前に転勤になったんです。そうしたら、「うまく逃げおおせた」と喜んだというのです。

本来なら戦うべき人間が、初めから腐っているのです。

《アスター工販大阪支店、青井博（三十二歳、最年少メンバー）の話》

私がなぜ選ばれたのか？　さあ、よく分かりません。

多分、工場クレームの処理を改善するTAT運動の関係で、以前から目をかけてくれていた川端さんが、私を育てようと引っ張ってくれたのだと解釈しています。

支店の雰囲気が暗く、私は悶々としていましたので、これは天から降ってきたチャンスです。支店の人たちはちょっと気になるらしくて、なかには冗談交じりで「なぜおまえが？」と妬ましく言う人もいます。

何が始まるのか、楽しみです。会社を左右するようなプロジェクトに参加するのですから。こう言っちゃ何ですが、一種ゲーム的な感覚もあります（笑）。

四十代前半までは会社の状況について問題意識の高い人もいるのですが、改革なんてどうぞ勝手にやってください、という感覚の人もいてもどかしく感じます。

なんでもあり

改革タスクフォースの最初のミーティングは、いきなり二泊三日の合宿だった。木曜日の朝十時、全員が伊豆半島の伊東にある太陽産業研修所に集まった。

ミーティングルームの窓から、冬の静かな海岸とキラキラ光る相模湾、遠くに初島が見えた。

参加者は皆がノーネクタイ。川端祐二はジーンズ姿で、青井博はスニーカーをはいていた。

そろそろ始めようか。黒岩のその一言で、全員が四角に組んだ会議テーブルに座った。

黒岩は黙って一枚のOHPフィルムを白い壁に映した。

読者にはあらかじめ、本書に出てくるOHPやパワーポイントのチャートがすべて、実在の企業で

覚悟を決める

あなたはもはや野党でいられない

- 経営者の目線で
  これはあなたの宿命である
- 逃げれば逃げるほど
  中途半端な結果に

最初の2カ月が勝負

現実に使われたものであることを伝えておかなければならない。

黒岩莞太は膝を組んで、リラックスした様子で話しはじめた。しかしそのＯＨＰを読み取ったメンバーは、リラックスどころではなかった。

「君たちは人生の半分をこの会社に賭けてきた……しかしこの事業が崩壊すれば、これからの人生は大きく変わってしまう……いわば、人生の岐路に来ている世代と言えるね」

黒岩はその世代から、明日を担う**経営者予備軍**を選んだつもりだ。

「いろいろなタイプを交ぜた……これは動物園だよ……（笑）」

性格や知識の異なる多彩なメンバーが集まっているという意味であった。

「われわれの任務は、これから四カ月間で、つまり遅くとも三月末までに、事業部の改革案を実行可能なところまでまとめ上げることにある」

「君たちの検討に**聖域はない**……事業をバラバラ

にしようが、工場を閉鎖しようが、余計な部署をつぶそうが、販売経路を変えようが……誰かをクビにすべきなら、それも結構……人事問題抜きで改革なんてあり得ないからね……すべての選択肢を考え抜いてもらいたい……何、で、も、あ、り、だ」

普通の経営者なら、こういう言い方はしない。検討するのはここまでと範囲やテーマを限りたくなるところだ。若手から青臭い新提案を突きつけられたら、自分が困ってしまう。

しかしトップからこれほどオープンに問題を投げかけられたら、困惑するのは若手のほうだ。

要諦3　改革シナリオを検討する初めの段階では選択肢を規制しない。問題点の探索をなるべく広く行う。問題の本質が見えてきたら、そこから選択肢を絞りはじめる。

星鉄也は、本心を言えばまだ気乗りのしない思いを引きずりながら伊東に来たが、たちまちにして「これは、今までの改革と違う」と感づいた。

黒岩のこの数分間の話だけで、過去の改革が半年かけても辿り着かなかったところに来ていると、正直びっくりしたのである。

それにしても、こんな大きな内容で急に考えろと言われても、自分たちは何を考え……どんな手法で……何から手をつければいいのか……。

落ち着かなかった。経営経験のないミドルたちの脳細胞の中を、今まで処理したことのない種類の、たくさんのデジタル・アナログ信号が、突如として駆けめぐりはじめた。

星鉄也の脳の中には、その情報を整理するための「作業台」も「引き出し」も、まだ十分に用意されていなかった。

そこで脳細胞は突如として降りかかってきた問題の処理に困りはじめた。それがすなわち人間の悩み、あるいは混沌《カオス》の始まりであった。全員が、同じ状態だった。

しかし、組織が「変化」「成長」を求めるなら、混沌《カオス》を避けて通ることはできない。先ほどの「事件」の話と同じだ。組織を変化させるためには、むしろ意図的に混沌《カオス》を引き起こさなければならないのである。

要諦4

人間も組織も、「カオスの縁」すなわち秩序から混沌《カオス》に落ち込むその瀬戸際に立たされたときに、脳細胞がもっとも活性化され、創造的な思考が湧き上がり、柔軟な行動が生まれ、新しい変化への適応がもっとも早く進む（M・ルビンシュタイン、I・ファーステンバーグ著『「鈍《どん》」な会社を「俊敏」企業に蘇らせる！』三枝匡監訳、日本経済新聞社）。

元気を失った企業ではこのプロセスが鈍化ないし停止している。社員が旧来の秩序にとらわれており、「カオスの縁」に近づくことを恐れているのだ。

よく「必要は発明の母」と言うが、同じような言い方をすれば、「混沌《カオス》は変化の母」である。その意味でタスクフォースの参加者たちは、たった今、否応なしに今まで経験したことのない「カオスの縁」に入りはじめたのである。

黒岩の話は続いた。

「改革タスクフォースは、この事業を利益の出る『勝ち戦』に変える方法を探す。しかし、それが難しいと判明したら……タスクフォースは直ちに『事業撤退』の方策を検討する」

香川社長と事業部長がそこまで考えていることは、すでに公の場で明らかにされている。

「財務的ダメージを最小にして、いかにこの事業をつぶすかという検討だ。あなたたちが経営者として考えるなら、当然視野に入れておくべき選択肢だろう」

要諦5　変革の努力がうまくいかなかったときの落としどころ、つまり「最悪のシナリオ」は、リーダーの腹の中で初めからある程度計算しておくことが必要である。

この発言がまた、星鉄也の心に重くのしかかった。いざとなったら、文字通り自分の墓穴を自分のシャベルで掘る。その作業手順まで考えろというのだ。

強烈な反省論

ここで黒岩莞太は、タスクフォースの指導体制を説明した。

「今回の改革の総責任者は私であり、タスクフォースの指揮も直接私がとる。ただ、私は君たちといつも一緒にいるわけにはいかない。作業の進捗管理など、実務的な押さえは川端君がタスクフォース・リーダーとして行う」

そして黒岩は戦略コンサルタントの五十嵐直樹を紹介した。

「五十嵐さんは東亜テックの再建で私を支えてくださった。戦友のようなものです」

戦友などという言葉は簡単に出てくるものではない。川端祐二はちょっと羨ましいと思った。この二人は過去にどんな仕事をしてきたのだろうかと思った。

「われわれの作業は**素人療法**で進めてはまずい。考え方や具体的な作業手順については五十嵐さんの指導を仰ぐ。五十嵐さんは私の代理であり、彼の指示は私の指示だと思ってほしい」

すでに二週間ほど、五十嵐と働いてきた川端祐二に違和感はなかった。

「君たちにとって五十嵐さんは**特訓キャンプ**の指導教官だ（笑）」

五十嵐直樹が立ち上がった。

川端祐二より一つ下の四十九歳だが、見かけはもう少し老けて見えた。

「私はこの一カ月ほど、黒岩事業部長の社内面談に同席しました。その感想を言えば……事業がここまでダメになっているのに、なぜそうなったか、社内で理由が明確に語られていません。原因がはっきりしないので、誰も『痛み』を感じていないのです」

原因をクールに分解していけば、問題の根源は何か、自分の部署や自分個人はそれにどう関与しているのか、見えてくるはずである。

「しかしこの会社では、その分解作業が厳しく行われた形跡がまったくありません。だから皆は『自分はちゃんとやっている』『すべて経営者が悪い』『他の部署の問題だ』くらいにしか感じていないのです」

要諦6　適正な経営行動の第一歩は厳しい「現実直視」から始まる。目をそらさずに現実をさまざまな角度から眺め「実態」を正確に見極める。中身を「自分で扱える」大きさにまで分解していく。言うはやさしいが、経営者が現実直視を怠っているケースは多い。

五十嵐は続けた。

「そこで合宿一日目は、まず『負け戦』の原因を徹底的に洗い出すところから始めます。それによって、**改革の押しボタン**を探します」

タスクフォースのメンバーが負け戦という言葉を聞いたのはこれが初めてだった。

星鉄也の心が複雑に動いた。そうか、俺はもう四十歳近いのに……これまでの人生は負け戦だったというのか。

その複雑な気持ちの正体は、どうやら外部から来たコンサルタントに、自分の人生を一言で切り捨てられたような気がして、悔しさを感じているためだった。

事業部長が「惨敗」と言えば受け入れるのに、部外者が「負け戦」と言えば不快に感じる。それがそと者に対する村社会の典型的反応であった。

しかし幸いなことに星鉄也は五十嵐の言葉をきちんと消化した。

「第三者から見れば、これが負け戦でなくて何なのだ。そう言われても仕方ないじゃないか」

簡単な話に思えるかもしれないが、改革ではここが非常に重要な分かれ目になる。

星鉄也は組織の政治性につながる「好きか、嫌いか」という感情的反応を、「正しいか、正しくないか」という論理的反応に置き換えて、自分を納得させたのである。

実は、戦略志向の強い企業では社員がこの置き換えに慣れており、そうでない企業の社員は感情的反応にとどまる比率が高い。

その分かれ道は何かと言えば、組織の「**目標**」や行動の「**意味**」が皆に共有されているかどうかである。

星鉄也の場合は、タスクフォースの目的をすでに理解し、とりあえず肯定的な気持ちでいる。だから五十嵐の言葉の違和感を比較的簡単にのみ込むことができたのである。

五〇〇枚のカード

ミーティングルームの壁一面に白い模造紙を貼り、その前にタスクフォースの全員が集まった。

「今から皆で問題点をカードに書き込み、それを壁に貼りながら『改革の切り口』を整理していく作業を行いたいと思います」

模造紙の上には、事業の「強み、弱み」を整理するために、大きく三つのグループに分けてたくさんの項目が並んでいた。

Ａ　経常業務（開発、生産、マーケティング、販売、サービスなど）における強み・弱み
Ｂ　戦略（長期的に競争相手を凌駕していくための戦略的要素）における強み・弱み
Ｃ　組織（ビジネスプロセス、危機感、リーダーシップの質など）における強み・弱み

「いきなりカードを書けと言われても皆さんには戸惑いがあるでしょう。発想の『誘い水』になるように、私からいくつか視点を示します」

そう言って、五十嵐がまず一つのテーマを提示した。


•顧客の不満は何か。なぜわれわれはそれを満たせないのか？


皆がカードを持ち、顧客からよく出ている不平不満を思い出すと、たちまち社内の問題点のいくつかに行き着いた。

しかし顧客の不満などよく分からないという者もいた。

カードを一枚書くごとに、全員に聞こえるように大声で読み上げ、自分でそれを壁に貼った。

他の人が書いたカードの内容について、質問は自由だが批判をしないことが今日の約束になってい

た。異質な意見を奨励するためであった。それが改革には不可欠の要素だった。

二、三〇枚のカードが出て、読み上げる声が途切れると、五十嵐は次のテーマを出した。

- 競合はなぜわれわれより強いのか。その負け戦の原因は何か？

やはり何も書けない者もいて、出されたカードは予想外に少なかった。社員が**競争相手のことを知らない**。それは不振会社に必ず見られる特徴であった。

それでも最後には三〇枚くらいになった。それが尽きると、次のテーマが出た。

- 部署と部署の連携の問題点は？
- リーダーシップのとり方。それについて起きている問題は？

内部の問題になると、堰を切ったようにたくさんのカードが貼られた。

「遠慮してますね。本当はもっと頭に来たり、ドロドロしていたのでしょう？　ズバリと書かないと伝わりませんよ」

五十嵐にそうけしかけられて、書き直されるカードが結構出た。

営業の古手川が「開発は営業の言うことに耳を傾けない」と書けば、事業企画室から来た課長代理原田太助が「営業は開発の意図を分かろうとしない」と書いた。

そこに工場から来た製造部次長の大竹が「工場と営業はいがみ合いすぎる」と並べて貼ったので、

重要な三部署のすくみ合いの縮図がそのまま壁に現れた。

ミーティングルームの中は、これまで皆が社内で経験したことのない不思議な雰囲気だった。普段なら感情的反応が出てくる問題を、皆が冷静に、一緒になってワイワイやっていた。

●これまでの事業戦略の問題点は？

古手川修が「戦略など初めからなかった」と書いて大声で読み上げようとしたら、川端と猫田の二人が期せずして同じことを書いていたので、皆は一斉に笑った。しかしその意味の寂しさに気づいて、笑いはすぐにしぼんだ。

こうして窓の外に夕闇が迫る頃、壁には約五〇〇枚のカードが並んだ。新たなカードはほとんど出てこなくなった。

それまで黙って様子を見ていた黒岩莞太が、口を開いた。

「これで全部吐き出したの？　君たちの問題意識のすべてが、ここに出ている？」

星鉄也が答えた。

「あの人は無責任だ、この人はやる気がない、といった個人への不満を除けば、ほとんどの本音や問題点が出ていると思います」

たった一日の作業ですべての本音が出るはずはないのだが、黒岩はこの段階でこれ以上を求める必要はないと感じていた。

しかし誰もがすっきりしない顔であった。壁一面にあまりにもたくさんのカードが貼られ、その数に呆れていたのである。

「さて、問題はここから先だ。この五〇〇枚から何を引き出す?」

そう言われて皆は黙り込んだ。その場の誰もがこの壁をもて余しはじめていた。

一人ひとりの貼った意見は五〇〇枚の中に埋もれてしまい、少し離れて見ると、壁全体が「だから何なのさ」と語りかけてくるように見えた。

コンセプトの必要性

夕食を終えると、五〇〇枚のカードを整理する作業が始まった。朝からすでに九時間が経過していた。

製造部の次長大竹政夫は入社以来、こんなに考える作業をしたことがなかった。青井博も最年少のくせに一番疲れた顔をしていた。

誰かが「これは『ＫＪ法』でまとめよう」と言った。また「ＱＣ活動の『魚の骨』でまとめよう」という意見も出た。

五十嵐が予期していた意見だった。しかし彼は皆がそんな作業をしても、「役に立たない」ことを初めから知っていた。

しかしとりあえず、五十嵐は黙って彼らの考えで進めさせた。彼には魂胆があった。そのムダが必要なステップだと考えていたのである。

それから三時間をかけて、皆は五〇〇枚のカードをいじり回した。

その場の皆にとって、これは単なる研修ではない。このままでは食っていけなくなるという死の予感に迫られながら、エリートたちが必死に出口を探そうとしているのである。

しかしそれぞれのカードにさまざまな解釈が成り立った。

工場から来た大竹が「このカードはこれと一緒にしよう」と言えば、サービスの赤坂が「いや、こちらとも関係がある」と言い、横から青井が「いや、元に戻したほうがいいですよ」と口を挟んで、最年長の川端が「だったら……」とまとめようとする。

異質な見方や態度の違いがぶつかり合い、さまざまなコミュニケーションが図られていく。

変革の第一歩は、まず眼前の事実を事実として認識すること、異なる見解や多様な価値観を表に出してその違いを認め合うことだ。

そのためには、**現実と向き合う心**を持たなければならない。

しかし実りの少ない作業だった。その場の誰が見ても、意味のある整理が進んでいるようには見えなかった。時計の針が夜十時近くなった頃、多くの者が不安になりはじめていた。

そんな雰囲気を見計らって、五十嵐直樹が声をかけた。

「皆、ちょっと休んでください……どうも皆の議論が同じところをグルグル回っているようです」

彼は笑いながら続けた。

「この様子も、遅々として改革が進まない事業部の縮図みたいなものですよ」

組織内の多様な見方や人々の態度の違いを、無理にでも表面化させるのが改革の第一歩だが、しかしそれだけでは、かえって意見の対立や混沌は深まっていくのである。

そしていったんすくみ合いの状態に入ってしまうと、組織は解決に向けて動き出すことができない。

アスター事業部はその閉塞状態を一〇年近くも繰り返してきたのだ。

「お互いの価値観の違いを認識できますから、この作業はムダではありません。しかしあと何日続けたところで、何か新しい考え方が出てくるという感じはしないでしょう?」

星鉄也はその通りだと思った。

五十嵐は皆に出口が見えてこない理由をこう表現した。

「皆さんはこれらの問題を分類しようと試みてきました。しかし今必要なのは、分類手法ではないのです。ということは?……われわれに今必要なものは何でしょう?」

経営経験のある川端も、この質問にどう答えていいか分からなかった。

読者の答えは何だろうか。

要諦7　カードを何百枚出したところで、あるいは、停滞企業の病気をその会社の「社内常識」でいくら分類したところで、抜本的解決の糸口は見えないことが多い。今まで繰り返された議論がまた繰り返されるだけになりがちである。

やりとりが続いたが、誰も答えられなかった。しばらくして五十嵐が答えを言った。

「皆が参照すべき『考え方』つまり『コンセプト』ですよ……お互いの認識の共通地盤がなくて……つまり、社員一人ひとりが拠りどころにしている考え方、理論、コンセプト、思想がバラバラだったら……**集団として現実を整理**することはできないのです」

皆が目の前の雑多な現象をモグラ叩きのように個別に議論している。なぜなら、社員の「ものの見方」がバラバラだからである。そのため混沌としたままなのである。

「もし、皆が同じコンセプトを共有することができれば……初めて、共通の尺度で分析や議論ができるようになります」

それによって皆が周囲の問題点を整理し、同じベクトルで解決への道筋を見いだそうと動き出す。ようやく人々のエネルギーは束になりはじめる。

要諦8 組織を変革していくためには、社員が共有できる「コンセプト」「理論」「ツール」などを経営トップが提示することが重要である。もちろんそれらは明快で強力なものでなければならない。

この五十嵐の言葉は、「社員に新たな『共通言語』が生まれたとき、初めて改善のプロセスが始まる。それは新たな組織カルチャーを作り上げるための第一歩である」（拙著『経営パワーの危機』137ページ）と、まったく同じ意味であった。

星鉄也はなるほど、そういうことかと思ったが、すぐに笑い出しそうになった。

「皆の思想がバラバラ？……でも俺は違う……俺はただの空っぽだった（笑）。思想や理論なんか持ち合わせていなかった……」

それなのに自分は、今日の朝から結構偉そうに意見を言ってきた。

同じように、ここにいる皆が大した洞察もないのに勝手なことをバラバラに言ってきたのなら、全体がまとまらないのは当たり前なのだ。

星鉄也は事業部の幹部たちの顔を思い出し、この現象もまた、アスター事業部の縮図だと思った。

「コンセプトとは何でしょう。それを明日の朝から固めてみたいと思います」

五十嵐は皆に、この五〇〇枚のカードの壁から、しばらく離れてみようと提案した。

「ここから先は、皆で一杯やりながら……」

五十嵐が時計を見ながらそう言うと、皆は一斉に息を吹き返した。

食堂に用意されていたボトルや氷が運び込まれた。

黒岩事業部長が、ウイスキーの水割りを一口飲んでから、再び声をかけた。

「この壁は、歴代の事業部長の苦悩を象徴しているようなものだね」

皆は、とっさにその意味が分からなかった。

「現実は、どうしていいか分からないくらい、ぐちゃぐちゃだってことさ……これが……歴代の経営者が直面してきた現実の姿なんだよ」

社内には、この五〇〇枚を遥かに超える多くの意見が駆けめぐり、それが感情によって増幅され、時に陰湿にぶつかり合い、出口の見えない閉塞状態の中で不満が鬱積している。

黒岩は歴代の経営者がそうした現実を前にして、モグラ叩きをする以外に、どうしていいか分からなかったのだと言っているのである。

「経営者はコンセプトを提示しろと言われたって……簡単じゃないからね。君たちがこの現実から目をそらすと、また時間が過ぎていく。今回はなんとしても答えを出さなければならない。あと四カ月で……。さあ、どうする？」

どうするって言われても……困るなぁ……皆がそんな顔であった。

しかし黒岩は、皆の顔と、壁のカードを見比べながら言い切った。

「でも実は、その答えのほとんどを君たちはすでに知っている……答えは君たちの中にある。この壁の中にある。しかしそれはこの混沌を整理し、ストーリー化しないと見えてこない」

ほとんどの企業変革に当てはまるこの意味深長な言葉を全員が聞き流した。黒岩が言っていることの意味を、彼らがこの段階で理解することは無理だった。

今夜は飲みながらも、なんとなく盛り上がらなかった。

この分だと、今夜の夢の中にこの五〇〇枚が出てくるかもしれなかった。

深夜の孤独

《星鉄也（三十九歳）の話》

あの後、しばらくミーティングルームで皆と飲んでいましたが、また明日があるというので夜十一時過ぎに解散になり、部屋に戻りました。

同室の古手川さんは先に寝入ってしまいました。私も寝ようとしたのですが、まだ頭の中が緊張している感じで、眠れそうもありませんでした。

あの五〇〇枚から何を引き出せるのかと考えていたら、ますます頭が冴えてきてしまいました。

寝つかれなかったので、私はそっと起き出して、さっきのミーティングルームに行こうと思いました。

どうせ眠れないなら、あの壁を見ながら考えたほうが手っ取り早いと思ったのです。自分の気持ちがそこまで入れ込んできていることを、自分でも不思議に思いました。

ところが、薄暗い階段を静かに下りて廊下を曲がると、おかしなことに、ミーティングルームの電灯が一部ついていて、薄明かり状態になっているのがドアのガラス越しに見えました。

初めは、誰かが電灯を消し忘れたのかな、と思いました。

カーペットの廊下を音を立てないように近づいて……ガラス窓からそっと中を覗いてみました。

ハッと驚きましたよ。いえ、これは怪談じゃありません。

会議室の一番奥のところに、ポツンと男の人が一人座っていたのです。先客がいたのです。

こちらからは、背中しか見えませんでした。

浴衣姿で、正面の壁をジーっと眺めている様子です。黒い影がシルエットになって五〇〇枚のカードの中に浮かんで、不思議な光景でした。

誰だろう……目を凝らして見ると……肩幅の広い、大きな体格……なんと黒岩事業部長でした。

あまりにも孤独に見えました……。

着任以来、毎月赤字が続いていることも、事業部長には大変なプレッシャーのはずです。

伊豆の保養地で……物音一つしない深夜に……経営者が一人で……会社の問題点の海の中で、考え込んでいる……。

「この人は、必死なんだ」

私は単純な人間ですから、ぐっと来ちゃいまして（笑）……大変なものを見てしまったような気がしました。

中に入って声をかけようかと思いましたが、なにか近寄りがたいものを感じて……。

そのままあとずさりをして、部屋に戻りました。

ますます寝つけませんでしたよ（笑）。

〔改革のコンセプト１〕事業の原点

合宿二日目の朝、星鉄也がミーティングルームに来てみると、黒岩事業部長の姿はなかった。

黒岩は朝早く研修所を発って東京に行き、夜には伊東に戻ってくるということだった。事業部長がとんぼ返りをするほど、この合宿が重要な意味を持っていることを皆は改めて知った。

五十嵐がパワーポイントで改革の基本になるべきコンセプトの説明を始めた。彼があちこちの赤字会社の再建に入っていくときに、基本中の基本にしている考え方だという。

その第1コンセプトは、事業の原点「**商売の基本サイクル**」というものだった。

複雑な理論ではなく、むしろあっけないくらいシンプルな考え方だった。

「でも、馬鹿にしちゃいけません。この単純な図式を日本の経営者が見失い、放置していることが多いのです。しかし、この単純な図式が、元気のない会社を活性化するきっかけになり得るのです」

そういって五十嵐は具体的説明に入った。

「アスター事業部は小さな組織なのに、開発→生産→販売→顧客までの距離が、異常に遠くなっています。それが社内で多くの問題を引き起こし、企業の戦闘力を弱めています。この壁に貼られた五〇〇枚のカードのうち、相当の枚数がこの問題から発生しているはずです」

事業の原点は、商品やサービスを顧客に買っていただくことである。「売ってなんぼ」の世界、つまり「商売」が成り立ってこそおまんまが食える。

そこで会社は、開発→生産→販売→顧客のサイクルを回して顧客に商品やサービスを届けている。

競争相手も同じことをしている。

競争企業のそれぞれの「創《つく》って、作って、売る」は顧客のところでぶつかり合い、そのせめぎ合いの中で、顧客はいずれかの企業を取引相手として選択し、商品やサービスを購入する。

その一連の行動の中で、顧客は「値段を下げろ」「サービスを上げろ」「品質がおかしい」などと多くの要求を営業マンに突きつけてくる。

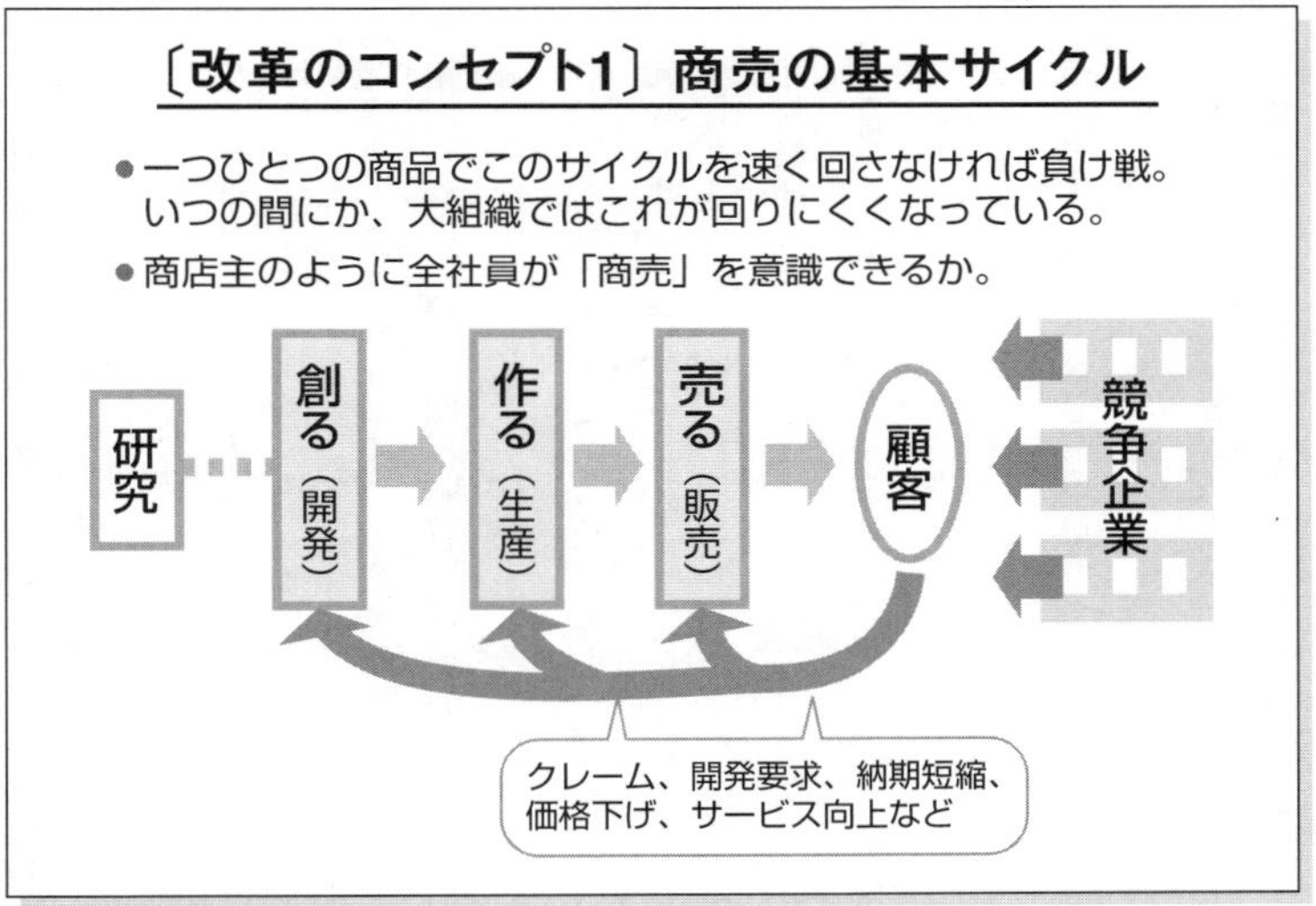
〔改革のコンセプト1〕商売の基本サイクル
●一つひとつの商品でこのサイクルを速く回さなければ負け戦。
いつの間にか、大組織ではこれが回りにくくなっている。
●商店主のように全社員が「商売」を意識できるか。
研究
創る（開発）
作る（生産）
売る（販売）
顧客
競争企業
クレーム、開発要求、納期短縮、
価格下げ、サービス向上など

企業競争のカギは、そうした顧客のさまざまな要求に、組織としてどう迅速に応えるかだ。

つまり顧客の要求を、社内のしかるべき部署にいかに迅速に戻し、その部署の中でいかに迅速に処理するか。

そして、その結果を再び社内の「創って、作って、売る」の組織に乗せ、いかに迅速に顧客に返すことができるのか。

「この回し（サイクル）を、社内が緊密に連携し、競合企業に打ち勝つスピードで行うことができれば、その企業は次第に競争相手を凌駕していくことになります」

よほど強い特許で守られた技術やコスト優位性などがあれば殿様商売も可能だろう。しかしどんな大企業であれ、競争の原点はこれだというのである。

そこで五十嵐は「創って、作って、売る」の流れを、「商売の基本サイクル」と呼んだ。

要諦9　「創って、作って、売る」は**企業競争力の原始的構図**であり、それをスピードよく回すことが**顧客満足**の本質である（このコンセプトは拙著『経営パワーの危機』でも、主人公伊達陽介の改革視点として使われている）。

なぜかコンサルタントの五十嵐は「商売」という言葉にこだわっていた。

「あたかも商店街の店主が『商売、商売！』と言うように、大会社といえども営業マンばかりでなく、開発者も、工場従業員も、人事や経理の社員も、『商売、商売！』と言いながらこのサイクルを競合企業よりも速く回せば、顧客は間違いなく喜んでくれるでしょう」

しかし、スピードは相対的なものだから、誰かが速ければ、誰かが遅くなる。

「競争や顧客のことを『商売』として身近に感じていない組織は、会社のどこかで問題の対応を停滞させているのです」

理由のいかんを問わず、それが競争上のハンディを自ら生み出すことになる。

とりわけ「商売の基本サイクル」の左方向に行けば行くほど、つまり顧客との接点から遠くなるほど、「商売」を意識していない社員が増えるのが機能別組織の宿命だ。

そんな体質が本人たちも気づかないうちに蔓延している企業は、時間の経過とともにジワジワと負けていく。

やがて市場が成熟して事業成長が止まる頃には、組織体質は変えようもないほど凝り固まっているのである。

「私は二十年以上も昔、ある赤字企業の再建に当たっているとき、その会社で『創って、作って、売る』の基本が崩れていることに気づいたのです」

五十嵐はその会社で、不効率の発生源を一つひとつ探っていった。するとそのほとんどがそれぞれの部署の内部ではなく、部署と部署の境目で起きる停滞によって発生していた。

一つの部署の中では、内部矛盾が現場の管理職の指導で解決されており、それなりの「部分最適化」が図られていた。

ところが複数の管理職が関与する部署間の問題になると、あちこちで未解決の課題が放置され、会社全体が惰性で動いている図式だった。「全体最適化」が見失われていたのである。

猫田洋次は、突如として眼前に現れたこの単純きわまりないコンセプトに驚いていた。

自分がこれまで何年も社内で戦ってきて、どうにもならなかった組織の病状をこれほどシンプルに説明する方法があったのか。

五十嵐は続けた。

「のちに、私はこれと同じ図式が、トヨタ生産方式を工場に導入するときに典型的に現れることを知りました」

旧来の工場では、それぞれの工程の中で最適化が図られているものの、工程と工程の間で停滞が顕在化し、全体としては高コストの生産ラインになっていることが多い。

「そんな工場にカンバン方式を導入すると、時にものすごい効率化と競争力が生み出されるのです。部分最適化よりも全体最適化を優先すれば、しばしば劇的な効果を生むからです」

そのカンバン方式の手法は、商品ごとに「創って、作って、売る」のワンセットを揃えた「小さな組織」を作る考え方に通じるものだった。

「カンバン方式は生産現場を対象にしています。一方、『商売の基本サイクル』は営業や開発を含む事業全体を対象にする見方です。しかし工場の工程と呼ぶか、会社の部署と呼ぶかの違いはあっても、基本的な見方は同じなのです」

この話とアスター事業部の改革はどのように結びつくのだろうか。

なぜ米国企業は蘇ったか

五十嵐は意外にも、この話が九〇年代以降に米国が繁栄を取り戻し、日本企業が弱体化していった歴史に深いかかわりがあると言い出したのである。

五十嵐の話は、合宿の目的から離れはじめているように見えた。しかし彼は説明をやめなかった。タスクフォースが、この歴史観を共有することは重要なことだと考えていたからである。

「私の考えていた『創って、作って、売る』と同じ見方が偶然、八〇年代に米国のコンサルタントたちによって、まったく違うコンセプトとして変貌を遂げていたのです」

一九七〇年代の米国では、大企業の組織が硬直化し「官僚化」(レッドテープ)の批判が強まっていた。

八〇年代に入ると、小さな組織(いわゆる「スモール・イズ・ビューティフル」の考え方)や自律創発組織の重要性が叫ばれるようになった。

つまり当時の米国企業は、後に日本の大企業も露呈することになる組織硬直化や官僚化の病気に侵されていた。

「日本との競争に苦しめられた米国企業は、八〇年代に入って、盛んに日本からトヨタ生産方式を導入するようになりました。ところが米国人は、この日本の経営手法によってなぜ企業が強くなれるのか、最初はそのメカニズムを理解することができなかったのです」

今の日本の経営者でも知らない人が多いのだから、当時の米国人には当然の疑問だった。

そこで八〇年代の中頃、知的創造性に長けた米国の優秀な経営コンサルタントたちが、よってたかってトヨタ生産方式を分析しはじめた。

その中に、日本研究ですでに名の売れていたボストン・コンサルティング・グループの二人の米国人コンサルタントも含まれていた。

米国の切れ者の戦略コンサルタントたちが行った分析作業は、それまで日本で行われていたトヨタ生産方式の解析とはまったく違う様相を呈した。

彼らの結論は意外なものだった。

「カンバン方式は単なる在庫減らしの手法ではない。カンバン方式は**時間の価値**という新しい戦略要素を追求する手法である。企業は**時間の戦略**を追い求めることによって、新たな競争優位を構築することができる」

このような驚くべき結論が導き出されたのである（ジョージ・ストーク、トーマス・M・ハウト著『タイムベース競争戦略』中辻萬治、川口恵一訳、ダイヤモンド社）。

「このことの、歴史的な重要性が分かりますか？　企業戦略の基本要素として、『ヒト、モノ、カネ、情報』の次にくるのが、『時間』だというのです」

星鉄也は話を聞きながら、経営理論の勉強をほとんどしてこなかった自分を恥じていた。

それにしても、虚業と思っていたコンサルタントや学者が、このように国家同士の競争や経済の歴史に大きな影響を及ぼしていることがあったのだ。

「米国の経営者たちに大きな驚きをもって迎えられたこの分析によって、カンバン方式はもはや『生産現場』に限定された単なるカイゼンではなくなったのです」

つまり「時間の戦略」がもたらした革新は、視野を「工場」から「企業全体」にステップアップさせ、開発→生産→営業→顧客のすべてのプロセスを包含する発想をもたらした。

それを速く回す仕組みを作れば、企業は競争優位を構築できるという理論だった。

「日本の現場改善手法が……残念ながら当の日本人によってではなく……米国人の手によって、強烈な『戦略コンセプト』に変貌を遂げたのです」

これがさらに、米国の復活、日本の凋落につながる歴史の変転に深いかかわりを持ってくる。

もともとカンバン方式は、現場の労働者が「目で見てムダが分かる」ことを狙い目にしていた。

しかし日本と違って米国の工場労働者の質は高くないし、経営との一体感もない。

日本のように現場社員が休みの日に出てきて工夫を重ねたり、職場のサークル活動でガヤガヤ議論することを期待するのは無理だった。

「そこで彼らは、米国がもっとも得意としていたコンピューター技術に結びつけることを考えたのです。彼らは昔からあったＭＲＰ（資材所要量プランニング）などを超え、コンピューターネットワークを通じた部品調達、生産管理、コンカレント（並行）開発などを、あちこちで試すようになりました」

これこそが、後にインターネットの隆盛と相まって、企業ネットワーク技術が米国で急激に発展することになる源流の一つであった。

「米国人がこのような試みで日本を引き離しはじめていることの脅威に、八〇年代末の段階で気づいた日本人はいませんでした」

日本の経営手法が単に米国人に模倣され、アメリカ的な使われ方をしているといった程度の認識しかなかったのである。

「さて、これとは別の流れで、米国で『創って、作って、売る』を体系的な経営理論として取り上げた学者がいました」

ハーバード大学の経営学者、マイケル・ポーター教授である。彼は一九八五年に著した『競争優位の戦略』（土岐坤、中辻萬治、小野寺武夫訳、ダイヤモンド社）で**バリューチェーン（価値連鎖）**の理論を唱えた。

それは企業が「創って、作って、売る」で付加価値を形成していくプロセスをとらえた理論だった。その視点はその後、コア・コンピタンスなどさまざまな経営論を生む流れになっていく。

やがて大きなエポックが訪れた。

米国内のあちこちで行われていた試行錯誤の流れが突如として一つの流れに合体し、あたかも違う生き物に変わっていく。

「時間戦略」の本が出版された翌年の一九九一年、マサチューセッツ工科大学のマイケル・ハマー教授が書いた『リエンジニアリング革命』（マイケル・ハマー、ジェイムズ・チャンピー著、野中郁次郎監訳、日本経済新聞社）は空前のベストセラーになり、米国にリエンジニアリングの熱狂を引き起こした。

「あとから振り返ってみると、それは三十年以上にわたって凋落を続け苦吟してきた米国人が、ようやく長いトンネルから抜け出たことを示す象徴的な出来事であったと思います。奇しくも、時まさに日本でバブルが崩壊したのと同じ年でした」

ハマー教授のコンセプトは、米国が八〇年代に編み出した、①時間の戦略、②バリューチェーン（価値連鎖）、③情報技術、④顧客志向、⑤劇的変革、の考え方を融合させたものだった。

それによって、開発→生産→営業→顧客のプロセス全体を劇的に速く回す手法を提唱したのである。

「それがビジネス・プロセス・リエンジニアリング（BPR）といわれるものでした。BPRは一時の流行で失敗だったと言う人もいますが、その見方は間違っています」

米国人はそれ以降、手を替え品を替え、トランスフォーメーション、アジル（俊敏）経営、チェンジ・マネジメント、サプライチェーンなどとさまざまな表現に置き換え、スピード経営と組織活性化の概念を志向し続けてきた。

その動きは二十一世紀に入っても続いている。

五十嵐は一息ついて、笑いながら言った。

「日本発の考え方が米国企業の活性化を助け……一方、ご本家の日本企業は組織活性を失って凋落……残念ですね」

日本企業はバブル崩壊とともに、それまでに鬱積していた内部矛盾を一気に表面化させた。アスタ一事業部はその典型的事例に他ならない。

星鉄也は自分の前に立ちはだかる壁の大きさを思った。

この改革タスクフォースは、太陽産業一社のことだけでなく、いわば日本の過去数十年の歴史まで背負っていることが見えてきたからである。

星は心の中で毒づいた。「冗談じゃないよ。俺たちの世代に、この歴史のギャップを一気に埋めろと言うのか……」

日本的手法から発したさまざまな経営コンセプトは、その後もサプライチェーン・マネジメントなどの名前で、米国のコンサルタント会社やコンピューター企業によって日本に逆輸入され、日本企業に売り込まれている。

しかし五十嵐は言い切った。

「米国のシステム商売に乗れば、日本の会社の改善が一気に進む？……そう考える日本人がいたら、愚かですね。この壁の五〇〇枚のカード……これがコンピューター・システムの導入で解決すると思いますか？」

五十嵐による改革の第1コンセプトの説明は、ようやくここで終わった。

一気通貫の組織効果

午後からはタスクフォースの討議だった。

アスター事業部の「創って、作って、売る」のサイクルが迅速に回っていないことは、タスクフォースの誰の目にも明らかだった。

現在のアスター事業部の組織は機能別であり、工場の工程別組織に似ている。それぞれの部署がA～F商品群のすべてを扱い、次の部署に引き渡していく。

それぞれの部署の社員は自分の仕事には精通しているが、前後の部署のことや全体の流れに責任はないし、また口を挟みにくい。

部門ごとに仕事の優先度が異なるから、社内の根回しや調整に大変な時間がかかる。

顧客を中心にした「商売の基本サイクル」からすると、動きがバラバラになりやすい組織なのである。

「先ほど『創って、作って、売る』は組織の価値連鎖（バリューチェーン）を表すと言いました。それは同時に『**時間連鎖（タイムチェーン）**』を表しています」

五十嵐が「時間の戦略」に合わせて名づけた新しい造語だった。

儲からない企業がなぜ儲からないかと言えば、社内活動で社員が商品に新たに付加している付加価値が低い。つまり組織の「価値連鎖」が弱い。

同じように、顧客へのレスポンスが遅い企業では、組織の「時間連鎖」が崩れているというのである。

五十嵐は問いかけた。

「もしアスター事業部の『時間連鎖』をダントツに速くすることができたら、どんな効果を生むのか討議したいと思います。発想の原点は『小さい組織』です……スモール・イズ・ビューティフルです」

五十嵐が今提案しているのは、仮の結論を先に出し、それを現状に当てはめて正しいかどうかを検証するという順序だった。

要諦10 仮説検証の手法をうまく使えば、分析やシナリオ作りの作業時間を大幅に短縮することができる。熟達したコンサルタントはこれに長けている。

五十嵐の質問に対して、その場の誰もが真っ先に考えつくことは、アスター事業部の全体組織をA～F商品群で分けることだった。

それぞれの商品群が、それぞれ開発から営業までの**一気通貫組織**を持つようにするのである。

そのような組織を、仮にアスター事業部の中の「ビジネスユニット」と呼ぶことにする。事業部の中の事業部、いわばミニ事業部のようなものだ。

単一の商品群で「創って、作って、売る」の組織をワンセット持つのだから、「時間連鎖」は一気に強化され、事業スピードは飛躍的に上がるはずだ。

それはカンバン方式で証明された原理と同じであり、リエンジニアリングやサプライチェーンの基礎になっているビジネスモデルである。

「そこで今日は仮説として……たとえばＤ商品群を独立させてミニ会社にする……そんな情景を想像してください……仮説ですから、とりあえずこの論理に乗って……」

Ｄ商品群はアスター事業部の総売上高四一〇億円のうち、一〇〇億円を占めている。

事業部全体の社員七一〇名のうち、Ｄ商品群だけの組織ということになれば……製造のかなりを外注していることを考えると……開発から営業、アフターサービスまで一五〇名くらいの組織だろうか。

「ビジネスユニットの『本社』のイメージは、たかだか一〇名くらいでしょう。狭いフロアに開発、生産、営業などのマネジャーが顔を突き合わせ、目の前にビジネスユニットの長……仮に『ＢＵ社長』と呼びます……が座っています」

これまでの組織とは違い、中小企業のように「社長が怒鳴れば、全員に聞こえる」規模である。

営業マンは各地に散っているが、Ｄ商品群だけを売るのだから、営業組織も現在のような大組織ではない。

古手川はここまでの仮説を聞きながら疑問を捨て切れていなかった。

機能別組織を商品群別に小さく分割すれば、組織の力が分散されるのではないか。

それぞれの部署で蓄積した専門知識やノウハウが分散してしまうのではないか。

それぞれの部署内で柔軟に運用している労働力の融通が難しくなって、かえって人が増えたり、非効率な組織になるのではないか。

実はこれらの疑問は、カンバン方式を導入するときに工場内で出る抵抗感とまったく同じであった。

日本のビジネスマンは長い年月、大きいことはいいことだと教えられ、また組織を機能別に分けたほうが効率的だと教えられてきた。

もっと大袈裟なことを言えば、世界中のビジネスマンがアダム・スミスの分業論を教え込まれ、学生や新入社員のときから「規模の利益」は正しいものだと脳の髄にまで叩き込まれている。

まさかリエンジニアリングの登場でアダム・スミスの否定論が語られる時代が来るとは、誰一人思っていなかった。

あるいはデルコンピュータが、カンバン方式の「一個流し」の原理をトコトン利用して、数兆円の世界企業にのし上がってくることなど予想外のことだった。

だから今日の合宿で、参加者の全員が五十嵐直樹の仮説に本能的疑問を感じるのは当たり前の反応であった。

しかし彼らは、直ちに五十嵐の意見を拒絶するほどの強い理由を持ち合わせているわけでもなかった。

そこで皆は素直に、五〇〇枚の壁の前でワイワイやりはじめた。

開発の猫田洋次が口火を切った。

「この組織では、D商品群の毎月の赤字がモロに見えるようになる……心理的には強烈なインパクトだ。今までの機能別組織と違って、この一五〇名はＤ商品群と抱き合い心中……目の色が変わるね」

そこからさまざまな意見が出はじめ、議論はかなりの熱を帯びはじめた。

考えてみると、今の機能別組織ではすべての部署がすべての商品群を扱い、いわばすべてが片手間状態である。

今のプロダクトマネジャーは単なるスタッフ扱いであり、権限もない。だから会社のどこを探しても、商品群別の事業統括者が存在していないのである。

赤坂三郎はこれを目から鱗と言うのだろうと思った。前から分かっていたこれらの単純な事実が、以前とはまったく違う重みをもって迫ってきた。

いざ事業責任となれば、何もかも……本当にすべての重要事項が……黒岩事業部長一人に行かないと何も決まらない仕組みなのだ。

しかも皆がＤ商品群の大赤字を知りながら、それを自分の責任だと思っている人は事業部長の他には一人もいない。

古手川修も、気づいてみればこれは恐ろしい組織だと思った。

「一気通貫組織ができれば、今の中途半端なプロダクトマネジャーは不要になるね。『ＢＵ社長』がこれまでのプロダクトマネジャーの強化版みたいなものだろう」

古手川がそう言うと、赤坂が応じた。

「この程度の組織なら、四、五名の幹部がＢＵ社長の周りに集まるだけで、すべての意思決定ができる。三〇名が集まる経営会議とか、ほとんどの**大会議は廃止**だね」

ついでに星鉄也が、言いにくいことを言った。

「事業部の『番頭さん』とかもいらなくなるよ。『BU社長』がちゃんと自分で采配を振るえばいいんだ」

この合宿に山岡が来ていたらとても言えないことだった。正しい指摘だったが、周りの者は遠慮気味に相づちを打った。

「一二もある『委員会』は、ほとんどいらなくなる」

「これまで月一回、販売計画と生産計画の調整をまる一日かけてやっていたけど、D商品群だけとなれば、担当者が隣り合わせに座って**毎日ちょこちょこ調整**すれば十分だろう」

これで**過剰在庫**や**品切れ**が減る。カンバン方式で在庫が激減するのは、「時間連鎖」の短縮化の積み重ねだからである。

しかしこの話は在庫の問題にとどまらず、実は「人間性」にかかわる本質的問題を含んでいる。UCLA教授、ルビンシュタインの著書『「鈍《どん》」な会社を「俊敏」企業に蘇らせる!』に出てくる話を借りよう。

手作りの椅子をまるごと一つずつ組み立て、それを自分で売った職人は、自分の作った椅子で顧客が満足してくれたかどうかに敏感だ。お客に嫌われたら、その痛みは自分の痛みである。

そこで職人は技術を磨き、モダンな椅子のデザインを自分で工夫し、商品に新しい感性を入れようと自分で努力する。

しかし椅子の世界にもアダム・スミスの分業論が導入され、工場では毎日、椅子の「脚」だけしか作らない職人がいるようになった。

彼らは自分の作った脚が他の職人の作った部品とピタリと合うように、会社の決めた部品規格や品質基準に組織ぐるみで従うことを求められた。人が機械のように働くことが重要になった。そうなると個人はモノ作りの楽しさから遠ざかってしまう。また顧客の不満を自分の痛みとして感じ取る度合いも低くなる。

完成した椅子がいくらで売れるかよりも、自分は賃金さえもらえばいいという人が増える。

このメタファー（比喩）の意味は重要である。

産業革命以来、工場労働者に起きたこの現象と同じことが、二十世紀後半、日本企業のホワイトカラーに起きているのではないか。

本社の中で、本来なら経営の枢軸にいて「経営の面白さ」「経営の創意工夫」に生き甲斐を見いだすべき日本のエリートの多くが、分業の機能別組織に閉じこもり、椅子の脚だけ作っているパーツ職人になっているのではないか。

タスクフォースの全員が、「スモール・イズ・ビューティフル」の組織効果に強い関心を持ちはじめていた。

川端が米国デンバーの小さい子会社を思い出しながら言った。

「小さなビジネスユニットなら、今よりも、みんなが**顧客を近くに感じる**ようになる。それで皆の**切迫感**が高まる。自分で『商売の基本サイクル』を速く回そうとするだろう」

いつの間にか、皆の議論が完全にかみ合うようになっていた。

このディスカッションは「単なる仮説として議論すればいい」と五十嵐が気楽さを強調したところから始まった。

とりあえず皆は、その誘導尋問的設定に相乗りしただけだった。

しかし皆がお互いを一つの議論に引き込むことで、今まで気づかなかった新たな発想を自由に口にできる「磁場」が形成されていた。

「事業部とアスター工販は合併すべきだね。今はあの境目で『時間連鎖』がすっかり切れているのだから。どのみち、営業だけ外に出したのは愚策だったよ」

「営業組織がビジネスユニットごとに小ぶりになれば、全国の営業マン全員を時々集めて、営業方針などを直接説明することができる」

「そうなれば、事業部→アスター工販社長→営業部長→支店長→営業所長→営業マンの五ステップが、一挙に事業部→営業マンの一ステップになる」

それは「時間連鎖」の劇的短縮を意味していた。

電子メールの導入で「組織の中間を飛ばす」ことが起きたが、それは、創業期の小組織で当たり前だった構図を今、取り戻そうというだけである。

「その営業会議には、生産や開発の人たちも一緒に出てきて、意見を戦わせればいい」

「そうなると、工場現場の社員も敏感になって、クレーム対応が早くなるんじゃないの」

もともと大企業組織よりも、小組織のほうが経営者育成には向いている。

「ビジネスユニットの経営陣の責任は明確になるね。今と違って、責任のなすり合いをする相手がいないのだから」

「経営陣は鍛えられるよ。確かにこれは、**経営者育成**に向いている」

人は厳しく損益責任を問われない限り、経営者として育つことはない。そして今までの組織でその立場にいるのは事業部長一人だけだった。

しかし、それぞれのビジネスユニットのトップと数名の幹部が**マネジメントチーム**を組めば、従来では考えられなかった多人数の経営者予備軍を、同時並行的に育成できることになる。

そんな話で皆の会話は盛り上がっていった。

伊豆の山に夕闇が迫り、皆に一日の疲労感が出はじめていた。

そのとき、突然、ミーティングルームに黒岩莞太が入ってきた。東京から戻ってきたのである。

その顔を見て、皆は自分たちばかりが疲れたと不平を言うわけにはいかないと思った。

一網打尽の解決

《リーダー川端祐二（五十歳）の話》

いや、私にとってこの合宿は、強烈ですよ。

ついこの前まで、密かに転職の可能性まで考えていたんですよ（笑）……長い間眠っていた脳細胞を急に叩き起こして、いきなりガンガン使うことを要求されています（笑）。

この合宿では、**現場で使えるコンセプト**が提示されているのだと思います。

私は米国子会社の社長までやりましたが、今日の話を聞くと自己流だったと感じています。

五十嵐さんの「創《つく》って、作って、売る」のコンセプトのことで、私はちょっと忸怩《じくじ》たる思いにとらわれているんです。自分がやってきたことは間違いだったと……。

それは私が二年前から取り組んできたクレーム処理のＴＡＴのことです。

私はあの改善を、クレーム情報が工場に来てから工場を出ていくまで、つまり「工場内の処理だけ」を対象にして進めてきました。しかし、それは「部分最適」の見方でした。

クレームがお客様のところで発生してから、各部署が連携してそれに対応し、お客様のところで問題が完全に解消するまでの「トータルのサイクル」をとらえるべきでした。

しかし正直に言えば……ここだけの話ですが……あのアスター工販の吉井社長、その下の動きの鈍い営業マンたち、迷惑顔の開発の人たちなど……彼らを巻き込むのは私の責任ではないと思っていたのです。

とにかく、何一つ動かない組織ですからね。だから私は改善を工場の中だけに限定したのです。しかしそれは「顧客の視点」を見失っていたということであり、「商売」を忘れていたことに他なりません。だから反省しましたよ。

夕食のあと、全員が椅子を動かして、五〇〇枚の壁の前に集まりました。この先何が出てくるのかという好奇心がありました。

「D商品群のビジネスユニットを作ると、この五〇〇枚のカードのうち、解決ないし大幅に改善できるのはどれでしょうか。そのカードを隣の壁に移してください」

そう五十嵐さんに言われて、またみんなでワイワイガヤガヤ始めました。

そのうち面白いことが起きはじめました。以前の分類作業では互いにケンカしていたカードが、隣の壁に仲よく移るという現象が頻繁に見られるようになったのです。

たとえば、「開発は営業の言うことに耳を傾けない」「営業は開発の意図を分かろうとしない」「工場と営業はいがみ合いすぎる」というカードは互いにすくみ合っていました。

今の組織で一つの立場で解決に動けば他方が反発し、いつも三つ巴になって、にっちもさっちもいかないことが多かったのです。

ところが夜の作業でこの三枚は仲よく隣の壁に移って、「解決可能」の印がつけられました。というのは、新組織では「幹部数名の小さい組織だから、コミュニケーションが劇的によくなる」「部署が融和して、互いの痛みが見えやすくなる」「赤字の危機感も共有されるようになる」「だから皆の行動が早くなる」といった理由で、このようなすくみ合いは自然に減ってしまう、という単純きわまりない理由でした。

やがて、皆が驚く結果が出ました。五〇〇枚のうち、実に三〇〇枚近いカードが、「解決、または、かなり改善可能」ということで、隣の壁に移ってしまったのです。

売上高四一〇億円といえば、上場企業によくある規模の事業部ですが、実はとんでもない肥大化現象が起きていたのです。あれほど激しい人減らしをしたのに……。

あの仮説作業は、私にとって大きな発想転換のきっかけになりました。

新しいコンセプトを軸に根本原因を叩くことで、**一網打尽の解決**を図る方法があるのかもしれません……。

肥大化した機能別組織の欠陥

《アスター工販営業企画室、課長古手川修（四十一歳）の話》

私はここ五年ほど営業で企画をやっていて、その前は星鉄也と同じプロダクトマネジャー、さらにその前は、開発センターでB商品群の開発をやっていました。

この会社では珍しい横っ飛びの異動です。上司とぶつかることが多かったので、こいつは扱いにくいと、あちこち回されたのだと思っています（笑）。

肥大化した機能別組織　10の欠陥

1. 事業責任が分かりにくい
2. 損益責任が曖昧
3. 「創って、作って、売る」が融和していない
4. 顧客への距離感が遠い
5. 少人数で意思決定ができない
6. 社内コミュニケーションが悪い
7. 戦略が不明
8. 新商品が育ちにくい
9. 社内の競争意識が低い
10. 経営者的人材の育成が遅れている

私は普通の社員より会社全体を客観的に見ていると思っていましたが、この合宿に来て、自分の見方が狭かったことに気づきました。

あの後、五十嵐さんが最後の作業を示しました。

「さて、皆が『解決ないし改善する』ということで移した三〇〇枚が、これまで社内でどんな問題を引き起こしていたのか、分類してみましょう」

私たちは、二時間ほどで三〇〇枚のカードを、大きく一〇項目に分類しました。

それをOHPフィルムに書いて、壁に映しました。

アスター事業部は今、「肥大化した機能別組織一〇の欠陥」に悩まされているというわけです。

事業が行き詰まれば、個別の部署の論理では対応できないわけです。

しかし入社以来ずっと似たような組織でやってきて……ちょっとやそっとの刺激では、人々の「認識」が切り替わらないのです。

だからカオス（混沌）とか革命が必要だという

議論に行き着くのだと思います。

ここから先のわれわれの改革は……社員全員が市場や顧客に近づくために……組織をショートカットする方法を考えなければなりません。

それを五十嵐さんは、**組織の短絡化**と呼んでいました。「時間連鎖」を強化するにはそれしかないと。

日本語で短絡的と言えば悪い意味に使われますが、これからは「短絡化の時代」だというわけです。

シナリオを描く

《大阪支店営業業務課主任、青井博（三十二歳）の話》

この事業部でトップクラスの先輩ばかりが集まっているので、この合宿に来るまでは自信がなかったのですが、皆さんとワイワイやっているうちに何とかなりそうな気がしてきました。

五十嵐さんが改革の第1コンセプトを説明したあと、あの五〇〇枚のうち約六割が隣の壁に移ってしまい、まるで手品のようでした。

組織図をぐるりと九〇度回して　タテヨコ逆にしただけなんですが……（笑）。

でも……私はまだスッキリしていません。小組織といっても、具体的にどんな形になるのか分からないからです。

二日目の夜も十時過ぎにお酒になりましたが、皆からその疑問が出ました。

「A～F商品群ごとに事業組織を分けたら、営業はそれぞれ小さな営業部隊に分割されてしまいます。営業力が極端に落ちるのではありませんか」

「工場も複雑です。生産ラインごとに組織を分けることなど現実的でしょうか。それに……工場長はどうなるのですか」

「開発も同じです。商品群ごとに開発部隊を分けたら、会社としての技術共有がなくなるのではないでしょうか」

それぞれ、まさに私が聞きたい疑問でした。要するに、組織シナジー（相乗効果）を失い、かえって競争力や効率を失うのではないか……。

それに対して、黒岩事業部長はニヤニヤ笑いながらこう言いました。

「皆、私に聞かないでよ……それでは困るんだ（笑）。これから四カ月間かけて、何を実行しどんな効果を期待するか、そのシナリオを書く……それが改革タスクフォースだ」

「今はまだ何も決まっていない。ただでさえ社内から抵抗が出るのに、君たちが納得しないことを実行しても、どうせ、うまくいくわけはないだろう（笑）」

黒岩事業部長が東京から戻ってきたのは、こういうことを言うためだったのかなと思いました。

しかし、われわれに下駄を預けたみたいな……それでいて自信たっぷりで……誘導されているような、されていないような（笑）……押せばスーっといなくなっちゃうみたいな……。

実は、事業部長にお酒を注ぎながら、それを言ってしまいました（笑）。そうしたら、ちょっと赤い顔をした事業部長が、こうおっしゃいました。

「おい、青井君……贅沢を言うなよ（笑）。経営者とは、いつもこのような**宙ぶらりんの不安**の中で答えを探し続けるんだ」

当分、この心理状態が続くのでしょうね……。

今日はこてんぱんに疲れました。五十嵐さんも、事業部長もタフですね。驚きました。

これで二日たちましたが……頭の芯までぎゅーぎゅー詰めです……。

明日は土曜日だから、朝は少しゆっくり始めるということで、今夜は飲むぞーとなりました。

でもトップがここまで気持ちを入れ込んでくれれば、誰だってついていこうという気持ちになりますよ。タスクフォースの士気は高いです。

選ばれた者だという気持ちが、皆の責任感を支えているのだと思います。

〔改革のコンセプト2〕戦略の連鎖

合宿最終日の土曜日、伊豆の山々は十二月の冷たい雨に濡れていた。

その朝、まず五十嵐が前に立った。話のテーマは「戦略」だった。

「たとえ『商売の基本サイクル』を速く回せる組織が実現しても、『戦略』が曖昧なままだったら効果は出ません。お粗末な戦略を高速に実行するのでは、かえって始末が悪い（笑）」

そう言ってから五十嵐は、未整理のカードがまだ二〇〇枚ほど残っている壁に歩み寄った。

そこには、事業戦略が不明確なために起きていると思われる社内現象が多く含まれていた。

- 新商品の狙いが不明確。いつも競合の後追い。
- 勝負すべきことへの資源投入がいつも中途半端。
- 会社の『商品戦略』が営業マンまで伝わっていない。
- 競合企業の戦略がよく分かっていない。

- 戦略がないから、負け戦の自覚もない。
- 目先の売り上げの数字作りばかりにとらわれている。

五十嵐はざっと読み上げてから、問題を一言に要約した。

「今のアスター事業部では、会社が何をやろうとしているのか、皆に**戦略のストーリー**が見えていないと思います。だから行動がバラバラになるのです」

そして彼は、この現象を二つの原因に分けて考えたいと言った。

「社員に戦略が見えないというときに考えられる第一原因は、戦略が『組織末端まで伝わっていない』という場合ですね」

経営の意思が伝わらず、末端で社員が実行していないという状況である。

これを五十嵐は「**『戦略連鎖』**が崩れている」と呼んだ。昨日出てきた「価値連鎖」「時間連鎖」に次ぐ三つ目の造語だった。

「ビジネスユニットの中で戦略連鎖がつながれば、全体戦略、開発戦略、営業戦略、営業活動などが、矛盾や切れ目なくつながりはじめます」

そして五十嵐は皆の顔を見渡し、ニヤッと笑ってから言った。

「その『戦略連鎖』を具体的に設計するのも、タスクフォースの任務です」

タスクフォースの仕事がまた増えた。

星鉄也は気づいた。この合宿の進行とともにこれから何をするのかという疑問が減っていく。それに応じて、自分たちの仕事が増えていく。

次いで五十嵐は戦略欠如の第二原因を取り上げた。

「戦略が組織の末端にまで正確に伝わるようになったとして……その戦略の内容が間違っていたらどうなりますか？　社内にゴミを垂れ流すようなものでしょう」

要諦11　経営改革において「組織の再構築」と「戦略の見直し」はワンセットで検討することが不可欠である。現実には、組織をいじり回すことを先行させてしまう経営者が圧倒的に多い。

五十嵐は、第二原因の「戦略の内容がお粗末」を、さらに二つの原因に分けた。

「戦略の内容が貧弱な場合、考えられる理由の第一は、トップの『**戦略志向**』が弱いこと。戦略立案が放ったらかしにされる場合ですね。そして第二は、戦略の『**立案スキル**』が不足していること。戦略を編み出す技量や知識が低ければ、陳腐な戦略しか出てこないのは当たり前です」

星鉄也はこの話を聞きながら、アスター事業部ではこの両方とも問題だと思った。

そこで五十嵐は改革の第２コンセプトを映し出した。

「さて、競合を上回る成長を続けている企業では『勝ち戦の循環』が回っています。ダメな会社はこの循環のどこかが切れているのです」

- 顧客ニーズは時代の変化とともに変わっていき、それに伴って競争のカギ（ＫＳＦ、キー・サクセス・ファクター）もシフトしていく。現在、われわれの事業は、顧客ニーズの何を満たすものなのだろうか？　将来はどう変わるのだろうか？
- 誰が本当の競争相手なのだろうか？　最近は業界の境が曖昧になっているから、思わぬところに

〔改革のコンセプト2〕勝ち戦の循環

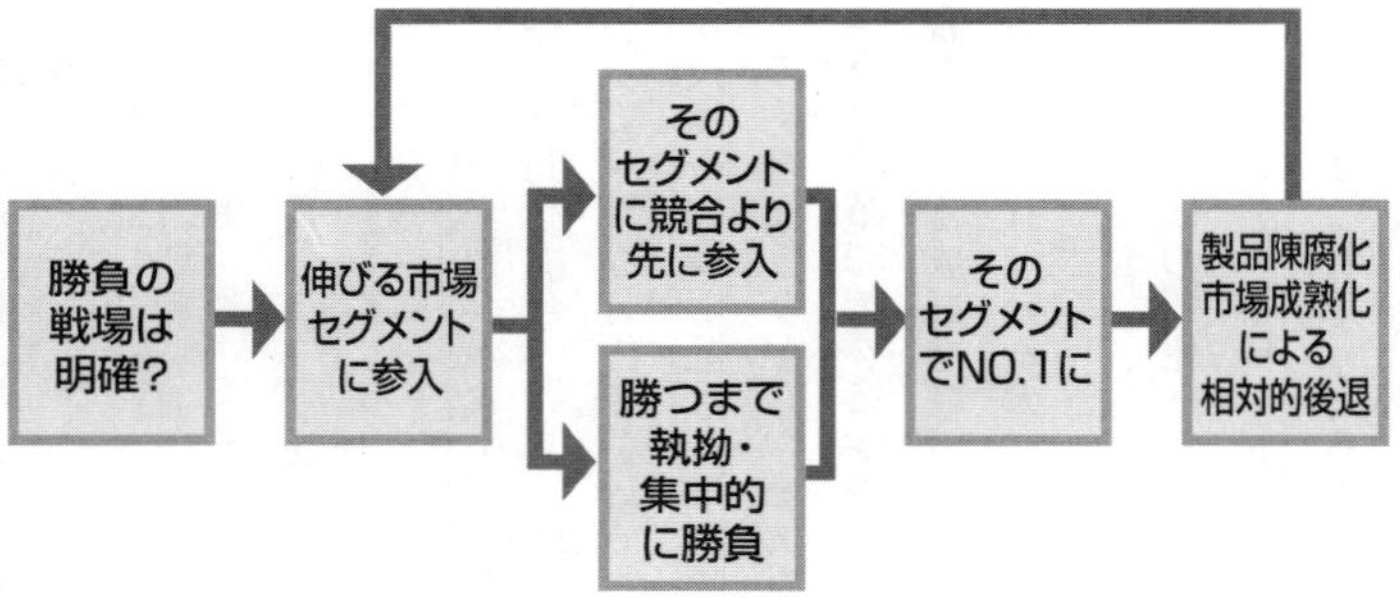

潜在的競争相手が潜んでいるかもしれない。

- そうして定義された市場の中で、われわれは常に成長分野に参入してきただろうか。
- それも他社の後追いでなく、あえてリスクを背負い、常に先陣を切って参入してきただろうか。
- そしてその市場で、勝ちを収めるまで執拗かつ集中的な勝負をかけてきただろうか。
- そのためには優先度の低い事業から、経営資源を移動させることが必要だ。
- 成功企業はこうした攻めの戦略で成功し、その分野でのナンバーワンの地位を勝ち取る。そしてナンバーワン企業だけが手にすることのできるメリット（コストや情報の優位性など）を享受する。
- しかし、長期間それに甘んじていると、やがて事業や商品は「陳腐化」して競争性を失いはじめる。あるいは業界そのものの地位が、経済の中で相対的にマイナーなものになっていく。

- そこで、鼻の差でいいから常に先行する商品・事業開発が行われるように組織内の資源移動を図り、いつも次の成長分野に参入する努力が続けられなければならない。
- 以上の循環が回っている企業では、常に組織の緊張が保たれ、皆が目標を共有し、社員の力量が押し上げられていく。
- 逆に負けている企業は、この循環のどこかがうまくいっていない。

この合宿で新しいコンセプトが提示されるたびに、改革タスクフォースのメンバーは心中穏やかではなかった。

自分の会社がいかにお粗末か、その理由が次々に見えてきたからである。

「頭に来た。アスター事業部はろくでもない。俺は人生をこんな職場で過ごしてきたのか」

タスクフォースのメンバー全員がそんな感情に支配されていた。一〇年近い歳月を経て、今ようやく彼らの自尊心が根本から揺らぎはじめていた。

要諦12　セオリーや原則論を外部から学んで初めて、ようやく内部の問題が見えてくる。

国民の知的レベルが上がって政治的に目覚めれば、その国の為政者が批判されやすくなるのと同じように、社員の経営リテラシーが上がってくれば、トップのとっている方針や戦略に対する社員の目も肥えてくる。

国民の知的レベルの低いほうが治世しやすいとするいわゆる愚民政治を行えば、為政者は君臨し続けることはできるかもしれないが、国の長期の発展は起きず、国民は貧困なままである。

会社の経営にも同じことが言える。

内向きの経験則や硬直した序列が幅をきかせ、若手が頭を押さえられ、会社の変身が抑制されている企業で、何かをきっかけにしてその抑圧の構図を読み取った社員が怒りを感じるのは当然だった。

その最たる思いは「自分が世間的に劣った人材に押し込められていく」という恐怖感だろう。

しかしこの合宿を境に、タスクフォースのメンバーにとって感情を無理に抑え込むことは無用になりはじめていた。腹立たしければ、それを語ることが許されはじめていた。

その真っ直ぐな気持ちこそが、過去への「強烈な反省論」を組織に迫り、皆が「よい会社作り」に向かっていくための、原動力になるのである。

各部署固有の問題

お昼を挟んでミーティングが再開されると、五十嵐は未整理のカードがたくさん残っている壁に近づいた。

「昨日の『スモール・イズ・ビューティフル』で解決できるカードは、すでに皆さんが昨夜あちらの壁に移しました。今日はあとに残ったこの二〇〇枚を整理してみましょう」

そう言って五十嵐は、最初の視点を提示した。

- 事業全体の「事業戦略」を明確に示せば解決できる問題点
- 個々の「商品戦略」を明確に示せばよくなる問題点

そこで皆はこれらに関係したカードを抜き出し、隣の壁に移していった。

それには、さっき黒岩事業部長が読み上げた「新商品の狙いが不明確」「開発テーマが場当たり的」「資源投入がいつも中途半端」などのカードが含まれていた。

これで約七〇枚のカードが減り、元の壁に残ったカードは一三〇枚になった。

次に五十嵐は「間接・サポート部門」に関係するカードを整理させた。

- 「人の評価」のシステムを変えれば解決できる問題点
- 「数値管理」つまり経理報告や原価計算などの手法をよくすれば解決できる問題点
- 「情報システム」を変えれば解決できる問題点
- 「教育・トレーニング」のプログラムを充実すれば解決できる問題点

同じような質問がいくつか続いて、合わせて約五〇枚のカードが移った。今や隣の壁はカードでぎっしりになり、元の壁はスカスカになっていた。

「最後に残ったこの八〇枚は、『商売の基本サイクル』『戦略連鎖』『間接・サポート機能』のどれにも属さない問題です」

「ということは……ほとんどが開発、生産、販売などの個別部署に限定された問題のはずです」

そこで五十嵐は最後の設問を出した。

- 各部署の固有問題として、それぞれの内部で解決改善に取り組むべき問題点皆は、原価低減や生産リードタイム短縮（工場）、営業組織の改革（営業）、外部新技術の取り込みや開発期間短縮（開発）などの問題を分類していった。

いずれも重要な改善項目だったが、日本企業が従来から取り組んできた機能別テーマが多く、なかにはマンネリ化して実効の上がらなくなっているものもあった。

この合宿ではそのような従来発想にとらわれることを避け、違う角度から改革議論に入ったので、最後になってこれらのテーマが話題に上ってくるという順序になったのである。

「スモール・イズ・ビューティフル」を先に実現し、そのうえでこれらの従来テーマに取り組み直せば、新たな効果が生まれるかもしれないという期待もあった。

午後三時を回っていた。

壁に残っているカードはなくなった。ようやく五〇〇枚のカードの整理が完了したのである。

五十嵐が全員を席に座らせてから、ゆっくりと言った。

「一〇年近くも曖昧にされてきたアスター事業部の多くの問題点を……皆さんは……この三日間であぶり出しました」

全員の顔に達成感が出ていた。

「これらのカードはすべて、『どんな切り口で直していけばいいのか』という大まかな分類のどれかに所属しています。われわれはまずその分類ごとに具体的改革案を考え、次いでそれらを全体シナリオでつなぎ、整合性や優先度を確かめて実行可能な改革案を組み上げていきます」

タスクフォースの今後の進め方として、重要な説明だった。

一枚一枚のカードの現象をモグラ叩きのように取り上げるのではなく、常に「考え方」「コンセプ

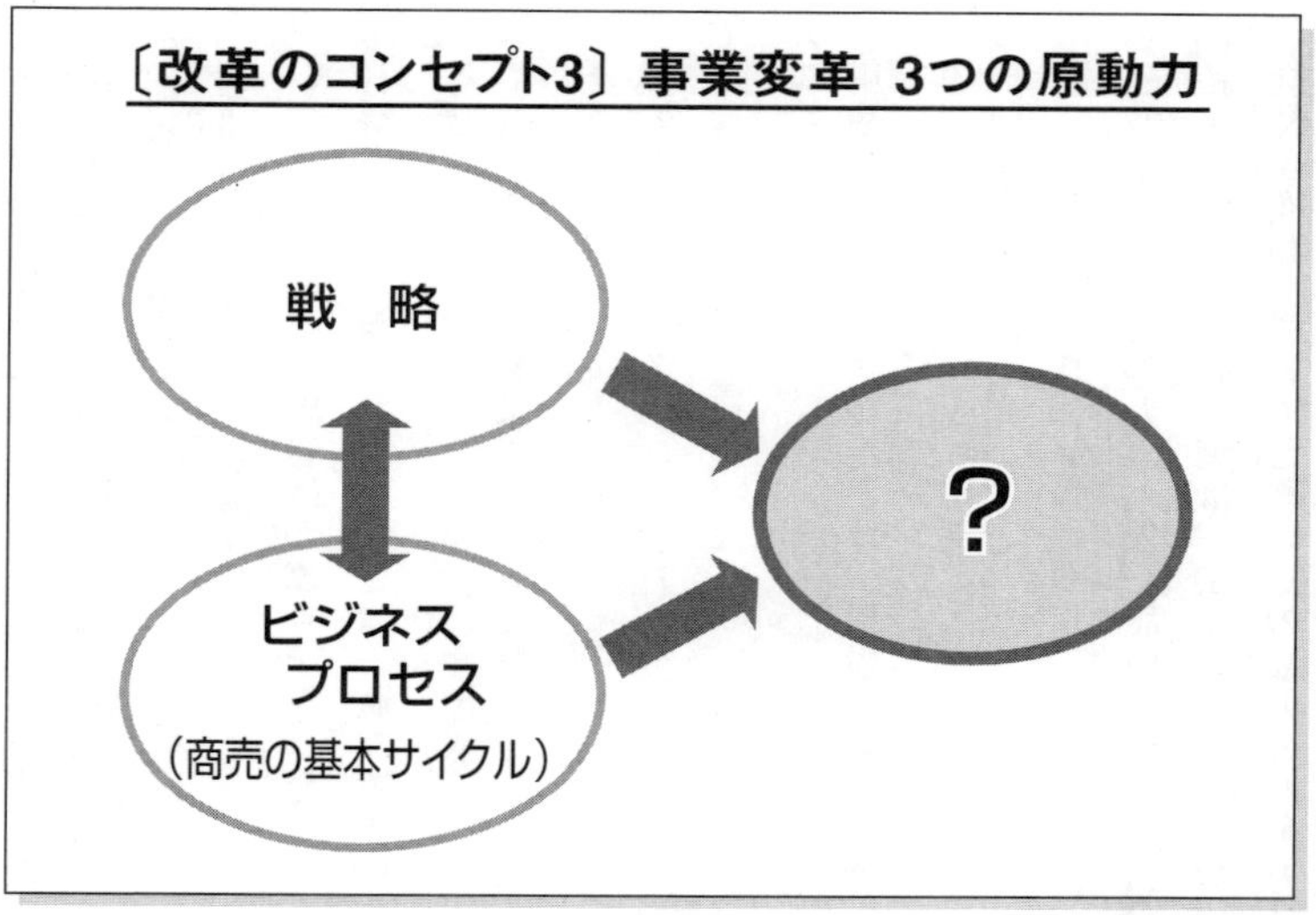

ト」の裏打ちを保ちながら、多くの症状を互いに矛盾なく一網打尽に解消していく方法を探すというのである。

あと一時間ほどで、この合宿は終了の予定だった。

〔改革のコンセプト3〕事業変革の原動力

ここで再び黒岩莞太が立ち上がり、この合宿のまとめに入った。

「皆に質問がある……」

そう言って、黒岩莞太は最後のチャートを映し出した。改革の第3コンセプトだった。

そのチャートを見ると、一つのマルの中が空白になっていた。

「改革タスクフォースは、これからアスター事業部の『戦略』を見直す。それと整合する形で『商売の基本サイクル』、すなわち最近の呼び方で言えば『ビジネスプロセス』が迅速に回る組織を設計する。ところでこの二つを見直すということは……われわれはそれによって、何を生み出したいのだろうか？」

黒岩莞太は、二つの矢印の先にあるマルの中に、何か字を書き込んでほしいと言っているのである。

「『利益向上』ですか？」

「『キャッシュフロー』の改善ですか？」

いずれの答えにも黒岩はかぶりを振った。

「利益やキャッシュフローなどは『戦略』の中で検討されていると考える。だから私が尋ねているのは、その先の話だ」

「では、企業の『繁栄』？」

「自分たちの『夢の実現』？」

黒岩が尋ねているのは「会社を変革していくための原動力」になるものだから、これらも答えとしては遠かった。

「『人』ですか」

川端祐二がそう言ったとき、黒岩の表情が動いた。

「『人』？……うん……『人』の何だろう？」

猫田が手を挙げた。

「皆の『やる気』ですか？」

その意見に黒岩莞太は大きく頷いてから、自分の答えを言った。

「私が書き込みたい言葉は、『マインド・行動』なんだ」

会社が変わっていくとき、その最大の原動力は人々の心だというのである。

黒岩の話に最後の熱が入った。

「企業が何をするにせよ、社員のエネルギーが結集しない限りは何もできない。経営者は誰しも、朝から晩まで、そのことに最大のエネルギーを使っている」

不振企業の場合、社員のマインド・行動を変えさせるために、いくら「経営意識を持て」「危機感が足りない」と叫んでもその効果は長続きしない（組織を構造的に強くできない）。

経営風土を変えるために「風土改革をしよう」とか、意識を変えるために「意識改革をしよう」などとそれ自体を目的化したところで、業績向上に辿り着くことは難しい。

社員の多くはそうしたお題目に反応していない。彼らの心は燃えないのである。

組織はその構成メンバーの大多数が、実際の自分の仕事のうえで、「目的」と「意味」を鮮明に意識し共有しない限り、組織エネルギーを発揮しないのだ。

「社員のマインド・行動を束にするには、①明確な『戦略』が示されること、②社員が迷いなく走れるようにシンプルなビジネスプロセスが組まれていること、この二つがカギだ」

「しかし、戦略とビジネスプロセスを明確化したら、それだけで会社がよくなる？　それも違うね」

われわれは何のために、「戦略」を立てるのだろうか。頭のよさそうな人たちが集まって素晴らしい経営戦略を立てたら、それで会社は強くなれるのだろうか。新しい「ビジネスプロセス」をデザインして新組織を発令したら、会社は自動的に俊敏になれるのだろうか。

「経営戦略なんてただの道具……それを書き上げただけで何かが解決するわけではない。その証拠に……膨大な時間をかけたのに実行されない計画がたくさんあるじゃないか」

それは日本だけではなく、米国企業にも頻繁に見られる現象だった。

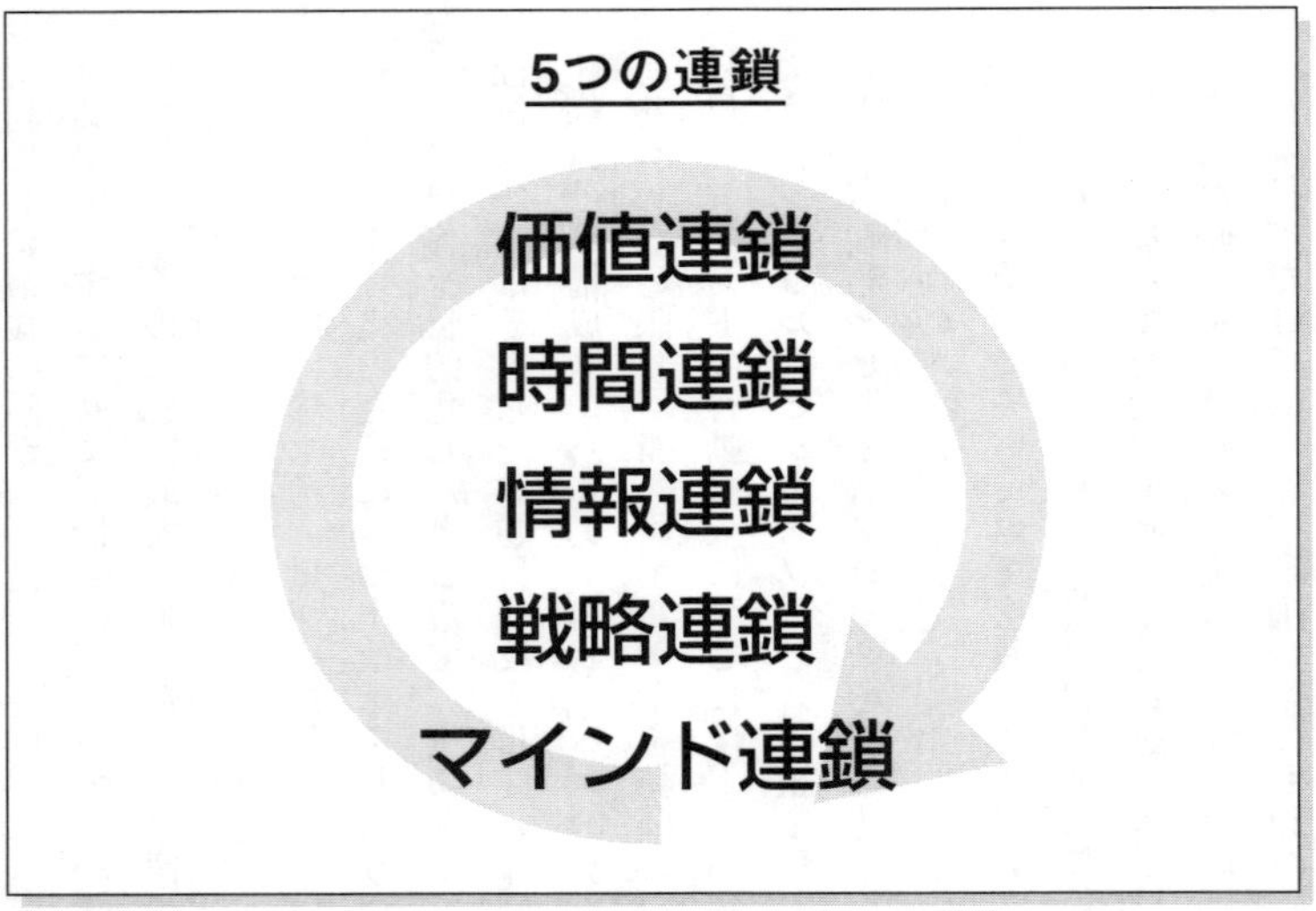

黒岩が言いたいことは、**社員の心に響く戦略**を作り上げようということだった。

「われわれが『戦略』や『商売の基本サイクル』をいじくり回す目的はただ一つ……幹部や社員の**マインドを一つにすること**」

「皆が目的と意味を共有すること……そうすれば私たちの行動が束になり、すごいエネルギーが出るようになる」

だからタスクフォースの打ち出す戦略は、組織の新たな共通言語になり、社員の気持ちを束ねる接着剤の役割を果たすものでなければならないというのである。

黒岩はここで新たな造語を持ち出した。

「つまりわれわれは、組織の『**マインド連鎖**』を生み出さなければならない」

その言葉は、「熱き心の連鎖」「燃える集団の連鎖」と言い換えることのできるものだった。

最後に黒岩莞太は組織をつなぐ「**情報連鎖**」を加え、それで「五つの連鎖」がすべて揃った。

要諦13

事業を元気にするには、「商売の基本サイクル」を貫く「五つの連鎖（価値連鎖、時間連鎖、情報連鎖、戦略連鎖、マインド連鎖）」を抜本的に改善しなければならない。複雑な組織をそのままにしてこれらの連鎖を一つひとつこね回してもなかなか改善効果は出ない。

そこで組織をシンプルにするためには「スモール・イズ・ビューティフル」がカギになる。それを実現すれば、自動的に「五つの連鎖」のすべてが同時に著しく改善される。

それが黒岩莞太と五十嵐直樹による、この三日間の合宿のまとめであった。

危険な吊り橋

合宿のすべての議題が終わった。黒岩莞太はここで一息ついて、微笑した。

皆にとっては、どこを走って、どこまで行けば終わりになるのかも分からない合宿だったが、黒岩と五十嵐にとっては、ほとんど計算通りの道のりだった。

「皆、三日間ぶっ続けの作業で疲れただろう。でも、その甲斐はあった。君たちが優秀な人材だということも分かったよ」

それは本音だった。

「しかし、この合宿はまだ入り口にすぎない……本当の仕事はこれからだ」

そう言って、彼は一枚のパワーポイントを壁に映し出した。

そこには「覚悟を決める」「もはや野党でいられない」と書いてあった。

合宿の初日に見せられたものだった。

誰もがあれからまだ三日しかたっていないことに不思議な感覚を覚えた。もっと長い月日をかけてここまで走ってきたような気がしたのである。

「これからの数カ月間は、昼も夜もなく大変だと思う。しかしこれも人生の巡り合わせだと思って、頑張ってくれないか」

壁のパワーポイントには、「逃げれば逃げるほど、中途半端な結果に」とも書いてあった。世の中にはこの割り切りができずに、中途半端な態度に陥る人々がいかに多いことか。

覚悟の足りない役員やミドルが、危険な吊り橋の途中で立ち止まり、逡巡や自己保身の押し問答を繰り返し、改革のモメンタムをつぶして事業再生の機会を逸するのである。

そんな会社はとりあえず生き延びても、ただジリ貧への道を落ちていくだけである。

しかし黒岩の最後の話を聞きながらも、皆の不安は減っていなかった。自分たちは、事業部長の求める改革シナリオを、うまく作り上げることができるのだろうか。

タスクフォースの面々は、ここから先の長い道のりを思った。

「経営の創造性」に負けた日本

太平洋戦争の最中に、日本は英語を敵性語だと言って使用を禁じた。逆に米国は盛んに日本研究を行い、日本軍の暗号解析に努めた。敵を学ぶことが勝利につながると信じられていた。

同じように六〇年代から九〇年前後までの約三〇年間、米国人は不死鳥のように蘇った日本の経営に対して、その手法を必死に解析し、学び取り、そこから反撃の手法を編み出そうと血道を上げた。その間、日本の経営ノウハウや戦略的手法に進化の跡はなかった。今や日本的経営の暗号はすべて米国に読み取られ、日本は再び米国のゲームを演じる羽目になっている。

米国による「日本解体新書」作り

ハングリー精神が旺盛だった戦後の成長期に、日本人は上から下まで猛烈だった。毎日朝早くから深夜まで、新興宗教にとりつかれたように仕事をしていた。当時は目先の目標が今よりもはっきりしていたし、管理職を含めて社員が若かった。

その日本企業の「集団性」に一九五〇年代という早い時期に注目し、日本の組織特性を初めて本にまとめた米国人がいた。当時三十二歳の社会心理学者ジェームス・C・アベグレン博士だった。彼の著した『日本の経営』（占部都美監訳、ダイヤモンド社）は、やがて日本の学者の賛同を得て、日本的経営の強さを支えているのは「三種の神器」（終身雇用、年功賃金、企業別組合）であるという定説になっていった。

そのアベグレンと出会い、日本が米国への強烈な脅威になると気づいたもう一人の米国人がいた。私がかつて働いたボストン・コンサルティング・グループ（BCG）の創業者ブルース・ヘンダーソンである。

やがてアベグレンはBCGの副社長としてヘンダーソンと組んだ。二人はBCGがまだ無名で、ボストン本社にコンサルタントがわずか一〇人ほどしかいない一九六六年に、BCG東京事務所を開いて日本進出を果たした。異様とも思える先見性だった。

二人は日本企業の「世界市場でシェアを拡大→売上増→さらにコスト低下→さらにシェア拡大」という拡大成長のメカニズムを解析した。その成果を組み込んで一九七〇年に完成したのが、世界初の経営戦略理論、プロダクト・ポートフォリオ（PPM理論）であった。私が日本国内採用第一号の日本人としてBCGに入社したのはその前年のことだった。

ヘンダーソンは、日本企業の成長のメカニズムを見て、日本企業がいずれとてつもなく大きな存在になっていくことに気づいていた。米国の経営者が日本に対抗しようとするなら、日本企業と同じように成長主義をとり、長期視点の投資を増やし、短期の利益志向を変えなければならない。それができなければ、多くの産業分野で米国企業の経営は危うくなるだろう。それがBCGポートフォリオ理論のメッセージだった。日本の「企業の成長論理」が組み入れられて、七〇年代初めに米国企業への警告が発せられたのである。日米競争のその後の展開を見れば、この警告はまさに正しかったことが分かる。

日本人は本能的に走り回って事業を推進しているだけだったが、こうして、早くから米国人は日本人や日本企業の行動特性を分析し、それを理論的に敷衍化して一般的な戦略理論にまで高める努力を始めていた。

日本に学ぶ

七〇年代後半から八〇年代初めにかけて、米国では「日本強し」の印象がますます増幅していった。八〇年前後に米国で「日本経営」のブームが起き、日本を褒め讃える本が相次いで出版された。

「日本は、アメリカが必要としている政策をずっと以前から行っている大先輩である」(エズラ・ボーゲル『ジャパン・アズ・ナンバーワン』広中和歌子、木本彰子訳、TBSブリタニカ)、「日本人という鏡をじっとにらんでいると、ショックがからだのなかを走るようだ」(R・パスカル、A・エイソス『ジャパニーズ・マネジメント』深田祐介訳、講談社)

背筋が寒くなるほどの褒められようだった。しかし日本の組織文化を簡単に米国に移転することはできない。そう分かって、日本経営のブームは早々と去った。だが米国企業はそれを出発点にして、日本に対抗する新しい経営手法を編み出そうと、さまざまな試行錯誤を重ねていった。

彼らは日本企業の強さが、現場業務の「効率化」や「品質」にあることに気づいた。日本の曖昧な組織文化は簡単に真似できないが、現場改善の手法なら真似できる。そう考えて彼らはトヨタ生産方式や品質管理の導入に必死に取り組みはじめた。

現場の職長クラスを含むたくさんの米国人が、工場見学のために団体で日本行きの飛行機に乗った。品質管理はやがて商務長官の名前を冠したマルコム・ボルドリッジ賞の創設に至った。

日本的手法の導入は容易なことではなかった。日本と違って、米国の現場労働者の教育レベルにはばらつきがある。彼らの経営意識は低く、QCサークルや提案制度、ちょっとした改善などが、現場労働者の自発的行動でどんどん推進されるカルチャーはない。しかし米国人は、これこそまさに日本の経営技法だと教えられ、地道な努力を重ねた。

トヨタ生産方式は自動車業界はもとより、電機、パソコン、フィルム、航空機、医療器機、玩具、樹脂成形など、さまざまな分野に持ち込まれ、多くの改善事例が蓄積されていった。製造業以外でも物流、郵便、建設などに同じコンセプトが持ち込まれ、また病院では患者の入院日数を短縮するためのPFCと呼ばれる手法に変身した。

忘れてならないことは、米国企業のこうした活発な努力の陰に、日本を商売のネタにした米国の巨大なコンサルタント産業があったことだ。彼らは六〇年代から脈々と、いわば日本を解剖して「日本解体新書」を書き続けていた。そして日本の技法を米国内に広めただけでなく、それらを米国的コンセプトに敷衍化していくことに能力を発揮した。

初めのうち、米国企業が日本に対抗する戦略は混沌としていて、どこに出口があるのか分からなかった。しかし八〇年代後半からいくつかのブレークスルー（突破口）が生まれた。

本文のストーリーの中でコンサルタントの五十嵐直樹が語っているように、マサチューセッツ工科大学マイケル・ハマー教授（肩書は当時）が書いた『リエンジニアリング革命』は、それまでに米国で起きていたいくつかのブレークスルーをつなぐ接着剤の役割を果たした。多くの米国人がこれは面白いと飛びついた。私は当時、ボストンで開かれたハマーの経営セミナーを覗いたが、全米の企業から団体で乗り込んできた改革推進チームの人々で会場は大変な熱気だった。

リエンジニアリングは、日本では一過性のブームに終わった。カタカナの経営手法がまた一つ来ただけ、あるいは単なる人減らしの方法にすぎない、米国でも導入の失敗率が高い、といった否定的側面を取り上げた論調が多く出た。しかし、米国人が三〇年間の凋落の歴史を経て、マネーゲームではなく、現業そのものを対象とするリエンジニアリングの手法に到達した歴史的意味は大きい。

読み取られてしまった日本

米国は二十世紀の後半、さまざまな経営手法を開発し、それらを現場で試してきた。六〇年代のキャッシュフローや長期経営計画。七〇年代に全米を席巻した戦略経営論。八〇年代のセオリーZ、エクセレント・カンパニー、企業家精神、自律創発、ベンチャーキャピタル、バリューチェーン（価値連鎖）、時間の戦略。

九〇年代のリエンジニアリング、顧客満足、サプライチェーン、トランスフォーメーション、チェンジ・マネジメント、コア・コンピタンス、ベストプラクティス、情報技術、ベンチマーキング、ＢＴＯ（一個流しの注文生産）、シックスシグマ……。

とりわけ八〇年代以降の流れを遡っていけば、何らかの形でリエンジニアリング、その手前のトヨタ生産方式や品質管理などに戻っていくものが多い。もともと日本人が育て、日本発の経営手法として世界に発信した手法から彼らは学び、それを日本企業に対抗するためのコンセプトに変身させていったのである。

かくして米国人は、三〇年間にわたる日本研究と実地の試行錯誤によって、九〇年代初頭までに日本経営の強さの要素をほとんど分解し、見透かすことに成功した。日本経営の暗号は完璧に解読された。

八四年に創業し、約一五年間で売上高が円換算三兆円にまで成長して米国を代表する大企業になったデルコンピュータには、一個流しの受注生産や在庫管理など、もともと日本が開発してきた経営コンセプトが凝集されている。

私がそのことを若き創業社長マイケル・デルに尋ねると、彼は「その通り。トヨタ生産システムとの出会いは大きな転機だった」と語った。

デルコンピュータはいわば、米国の「ベンチャー精神」と日本の「現場改善手法」が合体したものである。だから私はデルを日本的経営の歴史の申し子と呼ぶ。この三兆円企業を、どうして日本人自身が生み出せなかったのだろうか。

それを考えたとき、日本企業が九〇年代に陥った苦境の深層が見えてくる。

三枝匡の経営ノート 3

つまり、日本の歴代経営者が既存概念に縛られ、経営的革新を怠ったためにどんなビジネスチャンスを見逃したかを、デルコンピュータは示しているのである。今になってデルの真似をしている日本企業が出ているが、人の尻を追いかけても勝てないのである。

さらに米国のスピード化を促したもう一つの要因がある。米国におけるベンチャーの隆盛である。ベンチャーは当たりはずれが大きくて効率の悪い面があり、経営者的人材の少ない日本がマネしてもすぐに経済活性化の切り札となるかどうかは疑わしい。一方で米国のベンチャーは「スピード」による勝負を身上としている。米国はそのゲームを大集団のマスで演じることによって産業活性化を加速させ、世界の先端産業を席巻するという結果を手に入れた。

高度成長期の日本企業を支えたのは、多少効率が悪くとも、社員が熱狂的に働くことであった。しかし日本企業のスピードは、組織の硬直化、社員の高年齢化、燃える目標の喪失などによって、時代とともに下がってきた。一方、三〇年間にわたる苦吟の中から日本のノウハウに学んだ米国人は今や、「スピード」で日本を凌駕している。

こうした日米の時間的スピードの交差が、日米両国の企業競争力に少なからぬ影響を及ぼし、それが九〇年代の日本企業の凋落を生んだ背景だと私は考えている。

それは米国人の知的勝利だった。

日本の経営者は何を創出したか

米国人が新しい経営コンセプトの創出に血道を上げてきたのに対して、その同じ四〇年間に、われわれ日本企業は経営手法に関していかなる革新を生み出したのだろうか。

米国の経営コンセプトを手放しで褒め讃えるつもりなどない。単なる商売目的の、役に立たない理論もたくさん垂れ流されてきた。日本におけるＭＢＡの過剰評価はひどいもので、ＭＢＡなら優秀かと言えばそれは幻想に近い。

しかし米国から流れてくるコンセプトを否定し、日本には日本なりの経営があると言うなら、われわれ日本人がこの四〇年間に時代の変化に合わせて開発してきた新たな経営ノウハウに、どのようなものがあると言えるだろうか。

ほとんど何もない。カンバンとＱＣのあと、日本企業による新たな日本的経営手法の「知的創造」は、この四〇年間、ほとんどゼロに近いのではないだろうか。カンパニー制や執行役員制が広まっているが、それとても米国のディビジョン経営の真似にすぎない。

もともと日本企業は、戦略的思考に弱かった。日本が強かったのは、ミドル以下の若い社員が中心になって推進した現場改善の手法だった。

本社のトップ経営者が自ら舵取りを行うべき「戦略」は別にあったはずだ。しかしボトムアップの改善活動の大成功のために、日本の歴代経営者は戦略的リーダーシップを問われずに済んでいた。

日本的経営の特徴だと誇りに思っていたボトムアップ型の組織運営こそが、実はお神輿経営を生み、経営者育成を遅らせる結果を生んだのではないだろうか。そして日本の歴代経営者が現場改善の成果に頼り、それがいつまでも企業戦略として有効だと誤解したところに、九〇年代の苦境を招く原因があったのではないだろうか。

日本のTQCは次第に実質よりも発表のための形式作業が優先するようになり、多くの社員が燃えつき症候群に陥った。現場改善のネタがつき、社員が「改善疲れ」に至ったところで、日本企業の躍進は止まったのである。

それればかりではない。日本の歴代の経営者や経営コンサルタント、学者たちは（私自身も含めて）創造性が足りなかった。そのため、QCやカンバン方式の現場改善手法をさらに戦略的に発展させ、新たな経営コンセプトに高める作業を米国人にやらせてしまった。

日本で常識と思われていることが、実は非常識ではないかという例をもう一つ挙げたい。日本では昔から、営業を分離して各地に販社を設立したり、生産だけを独立会社にするという機能別分社化がよく行われてきた。

米国でディビジョン（事業部）と言えば「創って、作って、売る」をワンセット持たせ、その経営陣に事業全体の責任を負わせている。事業部制は企業の成長拡大に伴って「経営のリーダーシップ」が薄まっていくことを避けるための仕掛けだから、それで当然なのである。

ところが日本では、事業部と呼びながら販売機能しか持っていないとか、逆に生産事業部などと呼んで、社外の顧客に「自ら売る」ことをしない事業部などが横行し、それを疑問に感じていない経営者が多い。

そこには「創って、作って、売る」のリーダーシップを一人の人間に持たせて戦略的に事業を推進する視点は薄い。機能別に規模の利益を得ようとする「効率化」の視点が強いのである。確かに、機能別分社化は「個別最適化」によって規模の利益が得られる拡大競争には向いている。しかしそれを長く放置すれば宿命として「創って、作って、売る」のサイクルが分断され、その切断面で政治性がはびこり、組織のスピードが低下し、事業の創造性や戦略性が殺される。

ところがこの組織風土に長年染まった人々は、これらの問題点になかなか気づかない。雪印乳業は警察も動いた食中毒事件を起こして赤字に転落したあと、「情報伝達が遅れた」という反省論に基づいて事業本部制や支社制を廃止した。これなどは「創って、作って、売る」の連鎖が見失われていたことを、痛い目に遭うまで是正できなかった例である。しかも日本企業で経営者が育たないのは、優秀な人材を機能別効率化の世界に放り込んだまま、晩年になるまで「創って、作って、売る」の全体経営責任を経験させないからである。

五十嵐はアスター事業部を活性化して「勝ち戦」にもっていくために、この時代錯誤(より正確に言えば、今や戦略不適合)になった組織構造を是正すべきだと言っているのである。

知的創造性の完敗

残念ながら日本企業はこの半世紀に、集団的努力で安くて高品質の工業製品を世界に供給することには大成功を収めたが、「経営ノウハウ」を知的に創出したり、「経営者的人材」をダイナミックに育成することに関しては、米国に惨めな完敗を喫した。

経営者が戦略的に何かを仕掛けて失敗したというのではなく、大したことは何もせずに成り行きでここまで来たことが失敗だったという企業が、今、たくさん出てきている。

その結果われわれは今や、サプライチェーンだ、シックスシグマだと、もともと日本から出て米国人が敷衍化した経営ノウハウまでも逆輸入し、さらにキャッシュフローだ、株主志向だと、米国のルールを取り入れるのに汲々としている。いったい、それによって日本企業は繁栄を取り戻せるのだろうか。

タスクフォースの面々は、三日間の合宿で改革の骨格になるべき経営コンセプトに触れた。彼らが合宿に来たときと、帰っていくときの意識には劇的な変化が生まれている。

いよいよ具体的な改革シナリオの立案作業が始まる。それは社内の戦いの始まりでもある。彼らはこの沈滞組織に対して、この先どのようなアプローチをとっていくのだろうか。

第4章

組織全体を貫くストーリーをどう組み立てるか

——改革のシナリオを作る
——戦略の意思決定を行う

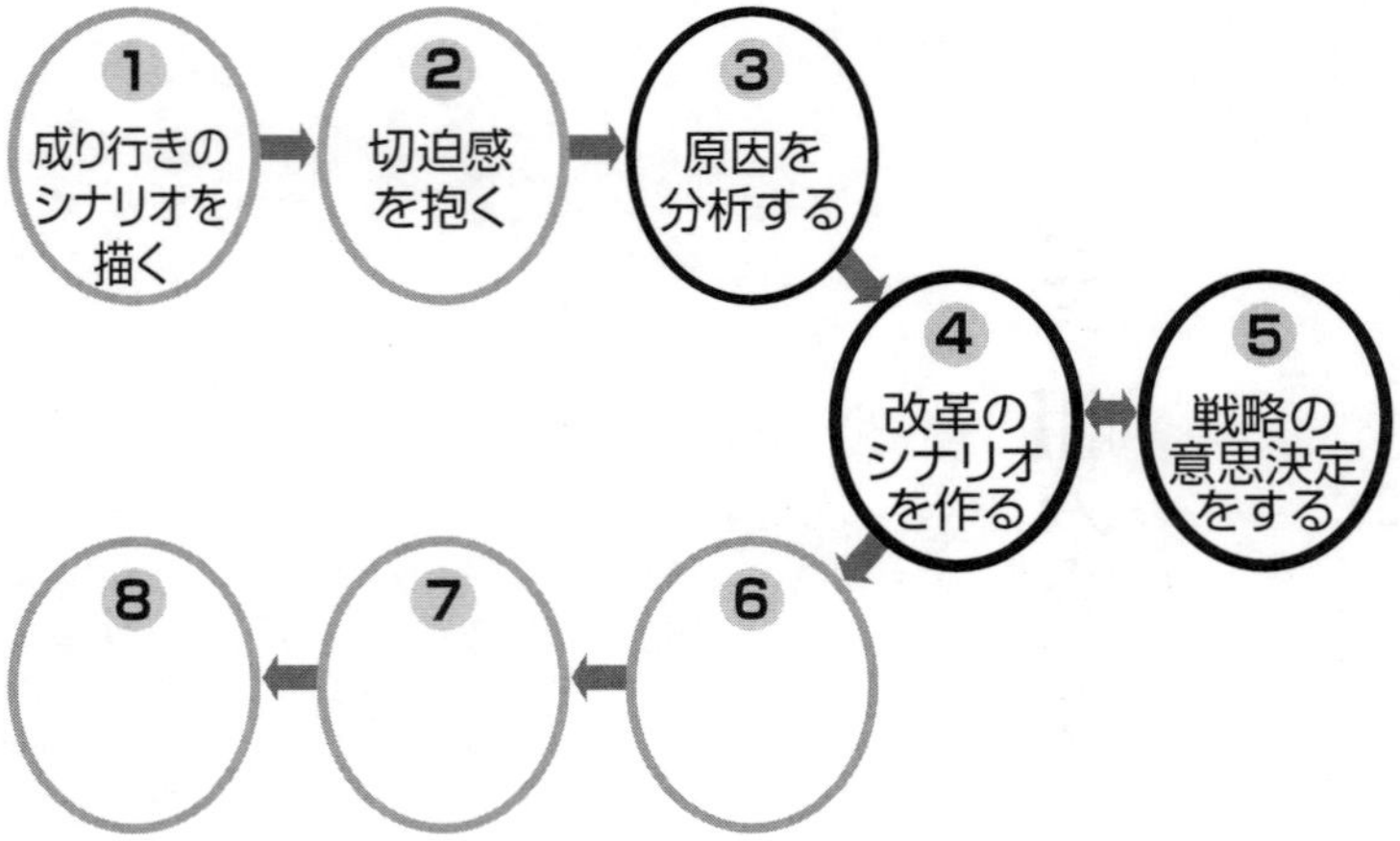
1
成り行きのシナリオを描く
2
切迫感を抱く
3
原因を分析する
4
改革のシナリオを作る
5
戦略の意思決定をする
6
7
8

組織のスピード感応性

タスクフォースの専任メンバーは、全員が本社に用意された作業部屋に席を移していた。

彼らはやがて何度も「これを修羅場というのか」と感じるようになる。しかし最初の一カ月の立ち上がりは鈍かった。

タスクフォースが取り組んだ第一作業は、過去に対する「強烈な反省論」を、具体的な事実関係や数字の裏づけを示して、クールに描き切ることだった。黒岩は皆に言った。

「上は香川社長から……下は事業部の一般社員に至るまで、営業も工場も研究所も漏れなく、すべての社員が『これはひどい経営だった』と感じ、そして同時に『人ごとではない……自分もまずかった』と思えるような強烈な反省論を、われわれは提示しなければいけない」

黒岩莞太がこのことにこだわるには、それなりの理由があった。

要諦14　「強烈な反省論」は、イコール「改革シナリオ」の出発点である。経営幹部や社員が反省論に共鳴すればするほど、彼らは改革に向けて結集していく。

しかし反省論が中途半端なままであったら、その結集は起きない。幹部や社員が自分で情けなくなるほどの、痛切な反省論が必要なのだ。

そう言われて、タスクフォースは現状のひどさを浮かび上がらせるために、データを集め、それを鋭い表現で指摘するパワーポイントのページを作っていった。

しかし黒岩や五十嵐の目から見ると、皆の仕事のペースはのんびりしていた。

《星鉄也（三十九歳）の話》

伊東の合宿で厳しいプロジェクトだと理解しましたが、頭の隅ではまだ、「いい勉強のチャンスだ」くらいの気楽さがありました。

タスクフォースが始まって三週間ほどして、忘れもしない十二月の暮れ近くでした。それまでの作業結果を報告した私に、黒岩事業部長からドカンとカミナリが落ちました。

「君の仕事は二週間前からほとんど進んでいないじゃないか。四カ月のうち、もうすぐ一カ月目が終わってしまう。これはお勉強会じゃないんだ。俺たちには時間がないんだよ！　もっと真剣にやってもらわないとだめだ」

黒岩事業部長の突き刺すような眼差しに目が覚めました。私はこの一〇年間に何度か「改革」に取り組んだことがありましたが、あれほど真剣な目の上司に出会ったことはありませんでした。

任務の重大さ、時間のないこと、主体的に進めなければならないことを思い知ったのです。

この事件を見ていた他のメンバーも目の色が変わりました。昼夜休日を問わず、「どこに悪さがあるのか」「われわれの生きる道はあるのか」と、行きつ戻りつ悩みながら作業を進めました。

本当によく働きました。入社以来あの四カ月ほど厳しく鍛えられたことはありません。いい加減にやっていた自分が恥ずかしく、汚名返上するつもりでこっちも意地で頑張ったような気がします（笑）。

要諦15　企業変革ではスピードに関する組織カルチャーを最初にリセットしないと勝利の方程式は動き出さないことが多い。

しかしタスクフォースのメンバーが戸惑ったのは、スピードだけではなかった。

答えが見つからず、メンバーが自信のない案を黒岩事業部長やコンサルタントの五十嵐に見せると、簡単に見抜かれてダメを出された。

「まだ甘いな。君の仕事次第でこの事業の生死が決まるんだぞ」

星鉄也は、経営者の目線で戦略を考えることがこれほど大変とは知らなかった。

「この程度じゃ、まだ修羅場とは言いませんよ」

五十嵐に簡単に言われてしまった。

過去の「厳しい反省論」と言われても、どこの会社であれ、ミドルが社内を厳しく指弾することなど容易ではない。いざとなれば上司や同僚への遠慮が出てしまう。

本人たちが精一杯鋭く表現したつもりでも、実は逃げの心理が働いて、聞く側からすれば何を言いたいのか分からないことも多かった。川端祐二や五十嵐はメンバーに再々言った。

「これじゃあ学生の宿題みたいだ」

「もっと明快に言い切ったほうがいい」

その様子を黙って見ていた黒岩莞太も、ある日、しびれを切らして皆にこう言った。

「事業部がつぶれそうだというのに、君たちは誰に遠慮しているんだ？　いいかい、香川社長にも、前任の春田常務にも、もちろん私の立場にも遠慮する必要はないんだ」

しかし上司から「なんでもいいから言いなさい」と言われて、あとで痛い目に遭った人は多い。だから皆は懐疑心を抱いていた。

黒岩莞太や五十嵐のように、新たに外部から来た人がもっとも簡単に「私の立場に遠慮はいらない」と言えるのだった。

だから村社会の心理にとらわれた者は「外から来た人は、どうせ失敗しても自分が出ていけばいい。

気楽なものだ」と陰口を叩きたがる。

しかし大企業の中では、自分で失敗するほどの挑戦をしてこなかった気楽な者ほど、挑戦の辛さを知らずに人のことを気楽だとあげつらうことが多いのである。

村の住民の中で先進的な考え方の者は概して外から来る人を歓迎し、自己変革できずに取り残されている者が部外者の闖入《ちんにゅう》を嫌う。

黒岩莞太も五十嵐も、こうした場面に慣れていた。外から来た者は、その組織の**歴史の部外者**であることが最大の強みだと開き直ることを知っていた。

「君たちが社内に向かって言いにくいことは、私、五十嵐さん、川端君の三人で話す。君たちはあくまでスタッフだ。反作用も私が引き受ける。だから目一杯突っ込んで検討してほしい」

力強く語りかけてくる黒岩莞太が皆の「元気の素」になっていた。黒岩のような人に頼って既存の価値観を切り崩さない限り、この事業部は変わらないのだとメンバーは納得しはじめていた。

漂う孤独感

最初の一カ月で「反省論」をまとめることはできなかった。正月休みを挟んで仕事が止まったので、黒岩、五十嵐、川端の主導チーム三人は焦りはじめていた。

しかしこのステップを省略することは絶対に許されなかった。

一月中頃には、タスクフォースはようやく反省論を整理し終えた。その次のステップは「改革シナリオ」を作ることだ。つまり第二作業は全体戦略と組織案の検討だった。

もちろんそれも、完璧なまでに考え抜かれたものでなければならない。強い説得性によって、シナリオ自体が一つの「事件」にならなければならない。

黒岩莞太はタスクフォースの皆が聞くたびにドキリとすることを何度も言った。

「**事業の存在価値**があると言い切れるストーリーが描けているか？　**魅力事業に変える**ことができるという絵になっているか？　それが無理なら、この事業はやめたほうがいい」

過去の改革では、いつも事業の存続が大前提になっていた。

しかし、魅力のある事業に変えられる見込みがないのであれば、この赤字事業を続ける価値はないと、香川社長も黒岩莞太も断固決めていたのである。

要諦16　変革リーダー自身が厳しい現実直視の姿勢を崩さず、しかもウソの計画を見抜く力量を持っていれば、計画作りに逃げ場はない。皆をそこに追い込んだうえで、大胆だが現実性のあるジャンプをトコトン考えさせる。

「まず、事業部内をビジネスユニットに分けることが可能かどうか、組織案の検討を行ってみよう。それでどれほどの改革効果を呼び込めるかだ」

そう言って、コンサルタントの五十嵐が基本的視点を示した。

- 組織を変える目的は「創って、作って、売る」の「五つの連鎖」を改善することにある。
- 組織と戦略は一体のものとして、同時に組上に載せて検討を進める。
- きれいごとの案はいらない。そのまま直ちに実行に移せる現実的なプランを作る。
- 組織案には具体的に人の名前を入れてみることも必要だろう。

密かに人事のことまで考えるところに、改革タスクフォースの特異性があった。それだけの権限を与えられているところに重要な意味があった。

要諦17 事業変革のシナリオ作りでは、「なんでもあり」であらゆる選択肢をオープンに考える権限を与える。とりわけ人事問題を含めることは必須である。「そんなことまで考えなくていい」は禁句である。

重要な要素が見落とされることのないように、兼務メンバーが中心になって、営業、開発、生産など各職場のキーマンを何人か集めて、**臨時のサブチーム**がいくつか編成された。

この時点では、まだ改革の構想を社内に明らかにするわけにはいかない。実効性も確認されていないのに、改革のアイデアを社内に垂れ流すことは禁物であった。

だからサブチームのメンバーに詳しい目的を話すことはできなかったが、黒岩、五十嵐、川端の主導チームも加わって現状の問題点を一緒に洗い出していった。

そうしたサブチームの作業は、業務への影響を避けてほとんど土曜か日曜に行われた。

ある日、一つのサブチームで小さな事件が起きた。職場から指名されてサブチームに参加していた若いメンバーがこんなことを言ったのである。

「これほどダメな事業部を急に直すという考えは間違いだ。改革は一〇年くらいかけるべきだ」

周囲から優秀だと褒められてきた若手だった。「こんな改革、まるでくだらない」と言わんばかりに、ふんぞり返るような態度の発言であった。

ここまで事業をおかしくした経営陣への失望が高じて、上が何を言っても信じないというひねくれ精神に支配されていた。

それほど不満ならさっさと会社を辞めて他に行けば、優秀なのだから面白い人生もあったろう。しかしその決心もつかず、ズルズルと狭隘な組織に閉じこめられているうちに、批判精神だけが発達して不平居士《こじ》になっているのである。

不振が長く続いた沈滞企業で、しばしばお目にかかるタイプである。それも、気骨のある社員ほどこうなることが多い。

いわばこれまでの甘い経営体制の犠牲者なのだが、態度が攻撃的なだけに始末が悪い。

「まるで、昔の俺みたいだな」

古手川修は、よく知っているその若手社員の態度に、ついこの前までの自分の姿を見た。伊東の合宿に行ってあの五〇〇枚のカードを前にして途方に暮れ、「君たちはもう野党じゃない。自分が経営者ならどうするんだ」と迫られるまで、この男と同じ気分ではなかったか。

若手社員はその後、サブチームのミーティングを無断で欠席するようになった。

ただでさえ**孤立感**のあるタスクフォースに、若い社員の批判行動は辛いものだった。同世代の青井博など、助けてくれと声をかけた仲間に、冷たく見捨てられた気分だった。

黒岩も愕然とした。この会社では社員が命じられた仕事を無視することが許されてきたのか。わがままに育てたあげくに子供に手を焼く家庭の親が日本で増えたのと同じように、この会社では弱い上司が強い社員を放し飼いにしてきたのだろうか。

海外であれば即刻クビになるような行動が、長期雇用の保証された日本企業では優しく許されているのであった。

そうした経営は、世間に通用しない甘い人材が生み出されるという形で、そのツケが社員個人に回るのである。

川端祐二は事業部長がこの若手社員を厳しくとがめ、ちょっとした騒ぎになるかもしれないと予想した。しかし黒岩は動かなかった。

「いいよ。やる気のない奴を無理に引きずり出すのはやめておこう」

本音を言えば、どのみち批判的な手合いは今、社内のあちこちに巣食っている。

社内の小さな反対行動にいちいち懲罰的行動をとれば、改革は旗揚げもしないうちに感情論にすり替えられる可能性がある。

まだ勝負の時期ではない。「この指」にとまらない者は、とりあえず放っておけばいいのだ。

要諦18 改革シナリオを発表する前の小さな出来事は、よほどの害毒をまき散らすものでない限り相手にしない。とりわけ個々の社員の態度をとがめたてない。

もちろん、この姿勢は改革が始まったあとは逆にしなければならない。

改革シナリオが発表されたあとに社内で起きる問題は徹頭徹尾、かなり些細なことまで指導することが重要である。そうしないと社員の行動パターンは変わらないからである。

しかし今の段階では、局地戦を避け、静かに潜行してタスクフォースの準備を進めることが先だった。

本当につぶれるなんて思っていない

タスクフォースの必死の作業が進んでいるある日、秋山資材部長が黒岩に面会を求めてきた。

業績停滞の原因の一つとして、社内には上級管理職の動きの悪さと保身の態度を指摘する声が少なくなかった。

しかし黒岩莞太にとって、これはうかつに扱える問題ではない。

重要なことは、これから進める改革で、彼らがその先頭に立ってくれる人々なのか、それともそれに背を向け、あるいはマイナスの存在になっていく人々なのかだった。

秋山は黒岩莞太の二年先輩だった。黒岩は同じ部に所属したこともあるし、若い頃にいろいろ教えてくれた人だ。

遠慮するわけにはいかないが、なんとか自分の考え方を分かってもらう必要があった。

《秋山資材部長（五十六歳）の話》

ええ、事業部長の黒岩君は、新入社員の頃から面倒を見た後輩です。商品企画部長も、アスター工販の吉本社長も営業部長も、黒岩より年輩です。

皆で集まるときは、「莞太のヤツが……」と言って噂話になります。昔から面白い男でね、笑える話が多いんですよ（笑）。

事業部長の「二年で事業撤退」の話ね、私はあれが非常に気になっていたので、私の意見を言いました。

初めは普通に話していたのですが、そのあたりから……雰囲気がおかしくなりました。

私が何を言ったのか？　二つ言いました。一つは、「あまり社員を不安にするようなことは言わないほうがいい。士気が下がる」ということ。

もう一つは、「改革は時間をかけて、じっくり五、六年かけて直すほうがいいのではないか」ということです。

社内でも、そう言っている者は多いですからね。

しかし黒岩君は、私の意見がお気に召さなかったようです。途中から彼の口調が変わりました。

「部長、その考え方は間違いですよ」

ピシャリと言われたので、私もちょっと驚きました。

「五、六年かけてとか、一〇年かけてという考え方は、この状況では失敗のもとです」

「でも、やりすぎると、壊れます」

「いや、部長、もう壊れているんです。あと二年でよくならなければオワリと申し上げているのです。部長の職だって、どうなるか分からないんですよ」

真剣なのは分かりますが、本当にオワリなんですかね。

太陽産業全体は利益が出ています。この会社が倒れるなんて、誰も思っていませんよ。

しかし黒岩君にさらに言われました。

「一、二年で変わることのできない組織は、五年たっても、一〇年たっても変わりっこないんです。組織のカルチャーを変えるには、ダラダラやってもダメなんです……**一気呵成のエネルギー**を投入しなければだめなんです」

いやー、このお方はずいぶん厳しいことを言う人になったものだと、驚きましたね。

「私は東亜テックの再建で、それを見てきました。長い年月、問題を放っておくと糸がもつれて、何が原因で、何が結果なのか、いったい誰の責任なのかも分からなくなるんです」

まあ、それは分かります。この一〇年間、事業部長が変わるたびに改革とか、変革とか言って、実は何も変わらなかったのは事実です。

しかし、私が面白くない顔をしていたせいか、話はそこで終わらなくて……。

「社員を不安にするなとおっしゃいますが、それも違うと思います……私は社員に実態をあからさまに語ることから始めているんです」

黒岩君は私の目を見ながら、そう言いました。

「このひどい状況を『現実直視』することが、われわれの第一歩ですよ」

「現実直視……」

「部長、今さら士気なんて……下がるだけ下がっているじゃないですか（笑）」

私の士気は……別に下がっちゃいませんよ。下げているのは事業部長じゃないかと言いたかったんですがね。

「部長、なぜ事業がこんなていたらくになり、なぜそれが放置されてきたのでしょう。事業部の幹部がこの疑問にきちんと答えを出さないといけないんです」

まさか、業績の落ちた責任が私らにあるという意味ではないでしょうね……これだけ市場が冷え込んでいますから……私は与えられた仕事をきちんとやってきましたよ。

「事業部長があまり否定的に言ったら、失望して辞める若手が出てきますよ」

「辞めませんね」

こいつ、この確信は何なのだろうと思いました。

「若い者は皆実情を知っているんです……今さら**隠してもダメ**なんです……前向きの人ほど、真実を聞かされればそれを受け止めてくれます。そういうものです」

私は黙ってしまいました。

「社員が不安になるとおっしゃいますが、私の経験で言えば……不安になればいいんです」

私はぎょっとしました。

「それを避けて通ることはできないんです。古い価値観が崩れる、不安を感じる、社内がガタガタする。でもそれが変化の第一歩です。それを避けてこの事業部をよくする道なんて、もう残っていないんです」

歴代の事業部長で、こんなストレートな言い方をした人はいません。いくら上司だからって、後輩にここまで言われたのも初めてです。面白いはずがないでしょう。

「そこまで来ているのです。協力してください。一緒に、そこから始めていただきたいのです」

途中で二度もそう言われましたから、私も頭を下げて……。現実直視？……そんなこと、わざわざ言われなくたって……。

まあ……私なりに、変えていく努力はしますよ。今までも精一杯やってきたのですから。

改革者をどう守るか

資材部長が部屋から出ていくと、黒岩は一人考えていた。楽しい会話ではなかった。黙って帰せば『経営のやり方がまずい』と言ってやったんだ」と吹聴されかねないと感じた。

黒岩は異なる二つの態度をとることができた。

一つは対峙を先延ばしにして、時間をかけてなんとか理解されるのを待つ。もう一つは今の段階で少しガツンとやっておく。

改革を批判してサブチームから逃げたあの若手社員に対しては、黒岩は前者の態度で臨んだ。しかしこの資材部長には、黒岩は後者の態度を選んだ。

あの若手社員と違って、これは決してつまらない「局地戦」ではない。

本来なら事業部の業績不振に責任を感じるべき上級ミドル、社内に隠然とした存在感を見せる古手が、社内を代表するかのような顔をして文句を言ってきたのだ。

黒岩が選んだのは、この際、お互いに年齢で仕事をするわけではないということを、はっきり示しておくことだった。

昔から、日本企業の社員全員が役員になれたはずはない。

いくら年功序列でもどこかで選別が始まり、年次の逆転が起きることなど昔から珍しくもない。それが日本企業の生きる知恵だったのだ。

おまけに業績がこのていたらくで、誰が大きな顔ができようか。

東亜テックに初めて行ったとき、いったい何人の役員から「社員を不安にすることは言わないでください」と言われたことだろう。

しかし彼らは完璧に間違っていた。それが仲間を守ろうとする日本人の心情だと言うなら、偽善もほどほどにしろと言いたいくらいだ。

社内で真実を語りたくないのは、それを言われて困る人たちなのだ。過去に問題を生じさせた人。その処理を引き延ばした人。今もその問題を避けようとしている人。分かっていても自分の力量の及ばない人。自分の残り年数を数えて楽をしたい人。

社内で真実が語られない理由を若い社員たちはすべて見抜いている。そして白けた気持ちで黙々と、言われたことだけをやっている。

だから問題の核心が整理され、解決の切り口が示されると、社員はそれが正面から取り上げられたことに心を揺さぶられ、そこから本当の変化へのエネルギーが出はじめるのである。

日本の企業組織では、過去への反省論は「そう言われて困る人たち」の責任をあげつらうことなく行われることが多かった。

新しい体制に適応できない社員を問答無用で切り捨てるよりも、むしろ一緒に変化してほしいと考え、彼らに頑張れる道を残すことに神経を配ってきた。

しかしそのために、米国企業ならばたちまち冷たく放逐されるであろう人々が、日本ではたくさん組織内に残留することになる。

そして残念なことに、その優しい配慮がなされればなされるほど、残留した当人たちは「自分は何も悪くなかった」と思い続けることがしばしば起きるのである。

そのため組織の中に新しい変化への動きが高まってきたそのときに、「そんなことやっても、無意味だ」「おまえら、どうせ失敗する」「やめておけ」と、冷ややかな言葉を陰で投げかける行為が頻繁に起きる。

そうした発言が、これからあえてリスクに立ち向かう人々の気持ちをどれほど萎えさせてしまうことだろう。

問題の兆候を示しているのは資材部長ばかりではなかった。誰も人間的には悪い人ではない。社内政治を演じる人たちのほとんどは、性格が悪かったり、精神が邪悪だというのではない。

個人的につきあえばとてもいい人が、自分でそれほど意識せずに組織の変革を妨げるのである。

黒岩莞太の目には、社内の似たような現象がたくさん見えていた。それらは改革では避けることのできない現象だったが、このアスター事業部には今や時間がない。いや正確に言えば、時間をかけるべきではない。ゆっくりと社員を啓蒙し、漸進《ぜんしん》的に改善を進めていくケースではないのだ。

二六年間シェアを失い続けた日産自動車が、さらに一〇年間をかければよくなると言えた道理など、どこにもなかった。

そういうことを言う人がいるとすれば、必ず社内の甘ったれなのだ。

事業が三年間連続赤字というのは、経営的に許容される限界なのだ。

黒岩莞太は願った。潜在的な反対派は、ただ中立の立場にとどまっていてくれるだけでありがたい。黙って見ていてくれるなら、それでとりあえずは十分なのだ。そうすればやがて彼らも分かってくる。

これは一度しか組み立てることのできない**積み木細工**である。それが途中で崩れ、人々の気持ちが散逸したら、積み木を再び構築していくのは至難の業になる。

もし批判者たちが中立にとどまることをせず、周囲に対して日に陰に否定的言動を繰り返し、積み木を揺らし続けるなら……。

黒岩莞太は黙ってそれを許容するつもりはなかった。

要諦19　前向きに進もうとしている人々を守るのは改革リーダーの最大の責務である。そのためにガンが見つかれば、冷厳に排除しなければならない。それを蛮勇と呼ぶ。

トップの関与

幸いなことに、サブチームのほとんどはタスクフォースの熱気を受けて前向きに動きはじめた。

とりわけ開発センターのキーメンバーが参加した開発サブチームは、タスクフォースに大きな転機を作ってくれた。

新製品の開発期間が平均すると本来の二倍の期間を超えていた。たとえば一年で完成すべき新商品の開発が二年以上もかかっている実態が分かった。

しかも発売後に品質トラブルが多発していた。どの開発ステップでなぜ遅れが出たのかを洗っていくと、ありとあらゆる問題がゾロゾロと見えてきた。

開発の人々はプライドが高い。そうでなければいいものは作れない。しかしゾロゾロ出てきたのは彼ら自身の欠陥だった。

黒岩は香川社長の言っていたことを思い出した。

「当社の開発陣は自分たちの技術が天下一品だと思っている。世界で一流だと思っている。その奢った意識が市場での敗退を生んでいることに気づかない」

ある日のミーティングで一人の開発者が胸を張って発言した。

「わが社は要素技術において技術レベルが高いのですが、商品で負けています」

その言葉に黒岩莞太は我慢がならなかった。

「商品が市場でボロボロに負けているのに、要素技術は優秀だなんて……犬も食わない詭弁じゃないか」

詭弁だろうが何だろうが、開発グループの最後のプライドはこれで支えられてきたのだ。その最後の砦を黒岩がこともなげに、一言でなぎ倒してしまった。

プライドの琴線に触れられ、不快な顔をする者もいれば、うなだれる者もいた。

黒岩の発言に技術者たちは感情的に反発するのか、それとも論理的に判断するのか。アスター事業部のあちこちで起きはじめているのと同じ相克が、開発陣のマインドの中で起きた。

幸いなことに、社内でもっとも論理的に考えることに慣れてきたこの集団は、黒岩の発言を「正しい」と思った。

彼らは自分たちの悪さを表に出せば、社内の批判や嘲りの対象になるかもしれないと思いつつ、腹をくくって協力したのである。

そこから先は、開発のマネジャーたちが自ら、アスター事業部をよくしたい一心で忌憚なく反省論を語り、病根を浮き彫りにしていった。

その姿勢に他のサブチームが刺激を受けた。

「営業批判ばかりしていた開発の連中が今、自分たちの問題点を語っている」

そうなれば、営業メンバーも他人批判をやめなければならない。工場も、購買も同じだった。

黒岩は安堵した。成功する改革では**社員の素直さ**が重要な要素なのである。

一部にひねくれた社員や姑息な政治劇を演じる向きもいるかもしれないが、それに染まらぬ純粋さが社内の大勢に生きている限り、日本企業の変革の成功率は高くなるのである。

変化を渇望していた心ある社員の間で、さまざまな議論が行われるようになっていった。それが少しずつ社内で共有され、微妙な変化が広がりつつあった。

改革タスクフォースに孤独感がつきまとうのは宿命である。タスクフォースを支えたのは**トップの**

関与であり、それがなくなったらすべてが終わりだった。

黒岩莞太は自ら頻繁にタスクフォースの討議に参加し、彼らをリードした。彼が取引先との夜の会食を終え、ちょっと赤い顔をしたまま、夜十時過ぎにタスクフォースの作業部屋に現れることも珍しくなかった。

そうした彼の動きがどれほどタスクフォースの作業を加速し、最短時間でシナリオを固めていくことに役立ったであろうか。

多くの企業は、改革リーダーの人選を間違えて改革に失敗する。

組織の政治性を演じることに染まりすぎた役員、自分の身の安全を心配しすぎる役員、会社が業績不振だというのに週末に働くのを避けたがる役員、外の世界を知らなさすぎる役員などに率いられた改革チームは、必ず中途半端な結末に終わる。

改革リーダーは、多くの人の命運を預かって勝負することを求められているのだ。その覚悟が持てないリーダーが中途半端に動けば動くほど、改革を推進するどころか、改革の止め役を演じていることになりかねないのである。

黒岩、五十嵐、川端らのリーダーシップ体制に迷いは見られなかった。煮え切らない態度の決定はいっさい行われなかった。

コンサルタントの五十嵐は黒岩の代理として作業手順や分析の切り口について、次々と指示を出していった。

彼は社内にデスクを置き、毎日のように深夜まで皆と一緒に働いた。短期間で社内に溶け込み、メンバーからは役員待遇の内部者と見られるようになっていた。

黒岩が「力のリーダー」、五十嵐が「智のリーダー」だったとすれば、それを受けてメンバーを指揮する川端祐二は「動のリーダー」であった。

水を得た魚とは川端祐二のことを言うのだろう。ついこの間まで工場で精気がなかったのに、今は引き締まった顔をして紅潮した表情で動き回っていた。

彼が海外勤務で得た視野の広さは、タスクフォースの陣容に大きな厚みを加えるものだった。

黒岩は川端祐二のリーダーシップに目を見張り、人材の見立てが間違っていなかったことに安堵した。

《リーダー川端祐二（五十歳）の話》

この改革は過去三回の改革とはまったく違います。タスクフォース活動の前半は「現実の教材を使ったすさまじい頭の体操」でした。

ほとんど休日のないハードな日々でしたけど、驚いたことにタスクフォースやサブチームの一時間の検討作業が、過去に経験した改革では何カ月分かに相当すると感じたほど、過去の失敗原因が次々と明快に浮き彫りになってきました。

ここまで作業を進めてきて、私は二つのことを理解しました。

一つは事業部が本当に限界までだめになっているということです。

もう一つは、その会社を支えている自分たちも、結局はガン細胞であるという事実です。

私はこれまでこの会社の経営体質を批判的に見てきましたし、自身で改革にチャレンジするつもりでタスクフォースに来たという自負がありました。

そして私はこれまで、**社内の善玉・悪玉**を組織や人の単位で分けていました。しかしそれが間違いだと分かってきたのです。

つまり……この人が善玉、あの人が悪玉、あるいは営業が善玉、開発が悪玉とかいう分類ではなく……社員一人ひとりの中に善玉・悪玉が同居しているのです。

だからこの事業部の沈滞に対して、誰一人として「無罪の人はいない」と気づいたのです。

ここまでの作業を通じて、改革の先鋒だと思っていた自分自身さえ、どう言い訳しても半分はガン細胞であり、今度の改革では切り刻まれなければならないと思ったのです。

この発見には結構悩みましたよ。

事業部長が「強烈な反省論」のことを「人ごとではない……自分もまずかった」と言わせることだと説明していたのは、こういうことだったのかと納得しました。

でも、家に帰ると私の妻はまだ、会社の姿勢を結構厳しい目で見ていますね。

過去の改革が中途半端で終わったので、「本当に信用できるの?」と。あとで私ががっかりしないように、気をつかってくれているのでしょう。

《ある本社ミドル(四十五歳)の話》

私はタスクフォースのメンバーではありませんが、私の席が本社のタスクフォースの部屋に近かったので、いろいろ様子を垣間見ていました。

改革タスクフォースには上級管理職がほとんど含まれず、また香川社長と黒岩事業部長が改革を直々に推進していると聞きました。

そんなことは今まで考えられなかったことなので、私は過去の改革とは違うことが起きる予兆を感じていました。

彼らが作業部屋にこもって夜中まで議論し、大きな模造紙を壁一面に貼って、何かデータを洗い出しているのを何度も見ました。

五十嵐さんと川端さんが皆に指示を出している声もしばしば聞こえてきました。

彼らの部屋に黒岩事業部長がしょっちゅう来ていました。事業部長が帰ったあとは、彼らが何だかしょげている様子のことが多かったですね（笑）。

しかし休む間もなく活動を再開する姿を見て、いったい何の目的、価値観で活動しているのか、このエネルギーはどこからくるのか、大袈裟にいうと「鬼気迫るもの」を感じました。

でも、私は横から覗いているだけで、まだ自分には関係ないことだと思っていました。

私の周囲にも知らぬ顔をしている者が多かったですね。

改革を本物と思わせる事件

新しい組織コンセプトは比較的早く見えはじめた。幸いなことに、タスクフォースは伊東の合宿で想定した内容に近いシナリオを見つけようとしていた。

アスター事業部の中をいくつかのビジネスユニットに分けるという考えだった。そのような組織形態の功罪が極秘で検討されていった。

「何かわけの分からないことをしつこく聞いてくるので、うるさい」

「現場から優秀な奴ばかりを引っこ抜いて、つまらないことをやっている」

このような陰口が聞こえてくるのは、改革初期に必ずつきまとう現象である。しかもそれを言う小市民的発想の社員は、古い組織の中で無視できない存在であることが多い。

だから自信のない経営者は、現場から聞こえてくるそんな陰口に押されて早々に迷いを見せる。自信のある経営者であれば断固として突き進む。

第二作業の組織案と全体戦略の検討は二月の初旬、つまり作業期間四カ月の半分を少し過ぎたところでようやく固まった。

その結果を見て黒岩莞太が早々に一つの決断を下した。それはタスクフォースばかりでなく、社内を驚かせるものだった。

ここまでの分析で、新事業のうちF商品群の事業はどう見ても将来性が見えなかった。

三年前、アスター事業部が赤字に陥ったあと、大規模なリストラを進めている中で立ち上げた新規事業だった。

あれもこれもと手を広げた過去のパターンと同じ発想で、「将来の新しい事業を育てる」という錦の御旗を立て、今日まで引きずってきたのである。

今年度の売上高一〇億円。

プロジェクトチームに少人数の社員を配置して、あとは開発、生産、営業の部署が協力して動く（それは建前だけで、皆にとっては単なるまま子扱い）という中途半端な新規事業の立ち上げ方が、そもそも失敗の原因だった。

個々の商品群の全体責任を誰が負っているのか分からない典型的事例だった。

機能別組織のそれぞれの部署でこのF商品群にどれほどの人件費が使われているのか、正確に分からないところがあった。

そこでタスクフォースが分析してみると、経理上の赤字は四億円ということになっていたが、開発部門での工数把握が甘く、さらに不良品の処分、販売後のクレーム対策費用などを正確にはじくと、実際にはその二倍近い赤字になっている可能性が出てきた。

その差額はこれまで、他の商品群の赤字に含まれていたのである。これもまた日本企業の経営リテラシーが低いために生じている**戦略過誤**であった。

Ｆ商品群の撤退は、黒岩、五十嵐、川端の主導チームにとって迷うケースではなかった。

他人の物まねのような事業で、原価が高く、いくら売っても黒字になりそうもない。もっと早く断念すべき事業だったのに、前事業部長が先送りしてきたのである。

要諦20　赤字には「将来が楽しみな赤字」と「悪性の赤字」の二種類がある。再生の道がないと確認した悪性赤字事業は、恥も外聞もなく早期に撤収するのが王道である。

「Ｆ商品群の事業から直ちに撤退する。山岡室長が中心となって二週間以内にその実行案をまとめてもらいたい。ただし、顧客や流通に迷惑をかけるような撤退の仕方をしないように」

二月の経営会議の席上でそう指示されたとき、多くの出席者は唖然とした。

誰もが問題視していた事業だから、その方針に反論する者はいなかった。しかし黒岩事業部長を甘く見ていた者は、「本当にやりはじめた」と思い知らされた。

黒岩の決然たる態度を見て、もはや言葉だけのゲームの時代が終わったことを実感した。アスター工販の吉井社長も、秋山資材部長も、下を向いて黙ったままだった。

Ｆ商品群の担当者が悔し涙を流したという話が伝わってきた。

黒岩は彼ら全員を集めると、見かけより大きい赤字の正確な実態と、事業の厳しい先行きに対する経営者としての見通しを説明した。

「これまで会社のサポートが弱く、気の毒だが、君たちは素手で戦ってきたようなものだ。しかし人生、ダメなときはダメと割り切るんだ。次にチャレンジするものを見つけようや」

F商品群からの撤退決定は、変革に向けた新たな「事件」として、社員全員に強烈な心理的インパクトを与えた。

こうして走りながら考えつつ、タスクフォースは第三作業に入っていた。

「それぞれのビジネスユニットの基本戦略を立案しなければならない。そこから逆に全体戦略や組織案にフィードバックすることが出てくるだろう」

主導チーム三人はビジネスユニットごとの戦略案を「ビジネスプラン」と呼んだ。

- ビジネスユニットごとに、競合分析から始まって、不採算商品の切り捨て、工場や生産拠点の整理、販売網の整備、営業方針の絞りなど、あらゆる見直しを行う。
- ビジネスプランは最後に数値目標に落とし込み、その一年目は来年度の予算に連動する。

黒岩や五十嵐は、メンバーにしつこく言った。

「君たち自身がビジネスユニットのトップに任命されても、ちゃんと自分で実行できる案を立ててほしい」

要諦21 計画を組む者と、それを実行する者は同じでなければならない。他人にやらせることを前提に立てた計画は無責任になりがちである。あとで失敗の原因を計画のせいにすることもしばしば起きる。

黒岩が何気なく言った言葉、「君たちがトップになっても……」の重大な意味を全員が聞き落とした。その考え方が何人かの運命を左右することになるとは思いもよらなかった。

「ビジネスプランの検討は、タスクフォースをいくつかのチームに分け、同時並行的に進めよう。時間がないからね」

星鉄也はC商品群に新鮮なメスを入れるということでそのリーダー役に回った。D商品群は古手川修、E商品群は開発から来た猫田洋次がリーダーになった。

他の全員もどれかのチームに入った。皆はいつ終わるとも知れぬ作業量に圧倒されていた。

修羅場の教育効果

客観的に見れば、若い経営者予備軍を養成する場として、このタスクフォースほど理想的な環境はない。

星鉄也たちは、普通なら一〇年かけても身につけることが難しい経営的見識を、こうした**ハイテンションの苦しみ**を通じて、一気に体得することができるのである。

それは**修羅場の教育効果**とでも呼ぶべきものであった。

しかしメンバーがそのことに感謝する気持ちになるのは、すべてが終わったあとのことだった。戦っている最中は、「この事業をどうしようか」と考え続けることに精一杯で、答えの見つからない苦しさが先に立った。

《古手川修（四十一歳）の話》

私は以前から、事業部の将来にかなりの危機感を持っていました。このままではやばい、競合に負ける、負けないためには自分自身を磨くしかない、と考えていました。

しかし会社の具体的な情報は流れてこず、毎月十日になると給料は自動的に振り込まれてきましたから、雇用不安や金銭的な切迫感を抱いたことはありませんでした。

ところがタスクフォースに参加して、自分の入社以来の価値観が一八〇度変わるような情報を聞き、自分の置かれている立場、実行しなければいけない改革、また社長の厳しい姿勢などを知って、ただ驚くばかりでした。

ある日、黒岩事業部長が私にポツリと言いました。

「君は優秀だけど……『挫折』の経験がないでしょう」

あの言葉は生涯忘れません。その指摘は当たっていましたが、それは自分が、言ってみればサラブレットの証明だと思っていたのです。

私はこの会社の中で他の社員より少しは力量があると思っていましたから、それ以上のことを要求されることはなく、したがって挫折もありませんでした。

私がその状態に安住している限り、それほど楽なことはなかったのです。

黒岩さんが言いたかったのは、私がこれから困難な局面にぶち当たると、精神的に意外にもろいのではないかという危惧だったと思います。

確かにタスクフォースのこの不慣れな世界に初めて投げ込まれ、この先も何が待ち受けているのか分からない流動的な状況に身を置いてみると、今までの人生が甘かったことを思い知らされました。

選ばれて意気揚々と来てみたら、そこで**自分の生き様**を問われたのです。タスクフォースは、私にとって人生を見直すきっかけになっています。

《原田太助（三十五歳）の話》

私はこの会社の経営に以前から強い危機感と不満を持っていました。一人で上級管理職のだらしなさを糾弾したこともあります。

もっと若い頃に、組合幹部になれば社長に直接ものが言えると考えて、組合活動に身を入れた時期もありましたが、組合は私の答えではありませんでした。

歴代の事業部長や周囲の管理職にとって、私は扱いにくい社員だったと思います。

私は黒岩事業部長との面談のときに、「とにかく事の本質をついて仕事をする人間がほとんどいないので、効率は悪いし、バカげたことが多い」「経営トップの意思が不明確」「ミドルは、できない、やれない、やりたくないのないないづくしで保身者ばかり」などと申し上げたのです。

その直後に私はタスクフォースの一員に選ばれたので、自分でもちょっと意外でした。

伊東の合宿で飲んだとき、黒岩事業部長になぜ私を選んだのかそれとなく尋ねました。事業部長は、「君は気骨がありそうだから……」と笑っていました。

アスター事業部がどのような事業戦略をとるべきか、まだ曖昧模糊としていた頃、日曜日に出勤してミーティングを行いました。

皆のやりとりがかみ合わず、私はモヤモヤして、いつもの調子で意見を言いました。

自分としては普通の言い方をしているつもりでしたが、その日の長いミーティングが終わりかけた頃、突然、黒岩事業部長が私に向かって言いました。

「君の話はいつも他人の批判ばかりだね。社長はダメ、専務はダメ、経理部長はダメ、営業部長はダメ、工場長はダメ、開発はダメ、組合はダメ……。いつまで批判ばかり言っているんだ。ただの批判ばかりでは人々を束ねられない。ここから先の具体的戦略を編み出して、彼らに新しい道を示すのが目的だよ。これは**野党の集まり**じゃないんだ」

私は頭をガーンと殴られた感じでした。

事業部長の言葉の意味は分かりました。しかし私は猛烈に腹を立てました。

黒岩事業部長とか五十嵐さんは、ああいう叱り方をしょっちゅうしていて、怒ったあとはケロッとしているのかもしれません。でも私は頭に来ましたよ。

これまで会社の経営を正そうと、あれほど真剣にものを言い続けてきた私の過去を、全否定されたような気がしたのです。

夜遅く自宅に戻って私はむなしさに襲われ、ほとんど会社を辞めるつもりになりました。

しかし、たまたま会社の創業記念日で連休だったのが幸いしました。休み明けには、重要な仕事が入っていたので理屈抜きに会社に向かい、無心で仕事をしました。

その後、事業部長も五十嵐さんも川端さんも、他のメンバーも、その出来事について話題にすることはなく、私も改革の仕事に打ち込むことで、わだかまりは吹っ切れていきました。

あの出来事で、自分の果たすべき役割を再認識したのは事実です。

自分の非力さを表に出すまいとして背伸びをしているようなところがあったのですが、その臆病さも払拭しなければいけないと思いました。

ものごとをなるべく単純に考え、短兵急でなく、根気よく行動することが大切だということも認識するようになりました。

タスクフォースの仕事を通じて、少しずつ自分の視界が開けていくことを実感しました。

《猫田洋次（四十五歳）の話》

ビジネスプランで私の担当したE商品群の中に、技術的にユニークで優位性があると思われるのに、発売以来、数年たっても売り上げの増えない商品がありました。

例によって、営業から「こんなものは売れない」とやられていた商品の一つです。

私は開発技術者ですが、その前はプロダクトマネジャーの経験もあり、商品戦略の組み立て方に自信を持っていました。

そこでタスクフォースの作業でも、同じような考え方でこの商品の戦略をまとめ上げました。これでいけるというストーリーを作って、ある日の夜十時頃になって、黒岩事業部長と五十嵐さんの前でプレゼンテーションをしました。

ところが二人から、自分のこれまでの人生のプライドをひっくり返されるほどボロクソに叱られてしまったのです。

「こんな資料では営業活動の役に立たない。営業マンはこの商品を売る気にならない。君の言うことに『商売の臭い』がしない。だからお客も買う気にならない。過去にこの商品が売れなかったのは、営業のせいではなくて、君のマーケティングセンスの問題だろう」

会社に入って二〇年近く、仕事のうえであれほど辛辣に言われたことはありませんでした。

しかし考えてみると、以前、事業部長との面談で、私はすでに同じ指摘を受けていたのです。

私はこれまで、販売戦略などは営業が自分で考えればいいと思っていました。俺たちが何でこんなことまでやらされるんだと思っていました。

だから「この商品が売れないのはおまえのせいだ」と言われて、大ショックでした。あとから考えると本当に恥ずかしい思いです。

これまでこんな叱り方をしてくれる上司は社内に一人もいませんでした。

なぜだろうかと考えました。ひょっとすると、この会社の上司は世間に比べて**仕事の満足基準**が低くて、腹も立たなかったということでしょうか（笑）。

タスクフォースの作業は大変でしたが、自分のやるべきことが見えてきて、終わったときには本当に気持ちがすっきりしていました。

あの商品は売れなくて困っていたのですが、改めて戦略を整理していったら、過去の亡霊から解き放たれた感じになりました。自分の進むべき道が見えてきたような気持ちです。

タスクフォースの面々は、黒岩莞太や五十嵐からたびたび厳しい指摘を受け、ショックを受けた。仕事の内容だけでなく「現実と向き合う姿勢」や「人生の生き様」まで問われた。

共通した最初の反応は、「外から来た人にいきなり言われて不愉快」というものであった。しかし社内で同じように言われたことがあるのかと聞けば、それもなかった。

つまり彼らのほとんどは誰からも厳しく叱られたことがなかったのである。

先輩や上司が何かを成し遂げようと熱くなれば、部下を糾合し、指導し、時にはきつい言葉も出るはずだ。

しかし沈滞企業の内部では、そんなぶつかり合いはほとんど起きなくなっている。怒ったり厳しく叱ったりすることは、大人げない行為だと見られていることが多い。

そのくせ、上の者は口先だけで「切磋琢磨」などと言う。

米国企業は、役に立たない社員を辞めさせて、有能な者を外から雇う。それをしない日本企業は、代わりに企業内部で社員を厳しく鍛える手法を持たなければならない。

ところが日本の沈滞企業では、上に立つ者が自信を失い、下に遠慮している。それが組織のぬるま湯的ひ弱さを生んでいるのである。

要諦22　改革先導者に加わった者は企業変革を前にして自分自身の壁に行き当たり、**自己変革**を迫られて悩むことが多い。二つの変革がワンセットで訪れるので苦しいが、修羅場の中で人材が「一皮むける」のはこのためである。覚悟を決め、それを人生の貴重なチャンスととらえ、ひたすら足を前に出す。

改革チームが**熱き心**を持てるかどうかは、経営改革が成功するかどうかの第一関門である。自ら燃えていないチームが社内を燃えさせることなどありえない。

アフターサービス部門の課長、赤坂三郎は自分が兼務メンバーであることをすっかり忘れたように、本社に来てタスクフォースの仕事に入り浸りになった。

「職場の仕事は大丈夫かい」

「タスクフォースのほうが大事だよ」

これまで自分が人生を託してきたつもりの事業の命運がここで決まると思うと、いても立ってもいられない気持ちになっていた。

職場の上司が、「あと二カ月ほどのことなら……」と寛容だったのが幸いしていた。その上司は同じサブチームに参加し、改革の意味を完全に理解してくれていた。

大阪支店から来た最年少メンバー青井博も、同じようにタスクフォースの仕事に没頭した。

彼は星鉄也と一緒にC商品群の戦略立案にかかり切りになり、支店よりも東京にいる時間のほうが長くなった。

東京から大阪支店に戻ると、急ぎの仕事を片づけたあと家に帰らず、新幹線の改札口で妻から着替えを受け取って東京にトンボ返りすることが何度も起きた。

出産を控えていた若い妻は不満だった。愛人が男を引き止めるような会話になった。

「今日はウチに泊まっていって」

「ダメだよ、東京に帰るよ」

しかし疲れているはずの夫が意外に輝いた顔をしているのを見て、妻はそれ以上文句を言ってはならないと悟った。

香川社長へのプレゼンが迫ってきた最終段階で、メンバーの一人が考えに行き詰まり、深夜になってチームの作業部屋から姿を消した。

彼はビルのテラスに出て、夜景を見ながら頭を冷やしていただけだった。しかし他のメンバーは万一のことが心配になり、建物の中をあちこち探し回った。

探しに行った川端祐二が、自動ロックのかかるドアで屋上に閉め出され、寒風吹きすさぶ中、助け出してもらうのにまたひと騒ぎという冗談のようなオマケまでついた。

それはすぐ笑い話に変わったが、彼らがお互いにそんな心配をしたほど、タスクフォースが心理的に追いつめられた時期もあったのである。

しかし黒岩はそのような話を聞いても、まったく意に介す気配はなかった。

「過去の罪を責めたてられているわけじゃない（笑）。これは前向きの『生みの苦しみ』だよ。こんなことで、誰が死ぬもんか（笑）」

もし黒岩、五十嵐、川端の主導チームがこの段階を乗り切る自信のない風情を見せていたら、タスクフォースの張りつめた気持ちはそこで崩れていたかもしれない。

しかしリーダーの「執念」を感じ取って、メンバーは自分の気持ちを支え続けた。

四カ月目に入ると、あとは**時間との戦い**だった。

第四作業がそっくり残っていた。

この時点で全体作業の一カ月の遅れは決定的に痛かった。

追いつめられていたが、部署別の重要な改善テーマについて、基本的な方向づけを検討しておかなければならない。

- 工場における納期短縮、工程改善、品質向上などの進め方と目標設定
- 部品調達や外注先の見直しなど、購買政策の改善と目標設定
- 営業への戦略的手法の導入、営業マン行動管理システムのデザイン
- 開発における開発期間短縮、開発進捗管理の手法改善など

しかし時間がなかった。すべてのテーマをこなすのが無理なことは明白だった。何といっても、あの伊東の合宿で初めて経営教育を受けた連中なのだ。

「改革シナリオを組み立てるのに関連性が低いと思われるテーマはあとまわしだ……」

黒岩はそう言って、第四作業の中身を大幅にカットした。

この決断によってのちに痛い目に遭うことも出てくるのだが、もはや贅沢は言えなかった。

あと二週間というところにきても、タスクフォースの改革シナリオはあちこちに穴が開いていた。

黒岩莞太も川端祐二も、何としても三月末という期限を死守するつもりだった。

黒岩が着任して六カ月がたち、しかも毎月の赤字が続いている。これ以上プランニングに時間をかけることは許されない。

答えを待っている香川社長の顔が、しばしば黒岩の脳裏をよぎるようになっていた。

「香川社長へのプレゼンテーションは四月十日と決まったよ」

社長への報告が四月一日のつもりでいたタスクフォースの面々は、その日程を聞いて奇妙な喜び方をした。

「四月十日?……ありがたい……十日間の余裕ができた!　それでなんとかなる!」

昼も夜もなく、くたびれたと言う暇さえなく、タスクフォースは走った。

黒岩莞太は連日、夜中の十二時になっても会社にいた。執行役員の常識的な行動パターンからは考えにくいことだった。

彼は五十嵐や川端と相談しながら、メンバーの持ってくる問題に、その場その場で結論を与えた。シナリオを絞っていくことを現場で一緒に手伝っていた。

五十嵐が横で見ていると、一週間ごとに、メンバーの体と脳が音を立てて成長している感じであった。まさに火事場の馬鹿力のような現象に見えた。

数多くのエピソードを残しながら、とにかく、改革タスクフォースの四カ月の作業は予定通りに完了した。

果たして川端祐二たちタスクフォースは、七転八倒して作り上げた改革シナリオを、香川社長に認めてもらえるのだろうか。

知られざる赤字

タスクフォースの面々は緊張していた。

大きな会議テーブルを隔てて、目の前に太陽産業の社長香川五郎が座っている。今まで、社長の顔をこんな近くで見たことはなかった。

伊豆で行われた真冬の合宿から四カ月が過ぎ、皇居東御苑の桜はすでに散っていた。

香川社長の右隣に経営企画担当の飯田常務。左隣に経理の鈴木部長。社長までがなんとなく腕まくりの感じだった。トップのその雰囲気が重要だった。

最初は約一時間半をかけて、現状分析と「強烈な反省論」の説明である。この部分は黒岩、五十嵐、川端の三人で話さなければならない。

ここで読者にお断りしたいのは、アスター事業部の悪さの分析はすでに本書の前半で詳しく述べられている。冗長になるのを避けて、ここではプレゼンの流れだけを描きたい。

黒岩が映したパワーポイントの一枚目は赤字の発生源を商品群別に示した表だった。

「事業部が赤字に陥ったのは三年前ですが、C～F商品群に限って言えば七年前からずっと赤字でした……その赤字を合計すると実に一五〇億円に上ります」

香川社長は表情を隠していたが、何度聞いても、ぎょっとする不快な数字だった。

事業部が赤字に陥って以来、事業部全体の経常赤字は三年間で合計三八億円にすぎない。それが香川の聞いている数字だった。

ところがC～F商品群だけの数字を取り出せば、ここ七年間の赤字が一五〇億円にも達していた。恥を忍んで認めれば、社内で誰もこの数字をフォローしていなかった。

商品別の事業責任が明確でなかったこと、商品別の赤字がアスター事業部とアスター工販の二つに分散され連結で語られることが少なかったこと、そして利益商品の黒字と合算されて経営陣に赤字が見えにくくなっていた。

経理情報の欠陥が危機感の醸成を妨げていた（第2章「症状24～26」参照）のである。

「ほとんどの社員がこの数字を知りませんでした」

タスクフォースのメンバーも、この大赤字を見つけて愕然としたのである。

二十世紀の後半、日本経営は長期的視野で行われていると米国人から激賞され続けたが、その長期行動には、臭いものに蓋をして長く放ったらかすことも含まれていたのである。

「それに加え……過去にまで遡って累積赤字を計算し、それを自分の責任として取り上げるリーダーがいなかったのが現実だと思われます」

読者がこれを人ごととして聞けば、単なる分析に聞こえるだろう。しかし過去の経営を断罪するその言葉は、社内で聞けば強烈である。

ここから先、黒岩の分析は瀕死のC～F商品群に絞られた。

彼が出した次のチャートは、C～F商品群の市場シェア推移を示していた。この一〇年間で市場シェアが大きく下がり、今や黒字の商品アイテムは一つもないことが説明された。

「もしわれわれがせめて同じシェアを維持していたら……まあ、死んだわが子の年齢を数えるようなものですが……昨年度のC、D商品群の売上高は七〇％も多く、事業部は非常に高い利益を出していた計算になります」

タスクフォースの誰かが深夜十二時頃に、エクセルで叩き出した蜃気楼の数字だった。黒岩はこの一言で、過去の「負け戦」が、今日どれほどの**機会損失**を生んでいるかを示した。

これも単なる分析に聞こえるかもしれないが、それが「俺たちのドジの結果だ」と迫られたら当事者の背筋は伸びる。

「しかも、この一〇年間に失った市場シェアの半分近くは、最近わずか一年間で失っています」

それはグラフの最後が急に落ち込んでいることにも表れていた。負け戦が、今や危機的に加速しているという意味であった。

C～F商品群だけを売っているアスター工販の吉本社長が聞けば、目をむき出すようなプレゼンの出だしであった。

黒岩のプレゼンは初めから緊張に満ちたピッチで進んだ。

社長香川五郎は「これは面白い」と思った。

自分の知らなかった事実が、次から次へと、物語《ストーリー》のように淡々と語られていく。

タスクフォースの中ですっかり当たり前になった「負け戦」という言葉が、香川社長の前で何度も

アスター工販の市場シェア（C〜F商品群合計）

年度	-9	-8	-7	-6	-5	-4	-3	-2	-1	0
市場シェア(%)	24	23	23	23	22	20	20	20	19	15

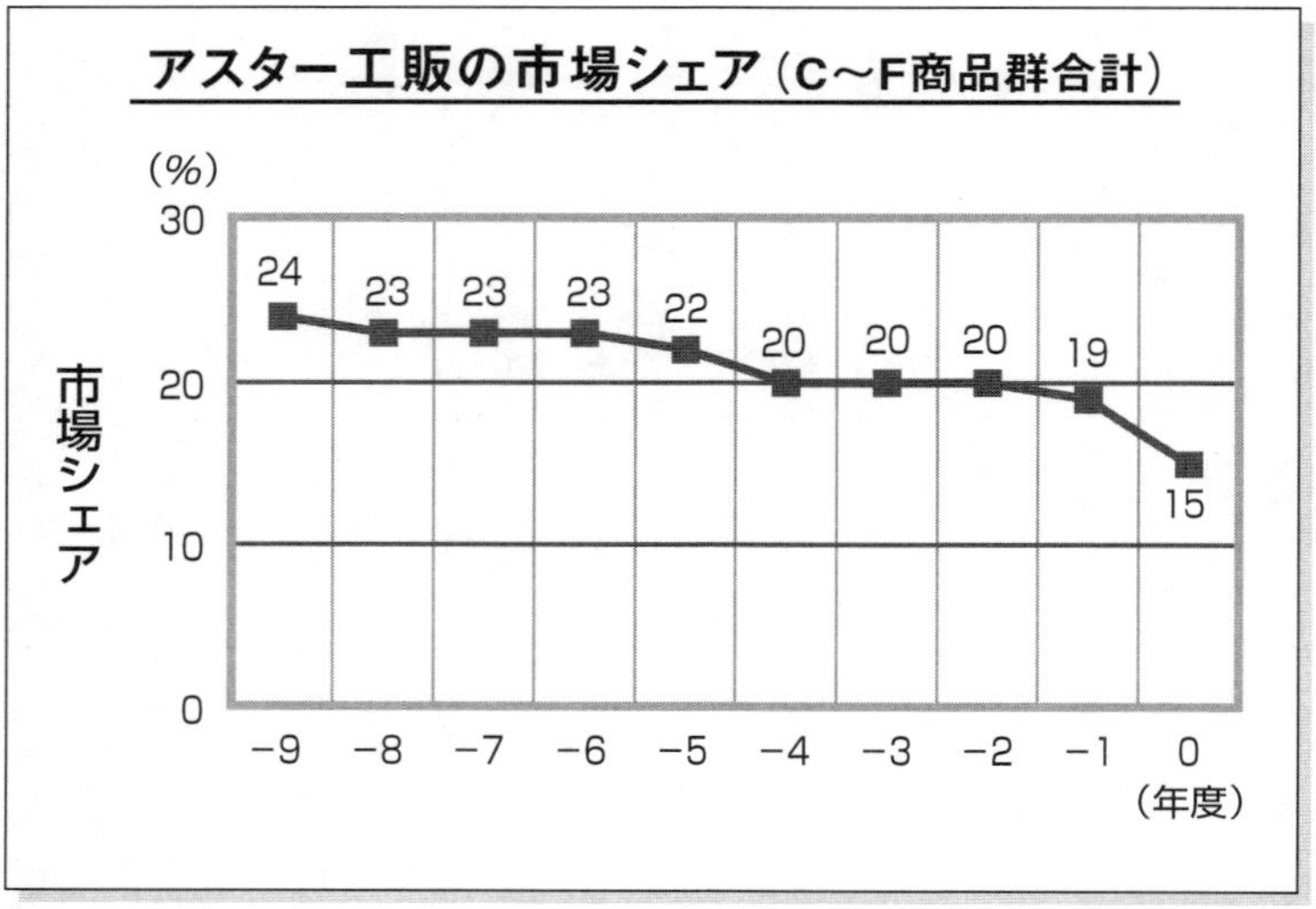

語られた。

もしその論拠が曖昧なら、当事者は不快な顔で反発する。負け戦の自覚がないからである。

しかし香川社長は気づいていた。

タスクフォースの指摘の一言一言に、必ず事実や数字の裏づけが示されていた。

競合比較や顧客の視点を軸に、誰もグーの音が出ないように実態の確認が行われていた。

要諦23 人々に「強烈な反省論」を迫るときには、徹底的な**事実・データに基づく追い込み**が不可欠である。言い切る確証が得られないこと、反駁される余地のあることはプレゼンの内容に含めてはならない。

香川社長も、飯田常務も、経理部長も相づちを打ち、自分で「負け戦」という言葉を口にした。今やこの言葉は、太陽産業社内の**新たな共通言語**として認知されたも同然だった。

杜撰な現場経営

プレゼンテーションは「負け戦の原因分析」に入り、黒岩に代わって五十嵐が前に立った。

「事業が成長を続けるときには一つの好循環が回っています。しかしアスター事業部ではその循環のどこかが切れています」

五十嵐は「勝ち戦の循環」（第3章、改革のコンセプト2）のチャートを香川社長に見せた。最初に取り上げたのは「開発」だった。

やはり多くのデータが示された。とりわけ新商品の立ち上げにことごとく失敗しているデータは、サブチームが初めて体系的に白日の下に晒した現実の姿だった。

二〇分間、厳しい分析が続き、技術的詰めの不足、開発計画の甘さ、「絞りと集中」の欠如、遅れても平気なスケジュール管理など、よいところは何もないと言われているようなものだった。

この席に開発部長佐々木がいたら、いくら紳士的な人とはいえ反発するに違いない。しかし彼の部下がサブチームに参加し、自らこのような分析を行ってきたことは彼も了解していた。

この場でも黒岩がそのことに触れたので、それは何物にも代え難い説得性を持った。

香川社長は興味津々の様子だったが、質問一つせず、黙って頷き、先を促した。

五十嵐のプレゼンは営業の話に進んだ。その反省論も三〇分近く続いた。

拡販の指示があまりにも総花的で、組織の途中で戦略が消え、「何を売ってもいい」が当たり前になっている状況が、具体的分析を伴って示された。

「全国の営業行動はバラバラ、各地の支店の管理手法もバラバラです」

それは日本企業の営業組織にしばしば見られる現象である。なぜそんな状態が許されてきたのか、

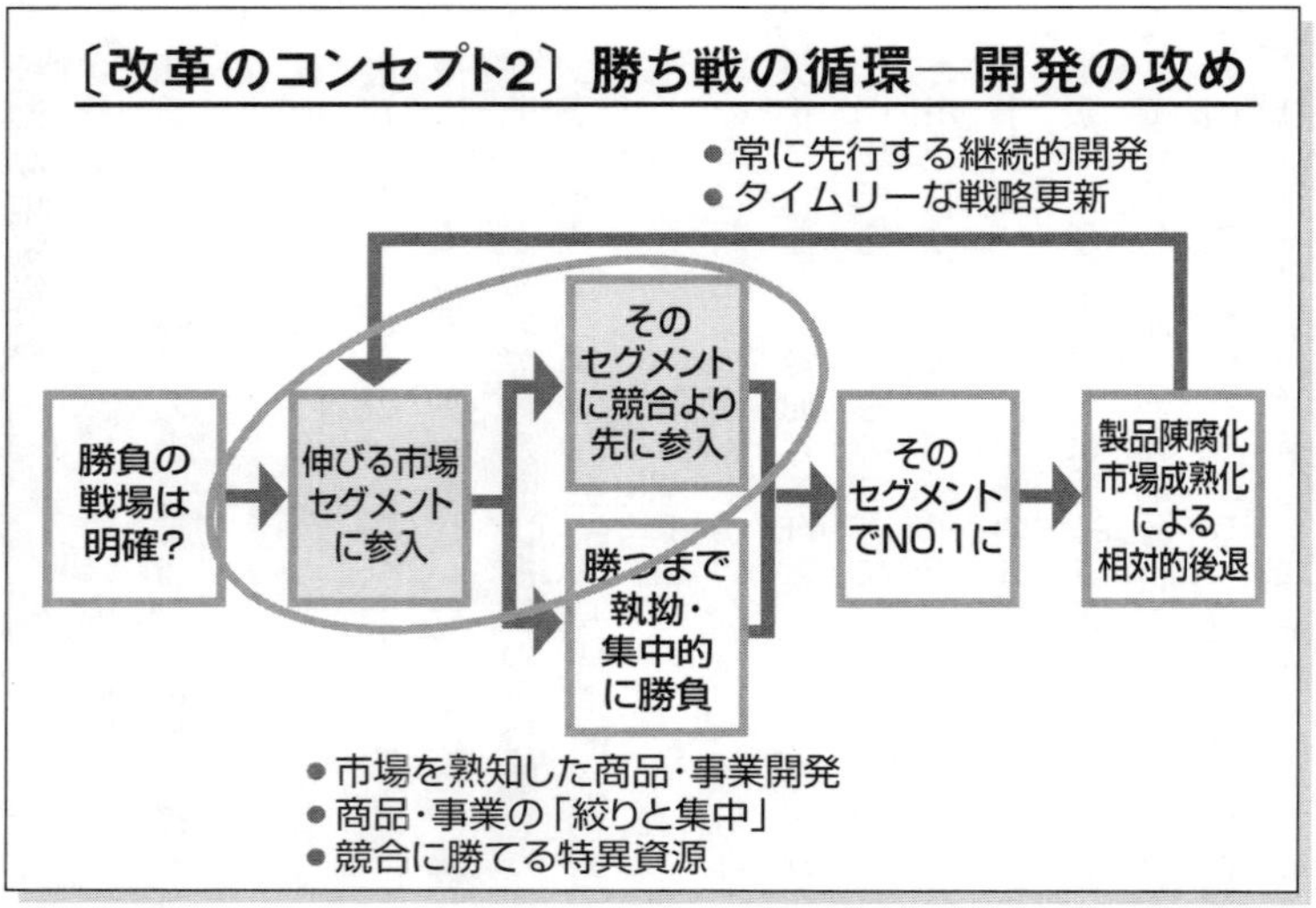
〔改革のコンセプト2〕勝ち戦の循環―開発の攻め
●常に先行する継続的開発
●タイムリーな戦略更新
勝負の戦場は明確？
伸びる市場セグメントに参入
そのセグメントに競合より先に参入
勝つまで執拗・集中的に勝負
そのセグメントでNO.1に
製品陳腐化市場成熟化による相対的後退
●市場を熟知した商品・事業開発
●商品・事業の「絞りと集中」
●競合に勝てる特異資源

五十嵐の説明は単純だった。

「バラバラでも、今まで困る人がいなかったのです。本社の戦略機能が貧弱で、支店長任せだったからです。いわば『地域モンロー主義』の営業体制でした」

そのような営業組織では「地域の特殊性」が後生大事に語られる。しかし特殊だと思っているのは本人たちだけで、客観的に分析すると大した特殊性など存在していないことが多い。

タスクフォースがサンプル地域を選んで営業マンの活動実態を分析してみると、営業マンの一日の訪問件数が少なく、重要得意先へのフォローが不十分だという分析が示された。

若手営業マンへの育成指導がおざなりになっていることも指摘された。OJTというのは、多くの日本企業で「何もしない」の代名詞なのである。

それなりに工夫し、努力してきたつもりの支店長たちには面白くない内容だろう。しかしタスクフォースがそれを避けようとすれば「強烈な反省

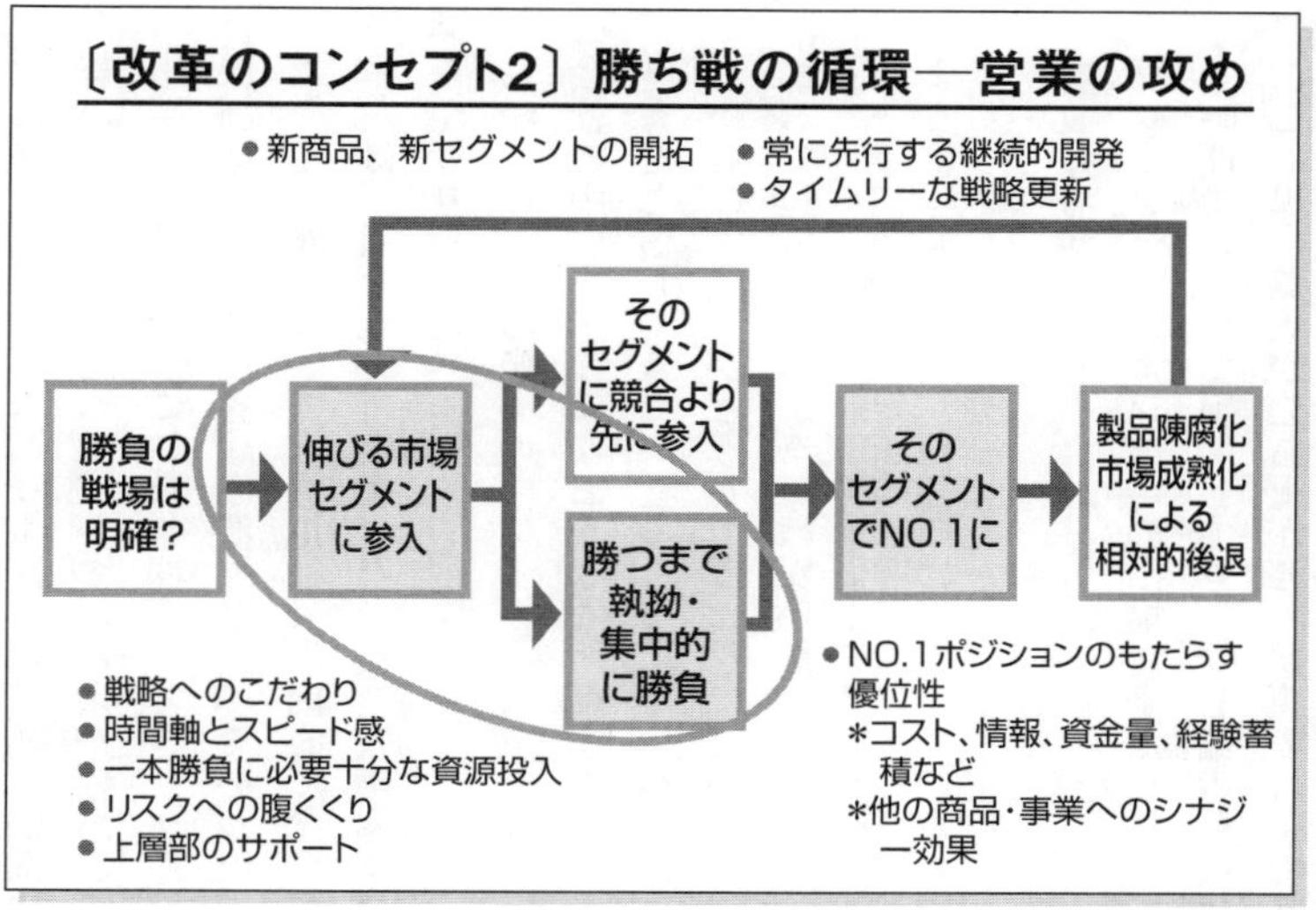
〔改革のコンセプト2〕勝ち戦の循環―営業の攻め
●新商品、新セグメントの開拓
●常に先行する継続的開発
●タイムリーな戦略更新
勝負の戦場は明確?
伸びる市場セグメントに参入
そのセグメントに競合より先に参入
勝つまで執拗・集中的に勝負
そのセグメントでNO.1に
製品陳腐化市場成熟化による相対的後退
●戦略へのこだわり
●時間軸とスピード感
●一本勝負に必要十分な資源投入
●リスクへの腹くくり
●上層部のサポート
●NO.1ポジションのもたらす優位性
*コスト、情報、資金量、経験蓄積など
*他の商品・事業へのシナジー効果

論」など成り立ちようがない。

そこで、組織全体の「体質」を客観的事実として指摘することが目的であり、個人をあげつらうつもりはないという意思が、さりげなく何度も表明された。

もちろんどこの支店とか、どの地域といった特定の固有名詞はいっさい引用されなかった。

五十嵐は最後にこうまとめた。

「先ほどの開発陣の問題点と同じように、営業部隊も同じくらい、構造的な問題を抱えていることが読み取れます」

皆同じだという表現によって、特定部署を追いつめることを避ける配慮だった。

要諦24

古い体質の個人を作り上げたのは会社自身の責任である。その視線を忘れずに、特定個人や部署を責めず、古いシステムが現実に引き起こしている問題だけをクールに指摘し続ける。

次にタスクフォースのリーダー川端祐二が前に立った。

若いメンバーに比べて、さすがに余裕のある表情をしていた。

川端祐二は自分がここ数年間働いてきた生産部門の反省論を描き、またアフターサービス部門、品質保証体制などの反省論を淡々と述べていった。

ここまで聞いていて、香川社長は内心で驚いていた。

本当は、頭を抱えたい気分だった。太陽産業の経営トップとして、社内のことはある程度分かっているつもりだった。

しかしこの太陽産業の中に……「着実な経営」と「優れた品質」で高い評価を受けてきたはずのこの会社の中に……こんなおかしな組織があったのか。

優秀だと信じてきた当社の社員は、いつの間にこんなに堕落してしまったのだろう……。

しかもこの状態がどうしてこんなに長い年月、放置されてきたのか。太陽産業の中で、この事業部はまるで辺境の村のようではないか。

いやもしかすると……この現象はアスター事業部だけの問題ではないかも……まさかガンが転移するように、同じ症状が他部門に広まっているのでは……。

撤退か改革か

プレゼンテーション前半の山場が来た。

一時間半の予定で説明してきた反省論の最後は「組織論」だった。

ここで黒岩莞太が立ち上がり、伊東の合宿で皆が作り上げたＯＨＰ「肥大化した機能別組織　一〇の欠陥」（第3章138ページ）を映し出した。

ここまで述べた「組織の病気」のまとめとして、これ以上適切なチャートはなかった。

叩くべきは社員個人ではない。誤った組織の仕組みや経営システムが、社員を病んだ行動に駆り立ててきたのである。

叩くべきは組織の仕組みや経営システムであった。

黒岩が前半最後のまとめを言った。

「過去一〇年間に、何度も事業活性化計画が提案されては、消えていきました。正直なところ、事業不振の最大の原因を挙げれば、『現場経営があまりにも杜撰《ずさん》だった』ということです」

最後にまた、思い切った発言だった。過去の経営を一刀両断に切って落としたも同然だった。

しかし黒岩の発言は無謀ではなかった。そこに至るまでに明快な論理性と隙のない事実の積み上げが行われ、聞く者の心を完全にとらえ、リスクを減らしたうえでの発言であった。

黒岩は「現場経営」という言葉で、香川社長に累が及ばないように配慮していた。しかしここまでの説明を聞けば、香川社長とてまったく違和感のない結論だった。

ここまで読み進んできた読者の中には、かなり不安に感じている人も多いに違いない。日本企業の中で、このようなプレゼンは現実に可能なのかと。

もちろん簡単ではない。人間関係に気をつかう社内でこれだけのことを言い切るのは容易ではない。太陽産業でなぜそれが可能だったかはあとで詳しく解説したい。

強烈な反省論とは、**過去の呪縛との訣別**である。その訣別が鮮明に行われれば行われるほど、組織という生き物は新しい時代を切り開くエネルギーを生み出すのである。

2つの解釈

市場で惨敗、大赤字、組織活性がない
- 「事業撤退」の判断は当然
- 「自力再生は無理」の判断も当然

しかし事業不振の根本原因は
- 現場経営があまりにも杜撰だった

そこで2つの解釈
1. もうダメ→このまま事業清算？
2. 改めて本気でちゃんとやればよくなるかもしれない→最後の挑戦？

黒岩が「二つの解釈」を示した。

「このまま事業閉鎖の考え方もあります。しかしここまでひどいやり方をしてきたのなら『本気でちゃんとやればよくなるかもしれない』という考え方もあるでしょう」

これでプレゼンの前半が終わった。タスクフォースはこのあと、「本気でちゃんとやる」とはどういうやり方なのかを提案する予定だった。

分社化のシナリオ

休憩のあと、今日の最大の勝負どころがきた。アスター事業部をどのように変えていくのか、「改革シナリオ」を香川社長に提示するのである。

一番手にリーダー川端祐二が前に立った。

彼はまず「商売の基本サイクル」の説明を行った。

「われわれが狙う組織は、先ほどの『肥大化した機能別組織　一〇の欠陥』のちょうど正反対ということになります」

組織変革　10の狙い

1. 事業責任が明確な組織に
2. 損益が見えやすい組織に
3. 「創って、作って、売る」が融和して速く回る組織に
4. 顧客への距離感が縮まる組織に
5. 少人数で意思決定のできる組織に
6. 社内コミュニケーションが速い組織に
7. 戦略を明確にしやすい組織に
8. 新商品育成が促進される組織に
9. 社内の競争意識が高まる組織に
10. 経営者的人材の育成が早まる組織に

そう言って川端祐二は「組織変革　一〇の狙い」をパワーポイントで映した。

香川社長は「一〇の欠陥」とは裏腹の表現になっている新しい一〇項目を読んだ。

ベンチャー企業や元気な中小企業は、これらの組織特性を保っているために活性がある。それがビジネス組織の原点である。

ところが日本の多くの大企業はこの半世紀、成功による組織肥大化の代償として、これらの特性を次第に失ってしまった。

それに加え、世界史にまれなスピードで進行している日本社会の急速な高齢化が影響して、リスクに挑んでいる若者がたくさんいる欧米に比べて、日本はすっかりしおれた国に墜ちつつある。

香川社長には「組織変革　一〇の狙い」はいかにも新鮮なものを見せられている気がした。とりわけ最後の「社内の競争意識が高まる組織に」「経営者的人材の育成が早まる組織に」に目が止まった。

リーダーの川端祐二は本論に入った。

「アスター事業部の組織で『組織変革　一〇の狙い』を実現するには何をすればいいのか、タスクフォースはこの四カ月間、検討を重ねてきました」

そして新組織案を映し出した。

そこには今まで太陽産業の中で語られたことのない考え方が含まれていた。

新しく生まれ変わるアスター工販は、年間三〇億円の赤字体質を背負い込んでの出発である。売上高一八〇億円、社員数三六〇名の企業になる。

「これまでアスター事業部の花形ビジネスはA、B商品群だと考えられてきました。多くの社員がC～F商品群の大赤字を人ごとのように考えている雰囲気がありました」

「しかもC～F商品群の『創って、作って、売る』のサイクルは、アスター事業部とアスター工販の二社の間で分断され、事業責任も曖昧でした」

新体制では、C、D、E商品群の事業損益が赤字になれば、そのすべてがアスター工販の決算に表れる。

「新しい体制の下でアスター工販の社員は、C、D、E商品群と**一蓮托生**になります。すべての仕事が一つ屋根で完結します」

シナジーという幻想

タスクフォースの「スモール・イズ・ビューティフル」の探求はさらに続いた。

新生アスター工販の中をさらに三つのビジネスユニット（BU）に分け、それぞれが「創って、作

アスター事業部　新組織案

分社とビジネスユニット制により「組織変革10の狙い」に近づく

❶ まずは組織をAB商品群とCDE商品群の2つに分離する

- アスター事業部はAB商品群に特化
- CDE商品群の組織はアスター工販に集約（分社化）

❷ さらにアスター工販の中でCDE商品群を3つのビジネスユニットに分ける

- 「創って、作って、売る」を自律的に回し、各BU内で5つの連鎖を抜本強化
- 利益志向戦略で赤字脱却へ

❸ ビジネスユニットはスリム化効果を生む

- 組織の階層を減らし意思決定を迅速化
- 現在30名が出席している事業部経営会議を
  →各BUの経営会議（それぞれ幹部6名）
  →アスター工販の全社経営会議（社長、BU社長3名を含め7名）
- 事業部横断的な会議や委員会を12から3へ

❹ BU社長に若手登用（成功のカギはBU社長）

❺ アスター工販は連結子会社として一体運営

- 将来は上場の夢も
- 再建失敗の場合は清算ないし売却

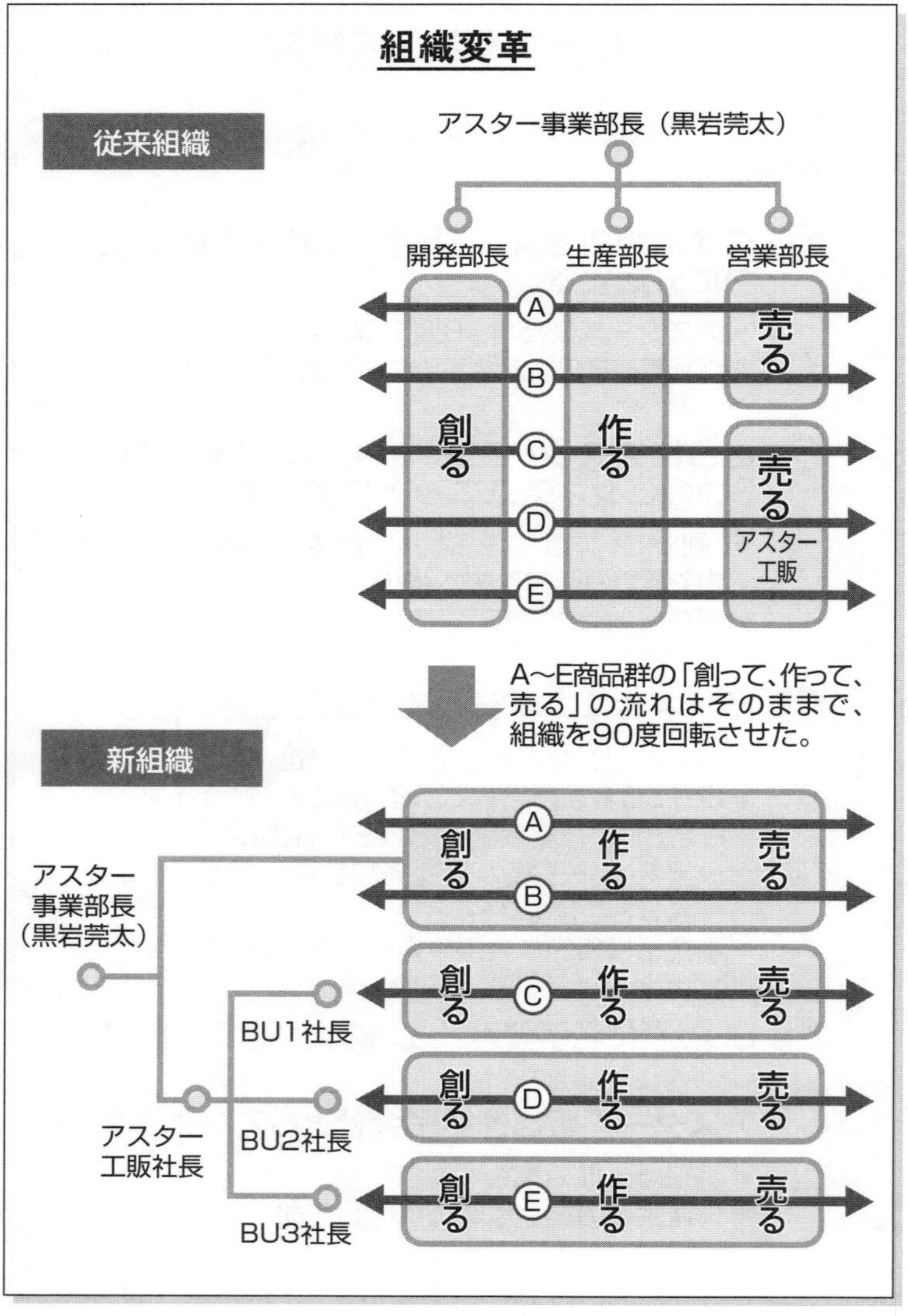
組織変革
従来組織
アスター事業部長（黒岩莞太）
開発部長
生産部長
営業部長
A
B
C
D
E
創る
作る
売る
売る
アスター工販
A〜E商品群の「創って、作って、売る」の流れはそのままで、組織を90度回転させた。
新組織
アスター事業部長（黒岩莞太）
アスター工販社長
BU1社長
BU2社長
BU3社長
創る
作る
売る

って、売る」を自律的に回す組織を作るというのである。

川端祐二はその組織をBU1、BU2、BU3と呼んだ。それぞれC商品群、D商品群、E商品群の事業を推進する組織である。

ビジネスユニットの規模は、BU1が売上高七〇億円で社員数一三四名、BU2が売上高一〇〇億円で社員数一四四名。

BU3は今までプロジェクトチームにすぎず、売上高も一〇億円で低迷していたが、二五名の組織にする。

従来の売上高四一〇億円、七一〇名という組織に比べれば、三つのビジネスユニットはどれも様変わりの小振りの組織である。

ここで香川社長が今日初めて、プレゼンを遮って質問をしてきた。

「川端君、そこまで細分化すると、かえって効率が悪くなったり、人員増にならないのかね」

タスクフォースは四カ月間、まさにこの疑問を検証するために作業してきたのだ。

明快な答えがすぐあとに準備されていた。香川社長は川端祐二の顔を見ながら、黒岩莞太に次ぐ新しい経営者予備軍が用意されていることに気づいた。

「C、D、E商品群は技術的に似たような商品に見えます。しかしよくよく分析してみると、実際にはまったく異質のビジネスと規定できることが判明しました」

この分析視点はきわめて重要である。それによって本当にスモールがビューティフルなのか、それともビューティフルでないのか、結論がまったく変わってくるのである。

1　C、D、E商品群はそれぞれ売り先の市場セグメントが違う。アスター工販の営業マンはすべての商品群を扱ってきたが、複数の商品群を買うニーズを持っている顧客は非常に少ない。つまり、営業面でこれら商品群を一緒に扱うことによる「相乗効果」は低い。

2　開発センターも商品群別に技術者が完全に分かれている。技術も専門化していて共通部分は比較的少なく、人材の互換性も低い。現に人事交流もそれほど活発ではない。

3　生産活動も商品群によって内製、外注に分かれ、同じ外注の場合でも外注先が異なり、生産技術も異なるため、互いに規模の利益を得られる組み合わせではない。

4　生産管理、購買、品質管理、カスタマーサービスなどの機能も、それぞれの部署の中を見ると、担当者はやはり分かれている。

「要するに現場レベルの仕事は、昔から商品群ごとに分かれていました。『創って、作って、売る』の一気通貫組織を組み立てるには、単に各部署から商品群の担当者を呼び集めればいいだけのことです。それはあたかも、商品群別の委員会を作るようなものです。それを常設の組織に変えれば、たちまちにして『組織変革　一〇の狙い』を劇的に改善することができるというわけです」

普通に読み進んでくれば当たり前に思えるこれらの分析が、その場の香川社長にも、飯田常務にも、大きな衝撃を与えた。

なぜならそれは、アスター事業部の「社内常識」を大爆破する分析結果だったからである。香川社長は「自分が聞いていた話は逆だった。あれはウソだったのか」と思った。

それまでの社内常識とは、「A商品群を基軸にして、六つの商品群は市場的にも技術的にも補完関係にある。これらの事業の組み合わせはアスター事業部の強みである」というものだった。

ところが今回、タスクフォースが戦略的視点で整理してみると、まず、顧客セグメントが商品群によって異なっていた。

すなわちAB商品群は大企業相手。C～F商品群は中小企業相手。まるで市場特性が違う。

その中小企業市場について、社内では約三万社の市場だと十把ひとからげに言っていたが、正確に言えばC～F商品群の対象顧客はそれぞれ異なり、互いに関係が薄かったのである。

これでは商品群を増やしても営業効率は上がらない。だからこそ、世の中に同じ六商品群をすべて扱っている競合企業が一社もないのは当然だったのである。

つまり、アスター事業部だけが**総花的デパート経営**になっていた。

そして社内を見れば、組織は分散し、経営は散漫になり、六つの商品群を抱えていることが戦略的優位を生んでいた証拠などどこにも見当たらず、商品群一つひとつは貧弱な中小企業のゲームを演じてしまった。

これがタスクフォースの提示したC～F商品群**不振の基本図式**であった。

強みと思われていた事業の組み合わせそのものが、実は赤字の元凶だったというのである。

これを聞いて読者は「何と馬鹿な会社だろう」と思うかもしれない。

しかし太陽産業の社員は、馬鹿でもなければ、ウソつきでもなかった。世間的には標準以上に優秀とされる社員だった。

それでもこんな戦略的過誤が起きている例は、あなたの周りにいくらでもある。これもまた経営リテラシーとリーダーシップの問題なのである。

しかしより深刻な問題は、その戦略の間違いを長い年月そのまま放置してきたことである。赤字で事業閉鎖になりかねないどん詰まりに至るまで、そこにいた幹部が誰も是正のリーダーシップをとらなかった。

それは太陽産業特有の現象ではない。社員個人に帰する問題でもない。日本企業の経営組織に広く見られる病理現象であり、それが日本経済の地盤沈下を招いている。

香川社長は川端の説明に納得した。これなら組織を分けることには合理性があるし、今より非効率になったり、人が増えてしまうという弊害も少ないだろうと思った。

しかしすぐに、社長には次の疑問が浮かんだ。

「君ね、商品群の相乗効果が弱いと言うなら、今さらすべての事業に取り組む意味はないだろう？捨てるものはさっさと捨てて、勝負を絞ったらどうだ？」

シナリオの核心をつく正しい指摘だった。

社長が本質をつき、部下との知的応酬が盛り上がれば、その組織は必ず元気になる。社長がつまらない質問をするなら、権威主義だけがまかり通る。

横に座っていた黒岩莞太が、ここは自分の出番だと、その質問を引き受けた。

「社長、われわれも同じように考えています」

そう言ってシナリオをこう整理した。

1　すでにF商品群の撤退を決めた。「絞りと集中」の第一弾である。

2　さらにC、D商品群それぞれの中で品目を大幅に削減して「絞りと集中」の戦略を徹底させる。

その手法はあとで説明する。

3　そのうえで三つのビジネスユニットがどれほど元気になるかを見極めたい。過去の経営があまりにも甘く、社員の士気も低かったので、意外と大きな活性化が図れるという予感がある。これを見極める時間軸は一年間。

4　活性化が無理と判明したビジネスユニットは、その時点で撤退を決定する。それで浮いた経営資源は残りの事業に集中する。

5　三つのビジネスユニットがすべてダメなら、アスター工販は清算ないし売却する。その見極めを含め改革（イコール黒字化！）の全時間軸は二年間。

香川はこのシナリオに完全に満足した。

戦略とはまだ実行していないことを決めるのだから「仮説」である。仮説の良し悪しはロジックで決める以外にないのだ。

ヒエラルキーを崩す

次いで、兼務メンバーでプロダクトマネジャーの経験もある赤坂三郎が前に立った。社長の前でガチガチに緊張した顔だった。

しかしその内容は、香川社長も驚く営業組織の革新を含んでいた。

アスター工販の営業組織を三つに分割し、BU1、BU2が、それぞれ四五名の営業マンを抱え、BU3は新たに専任の営業部隊一〇名を持つ体制だった。

アスター工販　営業組織の改革

現在の営業組織を抜本的に再編する

❶ それぞれのビジネスユニットが専属の全国的営業組織を持つ

- これでBUは完全一気通貫を実現

❷ 支店・営業所を全廃する

- 各ビジネスユニットは本社から全営業マンを直接管理する（全員が文鎮型のフラット組織）
- 月1回、全営業マンをBU本社に集め営業会議（直接のコミュニケーションや戦略指導）

❸ 戦略的な営業活動フォローアップシステムを確立する

- 戦略商品の明確化
- セグメンテーション、重点顧客を絞る手法の明確化
- 個人別訪問管理
- 顧客別進捗管理システム

❹ 販売ツールの整備、営業トレーニングを充実

❺ 成績評価の明確化

- 「やってもやらなくても同じ」の排除
- インセンティブ体系の見直し

これまで五カ所の支店に分かれ一〇〇名ほどの営業組織だったが、それを三つの全国組織に分け直すというのである。

「この人数なら、本社から全営業マンを一人ひとり直接管理することが可能ではないかとの発想を持ちました。完全な文鎮型（フラット）組織です」

「BU1とBU2にはそれぞれ営業部長と副部長二名を配し、合計三人で営業マンの指導に当たる体制をとれば、この組織は動くと思います……多少きつい面はありますが……これまで支店長が管理していた人数から言っても、それほど無理ではありません」

それにしても、これは大変な変更である。赤坂三郎が必死の説明を続けた。

1　支店長、営業所長がいなくなる。営業マン一人ひとりが自分の店を張り、独立採算のプロ根性で仕事をすることが求められる。

2　本社を「遥か遠い中央官庁」と感じていた末端営業マンは、これから全員が月一回本社に集まり、営業部長ばかりでなくBU社長と顔を突き合わせて営業会議を行う。事業戦略は生の声で直接解説され、末端活動のフォローもそこで行われる。

3　その会議にはアスター工販の社長、各BUの開発責任者、生産責任者なども同席し、納期問題、クレーム対策、開発計画などあらゆる情報が全員の前で交換される。

4　従来の本社営業本部とか営業企画室は廃止。BUはミニ会社のようなもので、マーケティング戦略や営業管理などもBUで自律的に行う。

5　勤務場所としての支店、営業所は残す。支店業務も配送や電話応対など最小限の機能を残す。

間接人員、経費とも大幅な削減になる。

これまでアスター工販社長→営業部長→支店長→営業所長→営業マンというヒエラルキー型組織に慣れ親しんできた営業マンにとって、これはコペルニクス的転回に違いなかった。

この新組織が「五つの連鎖」を劇的に改善することは明らかだった。

もちろん黒岩莞太は分かっていた。全国の営業マンを文鎮型のフラット管理にするなど、営業マンが少ないからできることだ。

もし業績を回復させることに成功し、営業マンの人数を大きく増やすことになれば、地域単位かグループ単位の何らかの中間管理を一層だけ復活することになるだろう。

しかしそれでも、ものごとの伝わりにくい従来の営業組織よりは遥かに俊敏な組織設計だ。

香川社長は初めのうち、「これは、どうかな……」と懐疑的な感じだったが、途中から目つきが変わった。変化の大きさに驚いたのである。

これまでの「社内常識」では、アスター事業部全体の七一〇名の組織は不可分と信じられていた。これ以上組織を小さくすることは無理だと思われていた。

ところが今は四つに分けても害がないだけでなく、戦略的に有効だという。一気通貫の発想を持ち込むと、こんな変化を起こすことができるのか。

香川は、黒岩たちのコンセプトに、「組織の閉塞感を打開する原理として面白い」「いろいろ形を工夫すれば大組織にも応用性がある」と俄然、興味を抱いたのである。

事業の「絞りと集中」

読者は、伊東の合宿で五十嵐がこう言ったのをご記憶だろうか。

「お粗末な戦略を高速に実行するのでは、かえって始末が悪い」（第3章）

タスクフォースのここから先の説明は、新組織に乗せていったい何をするのか、つまり戦略の中身だった。

星鉄也（前職D商品群プロダクトマネジャー、三十九歳）が前に立った。彼の担当はBU1（商品群C）のビジネスプランを説明することだった。

「BU1には七つの主要商品、アイテム数にして約二〇〇商品が含まれています。そのほとんどが赤字です。われわれは事業の『絞りと集中』を図ります」

星鉄也たちはどのような考え方で絞るかにさんざん苦労した。

何度も五十嵐からダメが出た。この難渋のためにタスクフォース作業の最後は本当の修羅場になった。眠れない日が何日も続いた。

ようやく、「市場の魅力度」（今後の成長性や市場規模など）と「当社の優位性」（商品特性、技術力、チャネル、ブランド力などについて将来を見通して競合と比較）を掛け合わせたマトリックスを作った。

この種のマトリックスとしてはとりわけ新奇性はないように見えるが、その会社のそのときの状況にぴったりくるセグメンテーションに行き当たらなければならない。

カギは**顧客が何を求めている**かだ。

営業マンを集めて討議をしたり、「好意的な顧客」と「そっぽを向いた顧客」への聞き取り調査を

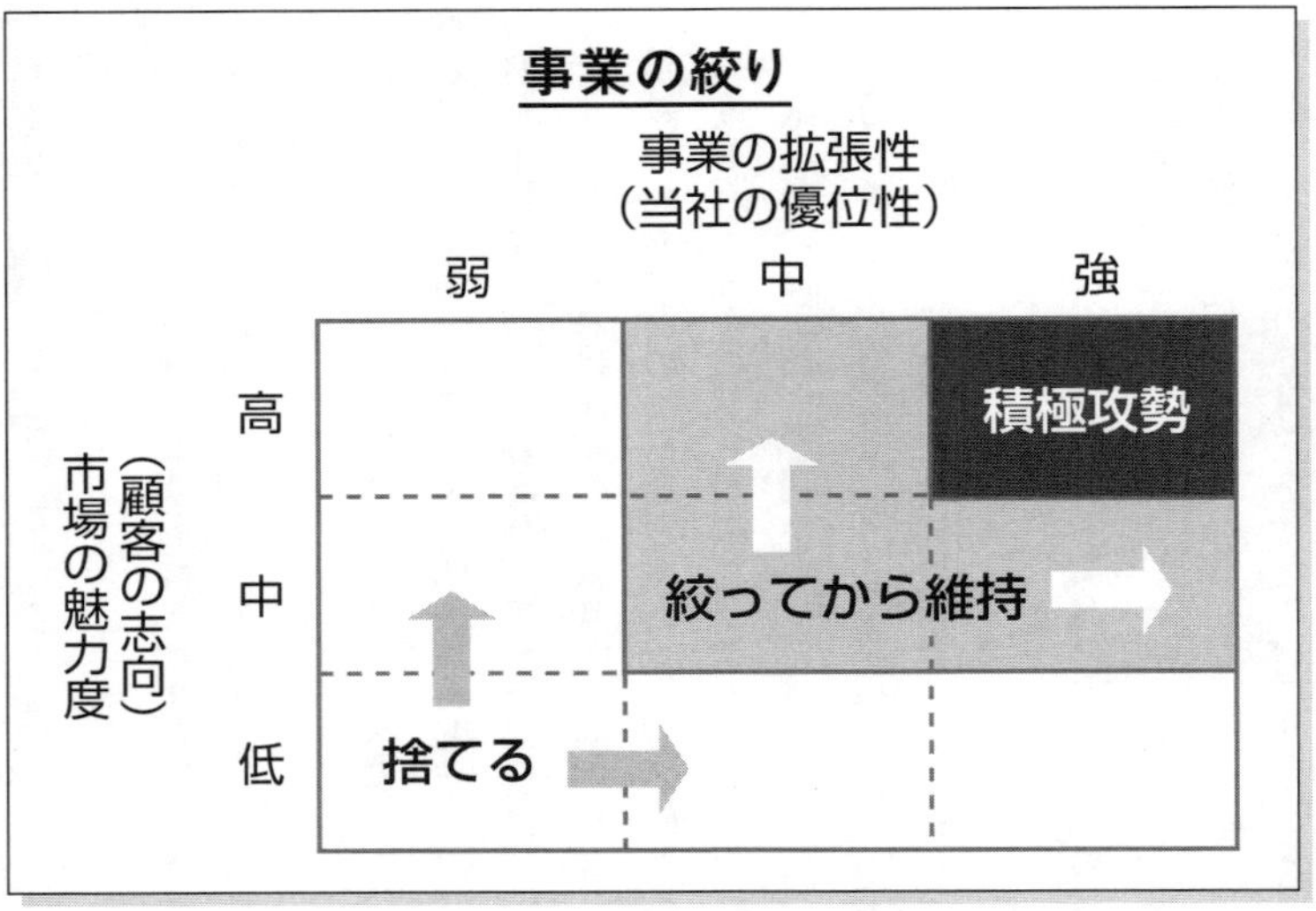

集中的に行い、顧客ニーズの把握に努めた。

詳しい説明は省くが、星鉄也たちのマトリックスには縦軸、横軸それぞれにもう一つのマトリックスが隠されていて、実は全部で五つの戦略要素が立体的に組み合わされていた。

星鉄也はこのマトリックスに基づく「絞りと集中」の戦略を語った。

「マトリックスの右上コーナーに入った商品は『積極攻勢』で打って出ます。その次のレベルは品目を厳選したうえで『維持』、最後のレベルはすべて『販売中止』です」

この手法でBU1の主要商品は二つが積極攻勢、三つが維持、二つが撤退になった。

香川社長は再び「これはいい」と思った。

旧体制で長年決め切れなかったのに、この三十九歳のスタッフが戦略を論じ、そこから思い切った「絞りと集中」の結論を導いてくれた。商品アイテム数で言うと約四三％もの大胆な品目削減だった。

要諦25　戦略マップとはトップの考えを幹部に徹底する戦略指針。マトリックスにするのが効果的。日本の大企業に多い漫談的、総花的計画書は戦略マップが持つべきコミュニケーション効果が薄い（拙著『経営パワーの危機』213ページ）。

このあと、開発の戦略が同じマトリックスで説明された。つまりマトリックスが、部門と部門をつなげる役割を果たしていた。それが戦略連携だった。

「従来二年近くかかっていた開発期間を短縮し、『積極攻勢』の中から一品目を選び、それを緊急プロジェクトとして六カ月で商品化します。既存技術の組み合わせですから可能だと思います」

香川は複雑な気持ちでそれを聞いた。そんなことができるのなら、アスター事業部のこれまでの経営はいったい何だったのか。

星鉄也はさらに生産部門でも、同じマトリックスに基づいて、コスト削減プロジェクトの優先品目を決めていた。

「どれも考え方は単純、しかし実際に機能させるのは簡単ではありません。カギはBU社長がこだわり続けるかどうかです。トップによる**しつこいフォロー**があるかないかです……」

要諦26　本書では「考え方は単純」という表現がよく出てくる。基本に忠実な組織を愚直に作っていけば、会社は元気になることが多いのである。

「さらに、営業部も開発と同じ戦略に従って動きます」

今までアスター工販の営業マンは、C～F商品群のすべてを対象に、実質的には「なんでもいいから売ってこい」という営業活動をしていた。

営業マンの頭の中は、たくさんの商品がごっちゃで散漫だった。一つひとつの商品知識も薄かった。

しかしBU1に所属する営業マンは、これからC商品群のことだけを考えればいい。しかも「積極攻勢」の二品目の徹底トレーニングを受けて、朝から晩まで同じことを考えながら走り回る。

「維持」商品は、そのついでに売り込むという位置づけであった。

要諦27 営業戦略のカギは、いつも営業マンの頭の中をスッキリさせておく、つまり彼らの**心理的集中**を確保することである。

しかも営業部隊の背後には、今までとは打って変わって、戦略商品を軸にしてビジネスユニットの「創って、作って、売る」の強力な援軍がつく。緊急開発プロジェクトで新商品が短期間で開発される。工場におけるコスト削減活動も優先的に進められる。

小さな組織の中で、クレーム対策なども早く動くことになるだろう。

こうした動きを見れば、営業マンは元気づけられ、自分が売ってこなければ開発や工場の人たちに顔向けできないと頑張る気持ちになるという狙いだった。

営業活動の「絞りと集中」

「営業マンに重点商品を指定することは、どこの企業でも行っています。しかしわれわれはその先を目指したいと考えます」

そう言って星鉄也は、BU1における**営業戦略マップ**とそのフォローアップ方法を説明した。

五十嵐と何日も膝を突き合わせ、検討を重ねた中からひねり出した戦略ツールだった。

それは営業マンがC商品群の戦略商品を、自分の担当地域の中のどの顧客に行けば、「売り込みに成功する確率が高いのか」を示す手法だった。

つまり「営業戦略マップ」は営業マンに「この顧客に重点的にアプローチしろ」と教えるばかりでなく、「この顧客のところには行くな」と教えるものだった。

営業マンに持たせたパソコンにそのソフトを入れると、営業マンは自分の営業活動を組み立てることができる。しかもそれは営業部長にもつながっている。

「BUの営業部長は、営業マンが指定セグメントを本当に訪問しているのか、余計なところに行っていないか、などをデータとして把握できます」

「そして重点顧客それぞれについての拡販活動がどの程度進んでいるのかという『顧客別進捗度』も見えてきます」

要諦28

筆者の体験では、戦略の内容の良し悪しよりも、トップが組織末端での実行をしつこくフォローするかどうかのほうが結果に大きな影響がある。戦略を決定したらそれで自分の役割が済んだつもりのトップは多い。

要諦29

営業部隊に戦略指針を与えても、その実行をモニターするシステムがなければ、戦略は往々にして骨抜きになる（営業セグメンテーションとその進捗フォローについては、拙著『戦略プロフェッショナル』ダイヤモンド社、190ページ参照）

星鉄也は営業出身の古手川修や赤坂三郎たちと、世の中で使われている営業ナビゲーションソフトをいろいろ見たが、どれも不満だった。高額な導入費用の割には戦略とのつなぎが弱かった。

そこで独自のソフトを自分たちで作ることにした。若いパソコンおたくの社員一人に命じ、マイクロソフトのアクセスとエクセルを組み合わせれば短期間で作れる。

最後に星鉄也は、ＢＵ１の今後三年間の損益計画を示した。

「二年目の上期には期間損益を黒字にするという計画です」

香川は半年ほど前、黒岩莞太を大阪から呼んだときの会話を思い出した。

自分で二年以内の黒字化を命じておきながら、莞太が「一年目の後半には単月黒字の月を出す」と言ったときにはぎょっとしたものだ。

何としてもこれを実現してもらわなければならない。

攻めの人員削減

このあと古手川修が登場し、ＢＵ２のビジネスプランを説明した。猫田洋次と赤坂三郎がＢＵ３の説明をした。いずれも話の構成はＢＵ１に似ていた。

製造部次長の大竹政夫が生産戦略、調達戦略を説明した。

最後に事業企画室の原田太助が新生アスター工販全体の損益見通しを解説した。その中には新たな「発見」が含まれていた。

「実はこのビジネスユニット制を導入すると、必要な人員数が増えるどころか、相当の合理化効果の出ることが分かりました」

香川五郎には常識に逆行する現象と思われた。組織をこま切れにすれば、人を増やさなくてはならないのがこれまでの常識だ。

原田によれば、「商売の基本サイクル」を短絡化することによって、リエンジニアリングで言われる組織の「中抜き現象」が典型的に出るというのである。

社内では、これまでのたび重なる人員削減によって、これ以上の合理化は無理だと信じられていた。人をさらに減らせば、「事業が壊れる」と思われていた。

しかしタスクフォースの分析では、F商品群の撤退効果とは別に、さらに一〇%近いスリム化が可能になるというのである。

香川は不思議だった。どうしてそんなことが可能になるのか。そのメカニズムは何なのか。

1　工場の生産管理、資材、製造、生産技術などの機能を各ビジネスユニットに分散させると人を増やす必要があるように見えるが、各ビジネスユニットの中で「一人何役かの多能工化」を図ると、全体として人を減らせることが分かった。

2　新生アスター工販の中に新たに三人のBU社長を置くが、その代わり他の役員は大幅に減員できる。

3　機能別組織の発想の下でアスター工販以外にもいくつかの小さな生産子会社などが存在していた。これらを「創って、作って、売る」の概念でビジネスユニット組織の中に取り込む。機能の重複分だけ人が浮く。

4　営業の支店長、営業所長らがいらなくなる。支店、営業所の間接人員も、本社事務センターに集約することでかなり削減できる。

横から黒岩莞太が補足した。

「以上の合理化効果が期待できますが、この改革では『人減らし』を行うわけではありません。浮いた職種の人は社内で他の仕事に回ってもらいます。つまり人員削減効果はリストラに使うのではなく、『攻めの戦略』に振り向けたいと思います」

黒岩はこの人員削減効果を前向きの隠し財源にしておくつもりだった。その意味はこうである。アスター工販が社員数をあと一〇%減らしたからといって、この大赤字から脱却することはできない。黒岩はそんな中途半端な人減らしは最悪の選択肢だと思っていた。

これは社員に打ち出す改革のトーンがまるで違ってくる重要な分かれ目だった。

要諦30 戦略的な**攻めの改革**が「人減らし改革」だと受け取られてしまうと、改革者のやることなすことすべてに対して社員は防御的になる。これらの二つを同時に打ち出すことは愚策である。

組織をただ小さくすることだけを考えるなら事業清算に走ればよい。しかし今回立てたシナリオは**戦闘力の結集**だ。

そのためには彼らの「マインド・行動」に強烈に働きかけていかなければならない。

黒岩莞太は「絞りと集中」の論理を組織面に当てはめ、営業や開発はむしろ増員する政策を打ち出すつもりだった。

香川社長は「分かった」という表情で黙って頷いた。

これで今日のすべてのプレゼンテーションが終わった。

トップの共感

ディスカッションの時間が残されていた。香川はメガネをはずし、目の前に座っているタスクフォースのメンバーをぐるりと見渡した。

皆は固唾をのんで、香川の第一声を待った。

社長は穏やかな表情で、ポツリと言った。

「君たち、よくここまで整理してくれた……」

さりげない言葉だった。しかし明らかに肯定する言葉だった。

そのひと言を聞いただけで、皆の感情が揺れた。

星鉄也も、青井博も、その場にいたタスクフォース全員が同じだった。彼らはホッとして、言いようのない安堵感を覚えたのである。

この四カ月間、ずっと不安だった。

最後に「何だこれは」と否定され、葬り去られるのではないかと恐れてきた。この会社で前向きに仕事をしようとした者は、誰もが過去にそんな経験を持っていた。

しかし今、社長は自分たちの仕事を認めてくれた。

もし香川社長が批判的な態度なら、このあとどれほどの混迷が生じるだろうか。改革チームは何がなんでもここでお墨付きをもらわなければならないという背水の陣だったのである。

川端祐二が横を見ると、黒岩も五十嵐も微笑して、明らかにホッとした雰囲気だった。

しかしまだ、香川社長のコメントは終わっていなかった。

突然、思いがけない言葉が社長の口をついて出た。

「……アスター事業部がこんなことになったのは……これは経営者の問題だね……ここまで問題を放置させたのは……社長である私の責任だと思う」

会議室が一瞬、沈黙に包まれた。

タスクフォースの面々がさっきから感じていた安堵感は、一瞬にして感動に変わった。

四カ月前、黒岩莞太が皆に言ったことが、そのまま実現したのである。

香川社長はたった今、目の前で、「これはひどい……しかし自分もまずかった」と言ってくれたのである。

星鉄也や古手川修たちは、ついさっきまで遠い存在にすぎなかった香川社長との距離が一気に縮まったような気がした。

「正直な感想を言えば、F商品群の撤退にとどまらず、もっとドラスチックな事業縮小案が出てくるものと私は予想していた」

しかし今日のシナリオは、ほとんどの事業を温存して活性化を図る内容である。この一〇年間に繰り返された改革失敗の再現にならないか。さらに赤字を垂れ流すことにならないか。

しかし香川五郎はこのシナリオに異論を挟む気はなかった。とりあえず自分に選択肢はないと思った。この作業をやり直させることは、時間と情熱の喪失を生むだけだろう。

アクションを始めさせることが先なのだ。ダメだったら事業をつぶす。それしかない。

「この戦略でどこまで行けるか……君たちが考えた通りにやってみればいい」

黒岩莞太と一緒に、一同が神妙に頷いた。

「ただし……私の立場は鮮明だ。とにかく期限は二年間。それを超えて、アスター事業部が他の事業部の稼ぎを食いつぶして温々《ぬくぬく》と生き延びることはいっさい許さない……一円たりともだ」

川端祐二、星鉄也、古手川修、赤坂三郎……その場にいた全員がこの社長の重々しい声を胸に納めた。

「私も君たちを応援するよ」

経営トップとして責任を果たすという意味だった。

それ以上の質疑はなかった。

ニコニコしながら香川と二人の同席者が退出すると、黒岩莞太は両隣の五十嵐と川端に握手を求めた。

がっちりと手を握ったあと、タスクフォースの全員に太い声で言った。

「この案でいよいよ、出発進行だ！　皆よく頑張ってくれた」

「まず全員、一週間の休みをとってくれ。改革の本番に入ったら、またしばらく休めなくなるから……」

このあとは役員会での説明、アスター事業部幹部へのプレゼン、そして全国の社員への説明。

香川社長の承認によって、タスクフォースは吊り橋に第一歩を踏み込んだ。賽は投げられたのである。

改革シナリオの説得性

改革作業の時間軸

日産自動車の改革に乗り込んだカルロス・ゴーンは、二〇〇〇年四月に来日してから最初の約一〇〇人のミドルと面談するのに一カ月しか要しなかった。当時の塙《はなわ》社長は、予想できないスピードだと新聞記者に吐露した。

そしてゴーンは改革のための九つのCFT（クロス・ファンクショナル・チーム）を組み立て、それを七月五日に正式発足させている。着任後わずか二カ月余。

それに対して、黒岩莞太がアスター事業部長に着任し、五〇名の面談を行い、タスクフォースを任命するまでが、同じ二カ月。

ゴーンが複雑なCFTでの作業をすべて集約し、日産リバイバルプランを発表したのが十月十八日だから、その間わずか三カ月半。それに対して黒岩莞太がタスクフォースに求めた作業期間は四カ月。

ゴーンと黒岩がそれぞれの会社に登場したあとの行動の時間軸は、不思議なほど似ているのである。

三枝匡の経営ノート 4

もちろん本書のストーリーは日産自動車とは何の関係もない。話の時間軸は本当にあった事例に合わせてあるが、業界は異なり、事業規模も上場企業の事業部とはいえ、日産に比べれば遥かに小さな組織である。

両者の唯一の共通点は、大赤字で追いつめられた組織（それでもなお危機感が低い「鈍《どん》」な組織）に外部からプロ経営者が入ったということだ。その改革行動の時間軸が酷似していることにわれわれは何を見いだすか。

改革リーダーは、**凝縮された時間軸**の中でプロジェクトを立ち上げ、優秀な社員を極限まで追い込み、彼らの隠れていた能力を最大限に引き出そうとする。そのためには、最初の段階から**組織のスピード感応性**を強引にでも変えていくことが必要なのだ。不振の大組織を蘇らせるにはそれが不可欠のステップである。

しかし私の経験では、このリセットは相当な力仕事になる。動きの鈍な古い組織が改革者に反発する最初の理由がこれだからである。

川端祐二たちタスクフォースの四カ月間の奮闘を知れば、読者の中には、巨大会社日産自動車のリバイバルプランが三カ月半で作成されたという事実を、奇跡に近いと感じる人も多いだろう。

その作業に参加した日産社員にとっては、大変な修羅場だったに違いない。しかし大胆に推論すれば、そのプラン作りは**意外に大雑把**に行われたのではないか。あるいは既存計画を修正し、それをかなり取り入れる形でまとめ上げたのではないか。作業期間が短いので、そんな推測の余地も出てくる。

その点では、黒岩たちの改革シナリオ作りは、分析データさえゼロから掘り起こさなければならなかった。大変な作業になったのはそのせいでもあった。

しかしこれは必ずしも、精緻な計画作りが自慢話になるという意味ではない。抜本的改革案を作り上げるときに、プランニングの「修羅場」と「意外に大雑把」の組み合わせは重要である。全体俯瞰と大胆な選択を常に忘れず、しかしＫＳＦ（キー・サクセス・ファクター）だけは緻密に押さえろという意味だ。

ハイテンションの作業を乗り切るためには、現場に身を置いてトップダウン主導の大なたが振るわれ続けなければならない。どこの企業でも改革初期には、従来の社内常識からすれば信じられないほど粗く大雑把な切り口で、上からバサバサと問題が整理されることが起きるのである。

頭でっかちの経営コンサルタントには手も足も出ないほどの効率のよさと決断力をもって、現場型経営者は文字通り汗にまみれながら、問題の整理をつけていく。

そうでもしなければ、これほどの短期間に**真剣勝負**（文字通り、一度の勝負で生きるか死ぬか）の改革プランをまとめ上げることなど、できるはずがないのである。

二つの心理環境

タスクフォースはここまで厳しい四カ月の作業に耐えてきた。その苦労話を読み進むに従って、読者は一種の自慢話を読まされていると感じたかもしれない。しかしそれは違う。彼らにとって、これは美談とか格好のいい話ではない。

彼らのそれまでの経営経験とか戦略立案スキルがあまりにも低く、つまり非常に素人的であったために、いきなり崖っぷちに来て塗炭の苦しみを味わったというのが実態なのだ。それは私がこれまで不振事業の活性化を手がけたすべてのプロジェクトで同じだった。社内でトップクラスの人材でも、それまで経営の鍛錬の場が与えられていたことは少なく、何をどうしていいのかアイデアさえ出てこないというところから始まる。

アスター事業部のタスクフォースメンバーは、あとで振り返って、「辛かった」「鬼気迫るものがあった」「狂気にも似た執念だった」と言った。

彼らがそれほどまでに苦しく感じた理由は、彼ら自身のレベルが初め低かったこともあるが、同時にそれを黒岩莞太や五十嵐が不退転の決意で一気に引っぱり上げようと臨んだからである。

そのためメンバーは辛いと感じたのだが、しかしこの程度の集中的緊張状態は、プロの経営コンサルタントの世界では決して珍しいことではない。タスクフォースの代わりにコンサルタント会社が入れば、一〇名どころか、その半分以下の人数のコンサルタントしか投入しない。そしてプロのコンサルタントたちは川端たちと同じかそれ以上に猛烈に働く。

だから、これまで経営の勉強をあまりしてこなかったタスクフォースの面々が、先の見えない闇夜の中をグースの一群のように必死になって飛んでいる様子は、自分が優秀だと思い上がっているプロの人から見れば素人集団の滑稽に見えたり、社内の批判派から見れば張り切り坊やたちのお遊びという皮肉な見方をされかねないのである。

とはいえ、企業が大金を払って外部のプロに戦略立案を任せたら、プレゼンテーションはきれいにできているが、中身は現実の事業展開に使えないという事態はよく聞く話だ。

逆に、さして勉強もしていない経営幹部が「これは自分たちの内部の問題だ」と言って、社外の知恵を借りることを否定するまではいいが、結局自分できちんとした立案ができず、問題解決を先延ばしにしたり、お粗末な計画を実行して問題を解決できないケースも日常的に発生している。

つまり複雑な戦略問題を外部者任せにしても、あるいは逆に内部者だけで解決しようとしても、いずれもおかしな結果になることがしばしば発生しているのである。

この図式に当てはめて言えば、川端たちはちょうどその両方がミックスした環境に置かれていた。社内の素人集団とはいえ、苦労しながらなんとかプロの壁に近づき、それを越えようとしていた。

その力の源泉は何だったのか。

第一の要素は、改革経験と外部知識を持つ黒岩莞太や五十嵐が、彼らにコンセプトやスキルを与え、一貫して高い要求基準を示し続けたことである。つまりタスクフォースの中で、それなりの「プロ的思考マインド」が初めから確保されていた。それは日本企業の社員だけでは生み出しにくい心理環境である。

それに加えて第二の要素は、香川社長→黒岩→川端→五十嵐→タスクフォースの全員が、改革の「目的」と「意味」を完全に理解し、自分たちの問題としてリスクに立ち向かう「経営者的行動マインド」を生み出していたことである。

一人の人間がこれら二つのマインドを同時に兼ね備えていれば、その人はいわゆるプロの経営者になる条件を満たしている。実はそれに似た組み合わせが未熟な形とはいえ、タスクフォースの坩堝《るつぼ》の中で実現していたのである。

もちろん世の経営コンサルタントが企業から請け負うプロジェクトでも、相手企業の選抜社員とチームを組むことは頻繁に行われている。

しかしリーダー役になる外部コンサルタントの多くは「プロ的思考マインド」は強いが、一般に「リスクに立ち向かう経営者的行動マインド」は口ほどでもないことが多い。だからコンサルタントと社員が混成チームを組んだ改革プロジェクトでは、コンサルタントが本気で社内で戦うような強い改革リーダーシップを発揮することは少ないし、そもそもそこまで期待されていないことが多い。

それに対してアスター事業部のタスクフォースでは、プロ的思考マインドが強く維持されただけでなく、黒岩自身の「リスクに立ち向かう経営者的行動マインド」が、メンバーに強いインパクトを与え、それが皆には「鬼気」「執念」と感じられたのである。

このように、閉塞感の強い日本企業の組織が「攻めの文化」を取り戻すためには、高い見識の「プロフェッショナリズム」を外部から引き込みつつ、社員が「自らリスクに立ち向かう経営者的行動マインド」を持てるような心理環境を実現することが必要である。

別な言い方をすれば、それは「プロフェッショナリズム」と現場の「熱き心」の合体でもある。これは簡単なことではない。しかしそうした改革チームを編成しないことには、凝り固まった組織の閉塞感を打ち破ることはできないのである。

改革シナリオの仕掛け

日本企業の中で、黒岩莞太らが行ったような改革プレゼンテーションは現実に可能だろうか。これは作り話ではないのか。典型的な日本企業に勤めている人なら、多少なりともそのような疑念を感じているかもしれない。確かに外部コンサルタントが来て喋るならともかく、人間関係に気をつかう同じ村の住民が、これだけのことを言い切るのは容易ではない。

しかし太陽産業では現実にこのプレゼンが行われた。次章で描かれるように、このプレゼンは改革の中で決定的に重要な役割を果たし、七年来の赤字から短期間で脱却するという成果に結びついていくのである。

いかなる改革もすべての出発点は「強烈な反省論」と「改革シナリオ」である。アスター事業部でこの鮮明な改革案が作り上げられ、それが社内に受け入れられていったのは、どのような要素によるのだろうか。ここで整理をしておこう。

1　経営陣が不退転の決意を固めていた。会社首脳の厳然たる姿勢が、タスクフォースの背中を押していた。

いずれアスター事業部と同じになりかねない不振の日本企業はいくらでもある。最後まで追い込まれるのを待つのではなく、改革者たるべき人がどれほど開き直れるかの問題である。

三枝匡の経営ノート 4

2　タスクフォースのメンバー選定が適正だった。

黒岩がメンバーを選んだ基準は、既存の枠にとらわれない者、とんがった者、独自の見識を新鮮に語れる者、改革が終わったあとラインで事業推進のできる者、気骨のある者など前述の「A3積極行動型」に適合する人材である。一匹狼のはずれ者や社内政治をそのまま持ち込む人物を避けることに注意が払われていた。

3　黒岩莞太はこのプレゼンを作りながら、社員の心理をどこまで追いつめればいいのか、そして越えてはならない線がどこにあるのかを必死に計算していた。

救うのが目的だから、壊してしまっては意味がない。変革という重い荷車を押して峠を上り、うまく「変化の分水嶺」を越えることができれば、荷車は自分で転がりはじめる。しかし組織変化がもっとも激しく進行する最適領域のすぐ横には「死の谷」が横たわっている。死の谷に落ちる手前の崖っぷちが「カオスの縁」（第3章）と言われるものである。

歴戦の経営者はカオスの縁に沿って、死の谷を時々覗き込みながら「分水嶺」を目指して峠を登っていく。それがもっとも効率よく変革を達成するルートだからである。

しかし経営経験の少ない人には、「変化の分水嶺」も「カオスの縁」も、どこにあるかは簡単に見えない。学者的に言うのは簡単だが、経営現場では完全に手探りの状態だ。

そこでわれわれ実践者は、積極的な性格の人ほど、いくら気をつけてもしばしば「カオスの縁」から転げ落ちる。転げ落ちてから振り返って見ると、そこが死の谷の縁だったと分かって「まずかった」と思うのである。

それが失敗から学ぶことの意味であり、また経営者予備軍を鍛えるポイントでもある。黒岩が変革のシナリオ作りをタスクフォースに任せ切りにせず、現場で彼らと一緒に作業をしたのは、この計算を間違えないためだったと言っても過言ではない。

4　タスクフォースの分析は、何らかの経営コンセプトで裏づけられていた。つまり、「論理の権威づけ」が工夫されていた。

行動が誰か個人の独善的判断で固められたものではなく、合理的な経営論理で検証されていることを示せば、聞く者の納得性は飛躍的に高まる。

5　圧倒的な量の「データによる事実の裏づけ」を行った。

組織の政治性を抑え込むためには、データと事実の提示が重要な役割を果たす。

6　反省論やシナリオ作りに現場のミドルが加わり、改革を「自分たちの問題」と受け止める雰囲気作りが行われた。

改革への共感を広めるうえで不可欠のステップである。ただし、引っ張り込む社員やサブチームの運営を間違えると毒にもなる。本文中で若手社員が改革に反対して欠席する事件が起きたが、これなどは起こり得るトラブルの氷山の一角にすぎない。

7　タスクフォースが言いにくいことは、黒岩莞太ないし外部コンサルタントの五十嵐が引き受けるという役割分担が行われていた。

もし川端祐二やタスクフォースのメンバーが強烈な反省論を語れば、「同じ社員のおまえらに言われたくない」という反応が出やすい。そこで第三者あるいは「歴史の部外者」が問題点の指摘を行った。それを逃げとして行うのではなく、「4 論理の権威づけ」と組み合わせ、納得性を高めることが重要である。内容のレベルが低ければ、今度は「分かっていることをそと者に言われたくない」という反応が強まる。

8 聞く側にも相当の心の準備があった。

業績が長年低迷し、自分でもまずいと思っている社員は、厳しい原因分析に耐える心理状態になっている。そのためにも改革者はオープンなコミュニケーションに努め、ストレートに真実を明らかにする工夫を先行させなければならない。


改革の初期段階では、改革先導者（イノベーター）は社内の絶対少数派である。改革を成功させるためには、改革者は社員の心理的分布を「移動」させ、改革への賛同者を増やさなければならない。

黒岩莞太らの用意した鮮明なプレゼンテーションは、社員に現実直視を迫り、「改革を支持することが正しい行為である」ことを短時間で効率よく認識させるための方策であった。それによって、社員の心理的分布を一気に「移動」させることを狙っているのである。

水面下の戦いは、あるときを境に突如として水面上に姿を現す。いよいよ改革者にとっての勝負どころ、自分の身が危険にさらされる時期が始まる。

賽は投げられた。

あなたがやわなリーダーと一緒に渡ろうとするなら、この先にはあまりにも怖い「死の谷（デスバレー）」が横たわっている。

黒岩莞太たちはその谷をどう渡っていくのであろうか。

第5章

熱き心で皆を巻き込む

——改革シナリオを現場へ落とし込む

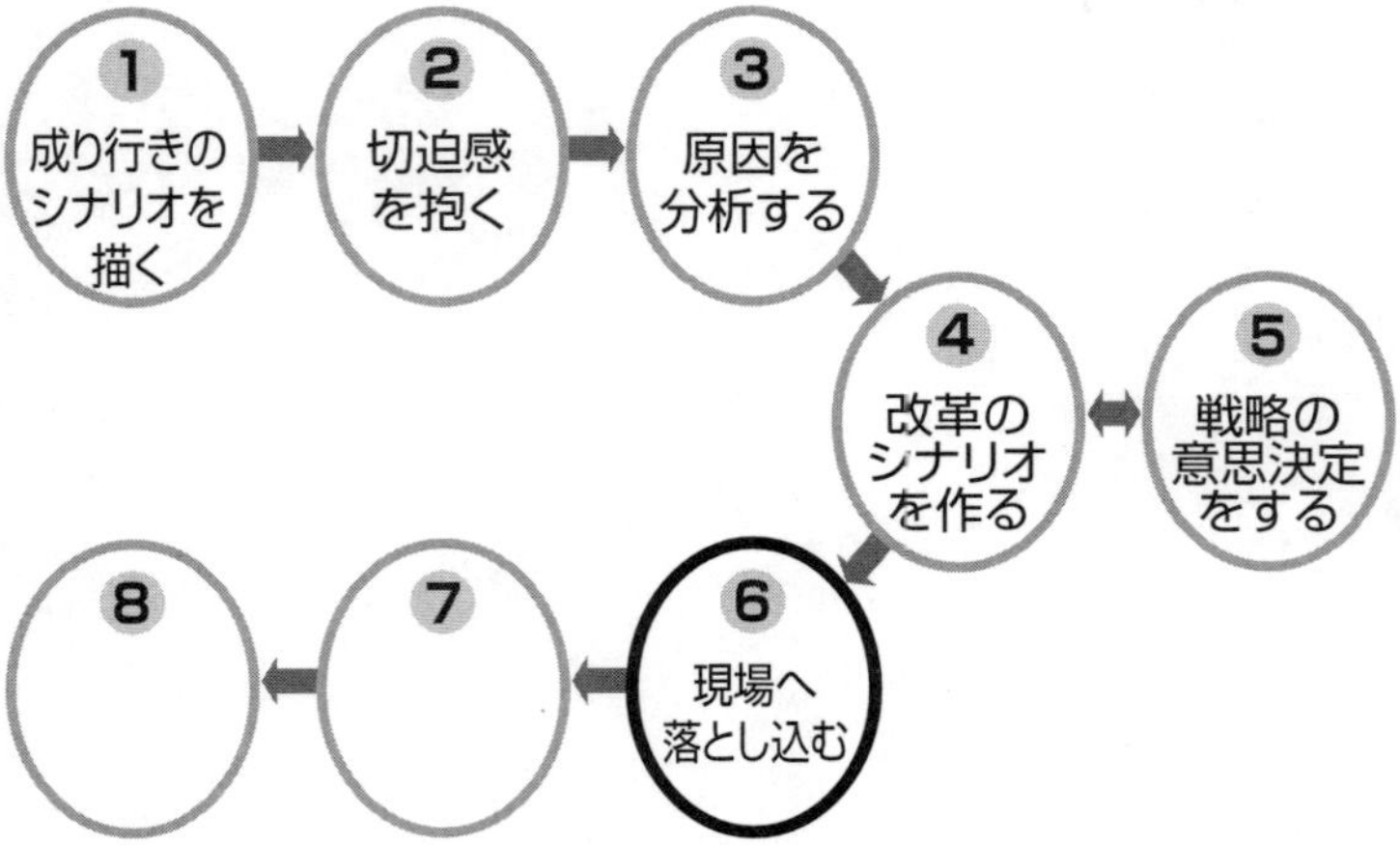
1
成り行きの
シナリオを
描く
2
切迫感
を抱く
3
原因を
分析する
4
改革の
シナリオ
を作る
5
戦略の
意思決定
をする
6
現場へ
落とし込む
7
8

淡々たる退場者

改革シナリオが香川社長によって承認された二日後、黒岩莞太はアスター事業部の幹部数名とアスター工販の役員に対し、約三時間かけて同じプレゼンテーションを行った。

香川社長へのプレゼンと違って、前半の「反省論」はすべてコンサルタントの五十嵐が話し、後半の「改革シナリオ」は黒岩とタスクフォース・リーダー川端祐二が話した。

客観的立場の外部コンサルタントが厳しい現状分析を行い、それを受けて今後の取り組みを内部のトップが提示するという組み合わせであった。

黒岩はタスクフォースのメンバーをこの矢面に立たせるつもりは初めからなかった。

黒岩にとって、これは「決定」の伝達であり、この改革シナリオの内容の良し悪しを幹部に「議論させる」余地はゼロだと考えていた。

そのためにこそ、この四カ月間、死ぬ思いでシナリオの**現実性チェック**を行ってきたのだ。

この改革シナリオを聞けば、幹部レベルの人事が相当に入れ替わることは容易に予測できる。リストラの人減らしは行わないが、過去の経営責任は明確に問わなければならない。

この種の改革では経営陣を一新し、過去に訣別を告げて社内のマインドを未来に向けて結集させていくことは、絶対に避けてはならないステップだった。

だから黒岩莞太は、この会議の出席者の中から「D2更迭抵抗型」の反応を示す幹部が出てくるだろうと覚悟していた。

しかし、幹部の反応は意外に静かだった。

《アスター工販吉本社長の話》（人事更迭者「D1更迭淡々型」）

実は、一〇日ほど前に黒岩事業部長に呼ばれ、改革案の基本的な考え方だけはすでに聞いていたよ。そのとき、事業部長は「改革対象はC～E商品群」「アスター工販と事業部は組織一体化を図る」と言っていたので、私はアスター工販を事業部に吸収するのだろうと思った。

だから私のポジションもなくなるのだろうと覚悟していたよ。

しかし昨日のプレゼンでは、アスター工販に全組織を移して統合を図るという話だから、社長ポジションは残るということだね。しかし私が身を引くのは避けられませんよ、これは。

私個人への批判めいたコメントは何も出てこなかった。しかし……なかなか鋭い内容で、私が反論する余地はないと思ったね。

ここ二年ほど、いくらあがいてもシェアが下げ止まらず、正直に言えば、私としては手詰まり状態だった。だからしようがないね。

しかし、最近一年間で市場シェアを大きく失い、「負け戦が加速」なんて言われて……それほど深刻だと思っていなかったのも事実でね。

営業末端で「戦略が骨抜き」という指摘は、今まで私になかった視点だった……言われてみればその通りかもしれない。私らとは違う切り口というか、ものの見方だと感じた。

ただ、「創って、作って、売る」が断絶しているという話、あれは誰もが昔から分かっていたことだと思うね。

私だって被害者だよ……私はC～F商品群の事業責任者みたいに言われながら、実際には開発も生産も支配下にないんだから、冗談じゃない。

でも私が被害者と言ったのでは、私の部下は立つ瀬がないよね……（笑）。

プレゼンの内容に不満？　いえ、あれに反論したって……われわれはサラリーマンですから、社命に従うまでのことだよ。

でも正直……少し落ち込んだ気分だね。半年前に春田常務が引いたときに私も辞めるべきだった。過去にしょっちゅう事業部長が代わって、そのたびに政策も変わって、社員は上を信頼していない。今度こそぜひ成功してもらいたいと思うよ……本心で。

アスター工販の経営陣には、潔く身を引くように私から話す。管理職が不安になって組織がガタガタするのが一番怖いから……新しい方針に従うよう私から口添えするつもりだよ。


《アスター工販常務取締役の話》（人事更迭者「D1更迭淡々型」）

先日のプレゼンは……あれだけ徹底的に分析して切り刻まれちゃうと、反論しにくいですね。言われてみれば確かにそうかという面もあるし……。

この七年間に連結一五〇億円の赤字という数字は、恥ずかしいことに、常務の私も知りませんでした。びっくりしました。

そういう経営のシステムがこの会社の甘えを生んだという指摘は、当たっているでしょうね……人ごとみたいですが。

子会社の役員になったからといって、大して給料が上がるわけでもなく、責任ばっかり追及されて……ふざけるなと言いたい気持ちもありますよ。でも、それを言ったら社員に申し訳ないので、黙々とやってきましたが。

あのプレゼンで実態がすべて表に出ますから、社員にはショックでしょう。

私の進退ですか……組織がビジネスユニットごとに分解されてしまうので、私のポジションはなくなると吉本社長から聞きました。

あんな新組織がうまくいくのかどうか、分かりませんけど……まあ、辞めるまでの期間は最善を尽くすようにします。

《アスター工販取締役営業部長の話》（人事更迭者「D1更迭淡々型」）

私は取締役を退任することになるだろうと、吉本社長から言われました。

社内ではかねがね、経営責任をとらないトップへの批判が聞こえていました。だから、私としては「これでけじめがつく」とホッとしている面もあります。

ただ、この事業が好き、というより私はこれしか知らない人間なので、アスター工販の中にとどまらせてほしいと思っています……なんでもやりますから。

自分には皆の声に応えられるほどの力量も権限もありませんでした。役員になってからこの四年間というもの、私にとっていいことは何もありませんでした。

今回の改革の説明を聞いて、これだけのことができるのは香川社長が乗り出してきたからだと思います。黒岩さんも力強いし……。

歴代の事業部長もアスター工販社長も、これまで人間的なしがらみ、組織の軋轢など大きな障害に阻まれて……。

まあ、自己弁護という意味じゃないけど……「絶対的な権力」を持たない限り、その障害を打破することは誰にとっても困難だったと思いますよ。

ですから……これでいいのじゃないでしょうか。

過激派の出現か

一週間後に黒岩莞太たちは、全国の管理職に対する説明を始めた。

管理職を一度に集めるのではなく、黒岩たち主導チーム三人が全国七カ所に出向き、なるべく少人数を相手に、親しく肉声で説明して回った。いわば**巡業公演の旅**だった。

要諦31　改革シナリオのプレゼンテーションは、一度に多人数を集めて機械的に行うのではなく、なるべく聞き手の表情が分かる人数を相手に、一人ひとりの目を見ながら話しかける。

その説明内容は、香川社長や経営幹部に対して行ったプレゼンと大きな違いが一つあった。それは今回、管理職には前半の「強烈な反省論」だけを話して回ったことである。

予定では三週間後に再び全国を回り、そのときは一般社員を含む全社員に対して後半の「改革シナリオ」を発表することにしていた。

このような手順をとる理由について、黒岩は川端にこう言った。

「管理職にはまず『強烈な反省論』だけをじっくり聞いてほしい。事業閉鎖の可能性を言われるほど追い込まれたのはなぜか、自分の脳味噌でよく考えてもらいたい。『これまでの経営はひどかった、しかし自分もまずかった』と思ってもらいたい」

川端祐二は少し心配だった。

「悪い話だけを流し、新方針を示さなければ、皆が不安になって社内が混乱しませんか」

要諦32　単なる批判と誤解されないために、「強烈な反省論」と「解決案」は抱き合わせで発表するのが常道だ。黒岩はショック療法を狙った例外的ステップをとっている。

黒岩莞太は頷きながら、答えた。

「私の読みでは……三週間くらいの時間差なら……混乱までは行かない。このたるみ切った組織の『危機感不足』を一気に解消するには、これが最後のチャンスだろう。不安になったり、多少の殴り合いがあるくらいでちょうどいい（笑）」

殴り合い？　そんな冗談まで言って腹を据えている黒岩を見て、川端祐二はまた一つ、経営者のありようを学んだ。

そしてタスクフォース・リーダーの自分が不安な顔をしたら、一番まずいと思った。

「その間、われわれは新体制のトップ人事を固め、上の承認をとる。三週間後、解決シナリオを社員全員に発表するときには、同時に新経営陣が前に立ち、社員に向かって決意を表明する……」

それが黒岩の、社内を一気にまとめ上げていく筋書きだった。

各地の説明会を前にして、黒岩莞太に不安がなかったわけではない。彼の頭から、六年前の苦々しい経験が離れなかった。

東亜テックの改革案の説明会で、元組合幹部の管理職が、新社長をおちょくる態度で批判し、会場は白けた。

前向きだったその場の雰囲気が、見る間に冷たくなっていった。

出席者のほとんどは、その「C2過激抵抗型」の行動を、「またあいつが始めた」とばかりに冷めた目で見ていた。

しかし一方で、困惑して立ち往生している黒岩がその場をどう切り抜けるのか、高見の見物で楽しんでいるように思えた。誰一人として黒岩を助けようとしなかった。

黒岩には危ない瞬間だった。不意打ちを食らい、汗の噴き出している新社長を見て、管理職は心の中で笑っているのかもしれなかった。

あれは東亜テック再建における山場の一つだっただろう。黒岩は汗を拭いながら改革の理念を熱く語り続けることでその場を切り抜けた。

幸いこのアスター事業部には、そのようなひねくれた社員はほとんどいないと思われていた。

しかしタスクフォースの面々は、プレゼンテーションが社内で無事に受け入れられるかどうかを非常に心配していた。

万が一にでも会議が紛糾し、対決を余儀なくされたなら……黒岩は改革の意味を諄々と説くのか……あるいは決然と「いやなら辞めてもらって結構」とまで言い捨てるのか……黒岩はその後の六年間に、硬軟とり混ぜてさまざまな経験を積んでいた。

管理職説明会の最初の会場は、アスター工販東京本社だった。

そこでいきなり、心配していた一つの事件が起きた。

会議の冒頭で、アスター工販の吉本社長が居並ぶ部下を前に会議の趣旨を説明し、改革への結集を訴えた。自分が退任することになると思いつつ、「D1更迭淡々型」の潔い姿勢であった。

次いで五十嵐が前に立ち、反省論の説明を開始した。黒岩莞太も川端祐二も隣に座って、居並ぶ出席者の反応を眺めていた。

一時間ほどたって五十嵐の話が半分近く終わった頃、一人の管理職が遅刻して会議室に入ってきた。以前からタスクフォースに対して斜に構える態度を見せていた人物だった。反省論の全体を理解するために聞いておくべき前半の説明は、その時点ですべて聞き逃していた。あらかじめ伝えてあった会議の性格を考えれば、よほどの事情がない限り、遅刻すること自体がすでに異常な行動だった。

彼は部屋の隅の席に座ると、ふんぞり返った姿勢でプレゼンを聞いた。その格好はあのサブチームで異論を唱えた若手社員にそっくりだった。

あたかも太陽産業の常務か専務がふらっと立ち寄って、「ちょっと聞かせてもらおうか」と偉そうに座っている風情に見えた。

すべてのプレゼンが終わり質疑の時間が来たとき、この管理職はふんぞり返って座った姿勢のまま、あごを出し、とんがった口調で発言した。

「『勝ち戦の循環』とか、『戦略不在』とか……何だか知らないけど……そんなのは問題の本質じゃないでしょう」

二時間かけて説明してきたプレゼンを無視して、「何だか知らないけど」の一言で、すべてを脇にどけてしまう態度だった。

黒岩はぞっとした。東亜テックのあのシーンに似ていた。

その場にいた本社幹部の全員が、好奇の目で改革リーダーの反応を見た。黒岩、川端、五十嵐の改革主導チームは衆目の集まる中、いきなり鼎《かなえ》の軽重を問われようとしていた。

要諦33 改革シナリオを発表したあとに、社内で**意図的な反対行動**が現れたなら、改革は「食うか、食われるか」の修羅場に突入する可能性が出てきたと解すべきである。

改革で社内がこじれれば、必ず、どちらかが死ななくてはならない勝負に転化していく。それが改革といわれるものの宿命である。

この管理職の態度は、改革への反応分類で言えば、間違いなく「C1確信抵抗型」だ。アスター工販の社長や本社事業部長がその場にいることを気にせず、股を広げた横柄な態度で発言しているところを見ると、いきなり「C2過激抵抗型」が出現したのかもしれなかった。

反対行動をとる社員には、説明、説得、叱責、切り捨てを含め、「熱い心」と「明快なストーリー」で徹頭徹尾指導し、改革者の「覚悟」を示すことが必要である。

要諦34　いったん改革をスタートさせたら、改革者は徹底的に意思を貫徹する。遠慮は禁物だ。そこで遠慮するくらいなら、初めから改革などぶち上げないほうがよい。

黒岩莞太は腹が立ちはじめていた。

このプレゼンテーションを聞けば、内容に賛成でも反対でも、決して手軽な作業で作られたものでないことは誰にでも分かる。相当の「覚悟」をもって出してきたことが分かるはずだ。

その男はそれを分かったうえで批判しているのか。あるいは経営リテラシーが低劣なためにその判断もできず、村社会の古い了見でお手軽な批判を口にしているだけなのか。

吉本社長が戸惑った表情で立ち上がり、管理職の質問に答えようと何かを言った。しかし何が言いたいのか、まるで押さえになっていなかった。それが黒岩の怒りに輪をかけた。

タスクフォースの面々がこの四カ月間、「この会社で叱られたことはなかった」「自分はこれまで甘かった」「もっと鍛えてほしかった」と感じたのはなぜなのか。

こんな場面でこそ、トップは厳しく部下を指導すべきなのだ。それなのに、アスター工販社長のこの迎合的な態度は何なのか。こんなことだから、この会社は外への戦闘力を失ったのだ。しかし更迭される身でありながら気持ちよく協力してくれている吉本社長に、それ以上期待するのは酷だった。

隣に座っていたリーダー川端祐二が、どう対応したものかと困惑した表情で立ち上がりかけた。

その川端の顔を見て、黒岩は再びハッとした。

それは、六年前の東亜テックで、恐らく自分が見せた困惑の顔と同じに違いないと思った。

経営経験が豊かになるということは、「どこかで見たことのある景色」が多くなるということである。黒岩莞太は黙っていられなくなった。

もしこの管理職が確信犯の「C2過激抵抗型」であれば、その場で叱りつける行動にはリスクがある。反対派を一気に団結させてしまう可能性がある。

しかし黒岩はそんな計算ずくめではなかった。

管理職のこんな行動がなぜ許されるのか。「この組織は腐っている」と腹を立てていた。

東亜テックのときは、汗をかきながら必死に皆に語りかけた。しかし今日の彼は、アスター事業部に来て初めての、すさまじい怒声を張り上げた。

「ちょっと待て！　君！　遅刻してきて話を初めから聞かず、横でふんぞり返って、『何だか知らないけど』とはなんだ？」

会議室の外にまで大声が響いた。

「赤字一五〇億円だ！　この死に体の事業をなんとか救いたいと、皆で必死にやろうと言ってるんだ！　この話がボロに見えようが何だろうが、せめて話を聞き、せめて内容を理解してからモノを言え！　この改革に失敗したら、その後に何が来る？　われわれは今日を出発点にして、なんとか道を探すしかないんだ。それなのに、そこでふんぞり返って……おまえはこの会社をつぶす気か？」

　すさまじい怒りだった。本人の目の前にまで歩み寄り、出口を指さしながら、「バカヤロー！　ここから出ていけ」と迫りかねない迫力だった。

　管理職は顔色を変えた。驚いて沈黙し、ようやくきちんと座り直し、こわばった顔で下を向いた。会議室全体が重い沈黙で覆われた。

　この会社で彼らが見たことのない「事件」だった。

　黒岩の激しい反応に心を動かされた者もいれば、殺気のようなものを感じた者もいた。

　事業不振など自分には関係ないと思っている者の中には、黒岩に反発を感じた者もいた。

　その管理職の言動を日頃から不快に思っていた者は、心の中で「ざまを見ろ」と叫び、黒岩に喝采を送った。

　反応はさまざまだったが、全員が共通して抱いた新たな認識が少なくとも一つあった。

　それは新事業部長が、この改革にすさまじいほどの思い入れを持っているということだった。

　だから、この改革に反対する者はすべからく、黒岩莞太のこの「激しい熱さ」に対抗する覚悟がいる。黒岩を凌駕するだけの破壊エネルギーを発し続けなければ、彼に勝つことはできない。

　その場の管理職全員がそれを本能的に感じ取った。

　沈滞組織の改革で起きるこうした場面の取り扱いにはいくつもの選択肢があるだろう。その場の状況や対峙する相手のタイプによっても違ってくる。読者が黒岩莞太なら、この管理職に対してどのように対処しただろうか。

拗ねと甘え

この話には後日談がある。

上司と人事責任者がこの管理職を呼んで面談を行った。彼はすっかり素直な態度で、「自分の発言に他意はありませんでした。軽い気持ちで言っただけです」と語った。

読者は、その報告を聞いた黒岩莞太がどのような反応を示したと思うだろうか。そうかと笑って寛容に許したのか。

とんでもなかった。黒岩はさらに強い怒りを示したのである。

なぜなら、管理職がその程度の軽い気持ちで発言したという短慮の行動が、実は「C2過激抵抗型」と同じ行動になっていたからだ。

気楽な傍観者的行動は、ぎりぎりのところを走り抜けようとしている改革者を「死の谷」に落としかねない。何カ月もかけてきた改革の準備をぶち壊し、改革に向けた気持ちの結集を妨げ、事業救済の最後のチャンスを崩壊させかねないのだ。

深い覚悟や信念もないくせに、そんな行動をとれるほど、この会社の管理職の責任感が希薄になっているのである。

単に社内で資格がちょっと上がった程度にしか思っていない。「エリートの責任感」など露ほどもない。弱者集団と同じ被害者意識にとらわれ、考えていることが一般社員と同じで「野党化」しているのである。

その管理職はまた、「この会社に来て以来、あのように叱られたことはなかった」とも語った。それはタスクフォースの若手メンバーと同じ反応ではなかったか。叱られてみて基礎的なことに初めて気づく甘えが、日本企業の管理職にまで深くしみ込んでいるのである。

日本企業はこれらを、本人たちの個人的自覚の問題として片づけるべきではない。日本企業の組織デザインが陳腐化しているのである。

黒岩莞太は多少のむなしさを覚えた。

「自分は誰のためにこんな苦労をしているのだろう……」

この事業を救うことができたら、誰が一番得をするのだろうか？

黒岩自身ではない。米国のように何十億円という報酬が得られるならともかく、給与も変わらないのに、誰が好きこのんで、失敗リスクの高いこんな役割を引き受けるだろうか。

高い投資リターンを求める株主や証券アナリストたちが得をする？　いや、彼らはそんな努力などムダなことで、アスター事業部などさっさと閉鎖し、社員減らしに走るのが正しい経営だと要求している。

香川社長や経理担当役員も、今回は事業清算の可能性を口にしている。

そこで太陽産業が本当にこの事業をつぶすことを決定し、社員に退職してもらうことにしたら……あの管理職はどこに行くのか？

今の日本の状況で彼が太陽産業と同じ給与の仕事を探すなど、はっきり言って不可能に近い。

ということは、もしこの事業が救われたなら、あの管理職は改革の受益者の一人ではないのか？

それなのに彼が改革に背を向け、リスクをとらず、大した覚悟もなく、改革者を批判したり、面従腹背の行動をとれるのはなぜなのか。

自分の仕事のやり方を批判されるのは面白くない……「そと者」は嫌いだ……何を言ってもクビになることはない……そんなレベルの「拗《す》ね」と「甘え」にすぎないのではないか。

そこには自己責任を認識できず、すべてを人のせいにして当たり前という、日本企業に広く見られる社員の幼児性がある。

しかもそうした甘えた管理職は、「顧客」や「競争」の現場からもっとも遠い本社管理部門に多く見られる。おまけに、その管理部門が「代理症候群」に助けられて、社内で一番威張っていたりするのだから、これほど始末の悪いことはない。

「頼むから、分かってくれよ……」

それが怒りをのみ込んだあとの、黒岩莞太の切なる心情だった。

黒岩はその管理職を、二カ月後の人事異動で事業部の外に出すことを命じた。一罰百戒のケースにしたのである。

米国企業なら、彼は事件の起きたその日の夕刻までに解雇されている。

日本企業の強さの源泉は長期雇用だから、簡単にクビになどしない。しかし皆が甘え、村全体が腐り、沈んでいくような雰囲気はやめなければならない。

誰も気づかぬまま、まるで集団自殺だ。それを変えるには、一罰百戒も必要だと黒岩は考えたのである。

東京のあと、仙台、札幌、名古屋、大阪……と、黒岩たちの巡業は続いた。

その後プレゼン会場では、おかしな事件はまったく起きなかった。東京での事件が、背後でニュースとして伝わっているのかもしれなかったが、黒岩たちにはそこまで分からなかった。

各地の管理職は、真剣そのものの表情でプレゼンテーションに聞き入った。

すべて他人事だった

《開発センター主幹（四十九歳）の話》（改革追随者「B1心情賛成型」）

プレゼンの中で「負け戦の原因は開発の『惨敗』にある」と言われたときに、私は会社を辞めたいと思いました。

過去の努力を全面否定され、自分の存在価値を否定されたに等しいと思ったのです。

そのときはまだ、真の悪者は社内の別のところにいると思っていました。

ところがプレゼンの後半で、「開発センターは『趣味の開発』を行っている」という批判が営業サイドにあり、「同じ組織の中で、このチグハグはなぜ生まれているのか？」と問いつめられました。

グサリ、グサリと切られるような分析を聞いて、私も引き込まれました。確かにわれわれの部署にも問題があって、「創って、作って、売る」の「五つの連鎖」が崩れているという話はその通りだと思いました。

毎年のようにリストラが行われ、仲間が次々と消えていきました。彼らは事業部の外に出されたり、優秀な人は独立の道を選択して退社していきました。

ここに残っている私は、自分で新たな道を見つけることができなかったのです。ですから私は、この事業を再建しようとしているトップの判断に盾つくつもりなどありません。

これが生きる道だと言われれば、私はその道を進みます。私の周りの人々も同様だと思います。

ここから先、どんな改革案が出てくるのでしょうか……。二年で黒字なんて……また人切りに走ることだけは避けてほしいと願っています。

《工場製造部課長（四十二歳）の話》（改革追随者「B1心情賛成型」）

プレゼンの内容の多くは、管理職レベルが今まで感じていたことにかなり一致していました。管理職には、それを改善できなかった会社への不満が以前からありました。

しかし私自身も含めて、どこかで誰かに責任転嫁する風潮が全社的にできあがっていたと思います。問題点を見て見ぬふりをして、これまで無責任に過ごしてきた自分たちが、この窮状を招いたという意識は薄かったですよ。

プレゼンでは、こうなったのは他部門のせいばかりじゃない、自分の悪さも考えてみろ、そういうことを何度も指摘されました。

経営陣の反省論もかなり赤裸々に入っていたと思います。ですからわれわれに対する指摘も冷静に聞くことができたのだと思います。

この先どういう解決法が出るのか分かりませんが、これだけきちんと現状把握が行われたのは革命的です。いいことですよ。

《アスター工販仙台支店次長（五十二歳）の話》（改革追随者「B2中立型」）

今まで会社を覆っていたのは「赤字に対するマンネリ化」でした。

初め「大きな改革がありそうだ」と伝わってきた頃は、社内に強い待望論がありました。「ようやく何かが始まる」と。

しかし「反省論」が発表されると、中高年層社員を中心に不安感が広がりました。すぐに五月の連休が来ましたから、皆、自宅で考える時間が増えました。それがよくなかったですね……考えれば考えるほど、不安感が高まったのだと思います。

解決法が提示されていませんから、この先どうなるのか見えませんでした。

連休が明けた次の週に、ちょっとした事件が起きました。支店の営業会議のあと、営業所員全員で飲み会をしたのですが、そのときに雲行きがおかしくなったのです。

あの異様な雰囲気は私の生涯の思い出として残ると思います。ある管理職が支店長に向かってこう言いました。

「私は今まで単身赴任で、家庭を犠牲にして、会社の方針に忠実に従って仕事をしてきた……その結果がこのざまだ。挙げ句の果てに『赤字は全員の責任』だなんて、ふざけたことを言うなと言いたい……経営陣がもっと早く責任をとるべきだったんだ。この改革でもし自分まで変な目に遭うなら、私は今まで方針を出してきた上司たちを全員ぶん殴ってから、会社を辞める」

目が据わって、すごい態度でした。支店長は何も言えず苦渋の表情で、ちょっと気の毒でした。

振り返ってみると……われわれは現実の厳しさを初めて正確に知らされたのです。その結果、それを「自分の痛み」として本当に感じはじめたのだと思います。

この会社で初めて……強烈な危機感が広がりはじめたということだと思います。それまでは全部、人ごとだったんですよ……。

《秋山資材部長（五十六歳）の話》（改革追随者「B3心情抵抗型」）

プレゼンを聞いたけど、「事業不振を招いた管理職行動の類型」の話とか……あれは……私の部の話も入っているみたいな……いろいろ言われて気分が悪かったね。

「事業不振の最大の原因は『現場経営があまりにも杜撰だった』という結論ね……まあ、ちょっとドキリとしたけど……よくあそこまで言ったもんだと……。

この先どうするのか……まあ、黒岩君とか、川端なんかがどこまでやれるのか、見させてもらいますよ。とにかく、あまり気分はよくないね。

気骨の人事

管理職への説明と並行して、黒岩莞太は重大な決断を迫られていた。

七月一日に発足する新生アスター工販の経営陣をどう構成するかによって、この改革の成否が決まってくる。

香川社長へのプレゼンテーションが行われた数日後、黒岩、川端、五十嵐の三人は人事方針を固めるために集まった。

黒岩が一枚のチャートをテーブルの上に乗せた。他の二人もよく知っているチャートだった。真ん中に「？」が書いてあった。

「これが、今回の改革の死命を制するポイントになるね」

考え方を確認するために黒岩がそう言うと、他の二人も頷いた。

「昨日、このチャートを持って香川社長のところに相談に行ってきたよ」

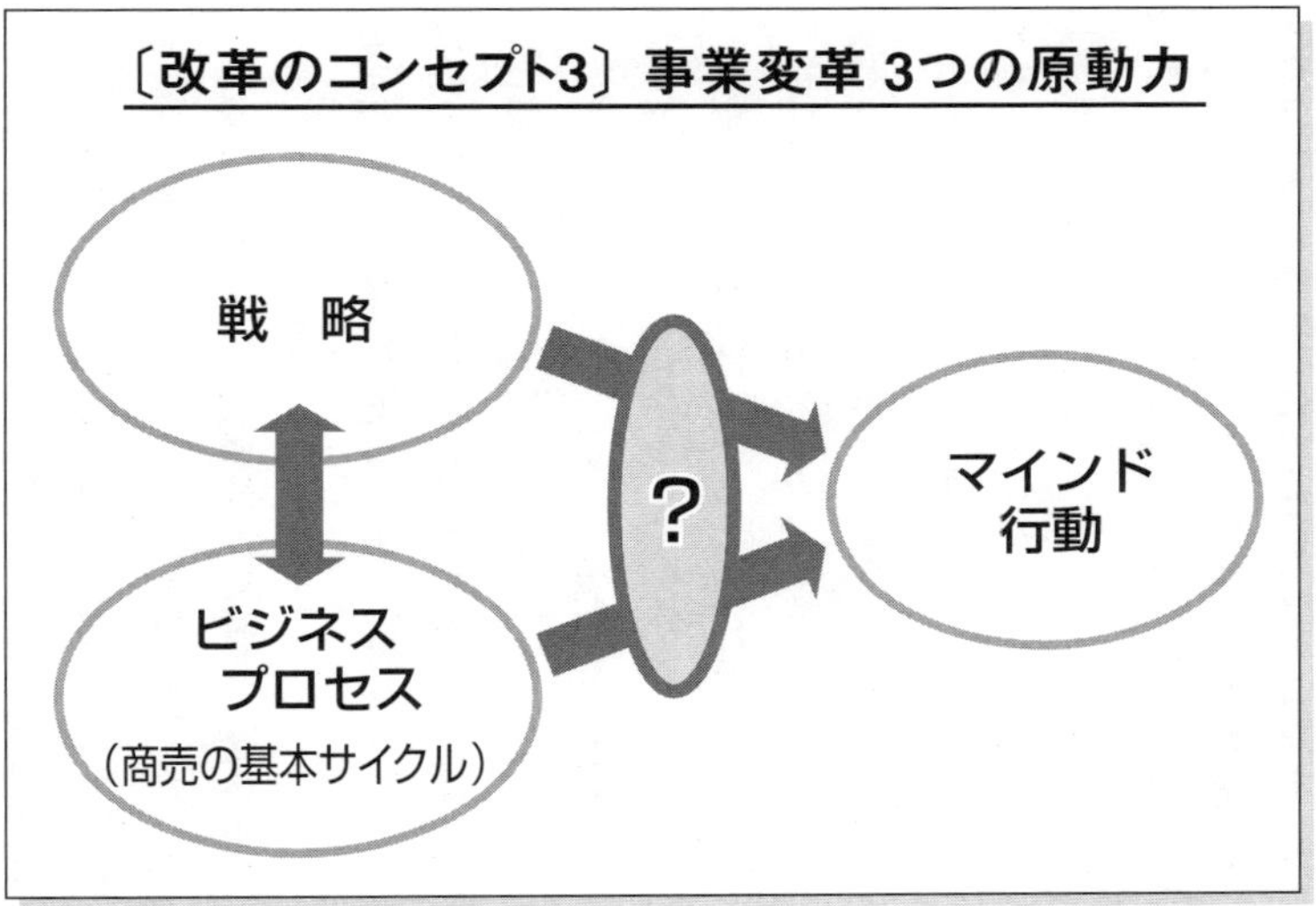

もちろん黒岩は、そんなところで社長にナゾナゾをかけたわけではない。社長が見ているチャートの「?」には、ちゃんと字が書いてあった。これは読者へのナゾナゾである。

香川社長はチャートを見て、頷くと黒岩に言った。

「これも莞太の好きなようにすればいい。思い切った手で行けよ。具体的な案ができたら、また相談に来なさい……私のところに直接……」

そう言ってくれたというのである。

香川がわざわざ「直接」と言ってくれたことには、格別の意味があった。

香川社長は明らかに、黒岩の考えていることを察し、その社内の根回しが難しいことを知っているのである。

要諦35

「戦略」と「ビジネスプロセス」は、人々の「マインド・行動」に落とし込まれない限り効果を生まない。「?」は「気骨の人事」だ。それなくして改革の仕掛けは人々を熱く動かすところまで行けない。

日本企業における改革の多くが、この最後の一点の不徹底によって失敗に帰している。「人材がいない」と称して、下から強い人材を引っ張り上げるのを先送りし、古い人事を続けるのである。社長が社内の古い価値観と対峙し、革新を持ち込むだけの「見識」と「覚悟」、そして「自分の手で現場の問題点を押さえる緻密さ（ハンズオンの姿勢）」を持っているかどうかは、社長が行う人事を見れば一目瞭然である。

この三つのどれかに欠ける企業トップは、革新を語るのは勝手だが、実際に大した変化を生み出すことはできない。

要諦36　「気骨の人事」を実現できるかどうかは、企業トップがその改革に本気かどうかの踏み絵になる。

改革では「人事は上から」が鉄則である。黒岩が最初に決めなければならない人事はアスター工販の新社長だった。黒岩莞太が川端に言った。

「君にアスター工販の社長をやってもらいたいと考えているんだ」

川端祐二は驚かなかった。表情も変わらなかった。そのような人事があり得ることを予想していたに違いない。しかしすぐに承諾する風情でもなかった。

「でも、黒岩事業部長がアスター工販社長を兼務し、私がその下のナンバー2というのがもっとも自然で、もっとも強力な布陣だと思います……」

「いや、大変な戦いになるから、社長が兼務というのは問題だ。私はこの四カ月間でさえ、いつもタスクフォースのそばにいることはできなかった……」

そこで黒岩は代表権を持つ会長になり、時間の六、七割をアスター工販に使う。それがもっとも強力な布陣であるというのが黒岩の説明だった。

この四カ月間の作業で、川端祐二の能力は完全に証明済みだ。黒岩が東亜テックの社長になったときは四十八歳だった。川端祐二は今、五十歳。だから早すぎるということはない。

川端がアスター工販の新社長としてこの改革に成功すれば、次に彼は黒岩莞太と同じように太陽産業の役員になり、もっと大きな事業を率いる道も開けてくるだろう。

黒岩は川端にそのチャンスを与えたかった。

東亜テックに行ったとき、黒岩は孤独だった。しかし今回、川端には黒岩がついている。

二人が力を合わせ、「意図した修羅場」に気骨の人材を投げ込み彼らを厳しく育てていけば、その中からまた、次のアスター工販社長が生まれてくるだろう。

そうやって、埋もれていた人材を育てるサイクルが回りはじめれば、太陽産業は間違いなく元気な会社になっていく。

要諦37　強い経営者的人材プールを社内で作る。それを実現できれば、米国企業の真似できない日本的人材育成になる。しかしそのためには、日本企業は**組織内部の競争原理**を抜本的に高める必要がある。

「考えておいてくれるかい」

そう言ってから、黒岩が次に話題にしたのは三人の「ＢＵ社長」の人事だった。

改革において、冒すことのできる**人材リスクの総量**は限られている。

黒岩会長プラス川端社長の二人体制なら、トップ経営層の人事リスクは極小になっている。だから逆に、BU社長には多少のリスクがあっても、思い切った人材登用を断行したかった。

黒岩莞太は川端に一枚の紙を見せた。人事担当者が作成した候補者リストだった。

「これじゃ、全然、ダメですね」

改革先導者（イノベーター）が一人も入っていなかった。相変わらず年功序列の発想から抜け出ていなかった。まるで「旧体質を守るためのリスト」ではないかとさえ思えた。

「私のアイデアを言ってもいいですか……」

川端祐二がリストをテーブルに投げ出し、代わりに口にした人事案は確かに革新的だった。

「星鉄也と古手川修の二人をBU社長にしたらどうでしょう」

黒岩莞太は川端のことを「やはりこの男はいける」と思った。二カ月前から黒岩が考えていたことを川端祐二がいきなり口にしたからである。

この改革で許容される人材リスクを誰に割り当てるかといえば、星と古手川の二人以外に適切な人材はいないと思われた。

しかしそれは、この会社ではあまりにも革命的な人事だった。従来の社内常識で言えば候補者が若すぎるのである。

アスター工販で「BU社長」と呼ぶことにしている職位は、太陽産業の他の関係会社では「事業部長」に相当する。関係会社の専務や常務が兼務してもおかしくない立場だ。

そのポジションに三十九歳と四十一歳の課長職を任命することなど、誰が考えつくだろうか。それは太陽産業の長い歴史の中で、青天の霹靂の人事になるだろう。

要諦38 一般に経営改革では、**突撃しない古参兵**よりも、今は**能力不足でも潜在性の高い元気**

者を投入したほうが成功の確率が高い。

要諦39

力量に不安のある人材を投入しすぎると、改革のリスク総量が初めから限界を超える。無理と思えば、低リスクのシナリオ（たとえば段階的実施）に切り替える必要が出てくる。

そこに五十嵐が口を挟んで、あと四人の追加候補者を挙げた。

一人は猫田洋次（四十五歳）。もう一人は専従メンバーと同じくらいタスクフォースの仕事に入り浸りになった兼務メンバーの赤坂三郎（三十八歳）。アフターサービス部門の課長である。

あとの二人はサブチームに参加して積極的な動きを見せている二人の部長クラスだ。いずれも五十歳前後。年齢的にはこの二人のほうがよほど順当である。

「赤坂三郎はできる男だ。どんどん前に出るし、緻密でもある。間違いなくこれからの経営者タイプだ」

「でも三十八歳では、年齢がさらに下がってしまいますね」

「あとの部長二人はおとなしすぎるよ……話し方も暗い。『A3積極行動型』というよりは、『A4積極思索型』じゃないかな」

「そうでもないですよ、いざとなればかなり芯が強いし……」

一人ひとりを検討していった。

結局、三人の議論は最後に星、古手川、赤坂の三人に戻った。

その会話を通じて黒岩は確信した。

この組織の今の雰囲気に合わせるなら、五十代の社員を選ぶのが順当だろう。しかしアスター事業部の中にこの改革をやり通せる人材は、あの若い三人をおいて、いない。

戦意の低い下士官を前線に送り込んでも、塹壕に這いつくばっているだけになる。突っ込みが中途半端になり、現場レベルでこの改革は死ぬだろう。

若い三人に不足している部分は、黒岩と川端が補ってやろう。意識の違う者を引き込むよりも、一緒にタスクフォースをやり抜いた者のほうがいい。

「よし、これでいこう」

黒岩莞太が断を下した。

BU1の社長に星鉄也、BU2に古手川修、BU3に赤坂三郎。

川端祐二はこの大胆人事の決定に参加しているうちに、今さら自分自身の社長就任をどうのこうの言える状況ではないことを悟っていた。

黒岩はすぐに香川社長にアポイントを入れた。

壟断

しかし、この人事を社内で通すのは簡単なことではなかった。

事実それから三週間、本社人事部などを巻き込んで、さまざまな舞台裏の応酬があった。

「人事体系に合いません」

それが典型的な反応だった。この伝統企業の中で変わり種の黒岩莞太が、強力な本社人事部を相手に素手で戦うのは至難の業だった。

果たして不快な事件が起きた。

「黒岩がこの会社の人事を、壟断《ろうだん》している」

本社の誰かがそう言ったという噂が伝わってきたとき、黒岩莞太は背後から撃たれたと思った。孟子七編に由来するこの古臭い言葉は、黒岩が直接香川社長を動かし、横暴、専横をきわめているという意味であった。

その批判に同調する他の本社スタッフから、同じような皮肉を言われるといったことも起きた。黒岩は愕然とした。

彼は年間三〇億円の赤字事業をいかに早く救うかの話をしてきただけなのだ。

従来タイプの管理職を上に据えたら、分水嶺を越えるところまで改革を持ち上げられない。改革が死の谷に転げ落ちる可能性がある。だから思い切った人事を提案しているだけなのだ。

しかしそのリスク感を共有できず、旧来の人事体系を守ることのほうがまだ重要だと考え、黒岩が「壟断」していると批判する人やその同調者が出てくる。

彼らの言うままに動き、それで改革がうまくいかなければ、次に彼らは黒岩を無能だとあげつらうのである。

米国企業は言うに及ばず、日本でもソニーの会長は、近い将来四十代の社長を輩出することを視野に置いて人材育成を図ると公言している。

そのような時代に太陽産業では、小さな子会社の、そのまた小さな事業ユニットの若手起用についてさえ、この騒ぎなのである。

改革が総論で語られているうちは、大多数が賛成する。それが各論に下りるに従い、立場や考え方の違いが表面化し、あちこちで新旧価値観の戦いが始まる。

この問題の根源は、人事体系そのものではない。事実、この三人の任命が正式に決まったあとは、まるで初めから何の問題もなかったかのようにそれが実行された。

人事体系などその気になれば、どうにでもなるのである。

問題は経営幹部の経営リテラシーだった。

会社を短期間で変身させることにはいったいどんな「リスク」が伴うのか……それを乗り越えることのできる「改革者」とはいったいどんな性格と能力を持った人間であるべきか。

これまで「変革リーダー」を育成してこなかった日本企業には、こうしたことを理解している人が少ないのである。

そして多くの伝統企業の権力の座や管理機構は、会社が最後のどん詰まりに追いつめられるまで、**変化非対応型**の人々が主流を占める。日本の政治や官僚の世界と何も変わらない。

そのため「変革は組織の『辺境』でしか起きない」という定理状態が長く続く。

そしてようやく黒岩莞太のような**辺境の変革者**が登場しても、十分な支援は提供されず、何か新しいことを仕掛ければ「後ろから弾が飛んでくる」ことになりやすいのである。

黒岩莞太はこの内向きの戦いで大汗をかいた。高リスク事業をたくさん手がけている企業から見れば、コップの中の争いであった。

この問題に早々と決着をつけたのは、やはり香川社長だった。それしかなかった。彼はコトの成り行きを部下同士の妥協に委ねてしまう弱い経営者ではなかった。

「二年でつぶすかもしれないと決めた事業じゃないか。必要なことはなんでも試せばいい。莞太が一番やりやすいように整えてやれ。われわれは応援団だ。干渉団ではない」

これで太陽産業の歴史を打ち破る人事が決まった。
しかし太陽産業の社内でこれが青天の霹靂というなら、その人事の対象になった当の三人にとって、それは青天の霹靂を超える人生の電撃であった。

《星鉄也（三十九歳）の話》

あの日は仕事で福岡支店に来ていました。川端さんから急ぎの電話だというので、会議室から呼び出されました。

「本当ですか？　冗談でしょう？」

周りにいた支店の社員に悟られまいと気にしながら、つい電話に向かって叫んでしまいました（笑）。資格でいえば三階級か四階級特進で、私が「ＢＵ社長」になるというのですから。

予定を一日繰り上げて東京に戻るように言われました。

でも正直なところ、不思議に冷静でした。それが自分の運命というか、抗えないものが降ってきたという感じでした。

実はタスクフォースで組織戦略を検討していたとき、夜中の一時頃に白板に組織図を書いて、皆がふざけて、「俺はこのＢＵ１の営業部長」「君はＢＵ２の開発部長」「いやＢＵ社長でも行けるんじゃないの？」などと、席の取り合いをしたことがあったんです（笑）。

本当にふざけていただけなのですが、冗談でもそういうことを言うほど、上昇志向の強いメンバーが集まっていたのは事実だと思います。

事業部長や五十嵐さんから、「君が経営者ならどうする？」といつも厳しく問いつめられていましたから、最後には自分が経営者に近づいたような気分になっていたのかもしれません。あのタスクフォースがなかったら、自分がこんな人事の対象になることはなかったでしょう。また私がそれを冷静に受け止められる人間になっていることもなかったと思います。

新体制が発表された直後に、ある部長がタスクフォースの検討会議に呼ばれて参加したことがあったのですが、彼はその会議の雰囲気を「信じられない」と言って帰っていきました。

その頃にはタスクフォースのメンバーは強い経営意識と危機感を持つようになっていましたから……事業部長の前でも臆せず、年長者の人事のことでもズケズケと意見を言っていたのが、その保守的な部長にとって驚きでもあり、またわれわれが生意気に見えたのでしょう。

ハーバードのMBAなども、たかだか二十代の青臭い学生たちが経営者の視点を二年間も叩き込まれると、いっぱしの社長になったような気分になるそうです。

それで成功する者もいれば、会社を倒産させたり、たまには刑務所に入る者も出てくるわけです。人はプライドを持つとさまざまなエネルギーが出てくるのでしょう。

私にとって、これは出世物語ではありません。

嬉しい、感激したなんて感情はありません。自分がやらなければ、他に誰がこの事業を救うのか……その思いだけです。

そんな私の気持ちなど理解しない抵抗派の人や、サッパリ動いてくれない先輩社員がこれからゾロゾロ出てくるのかもしれません。

その人々を相手にこの事業を変えていけるのか……不安です。しかし、目いっぱいやってみるしかないでしょう。今やらなければ悔いが残ります。

それにしても、この会社は乱暴なことをしますよ（笑）。これまで何の教育もしてくれなかったくせに、いきなり「おまえが社長だ」「会社を変えろ」「ダメなら終わりだ」って……過去のツケを全部若手に回して、あんまりだ（笑）。まあ、人事に乱暴さが出てきたというのは、それだけ会社の体質が変わりはじめたということですから、いいことだと思いますが……。

とにかく成功させないと……われわれ切り込み隊が殺されちゃったら、あとは事業と一緒に葬られるだけですから……。

覚悟の連鎖

全国七カ所を回る二回目の巡業が始まった。

今度は管理職ばかりでなく、一般社員を含む全社員が相手だった。

前回と同じように、前半の「反省論」はコンサルタントの五十嵐が話した。そして今回の山場は、後半の「解決編」の発表だった。それは事業責任者である黒岩莞太と川端祐二が話した。

約二時間、全社員がスクリーンを食い入るように見て、説明に聞き入った。

アスター工販にC～E商品群のすべての組織機能を集めることが発表された。

その社内を三つのビジネスユニットに分け、三人のBU社長を置く組織案が説明された。

支店長、営業所長がいなくなるショッキングな新営業組織案がカラーチャートで示された。

戦略の「絞りと集中」の意味がマトリックスを使って説明され、同時に組織内の「戦略連鎖」を強化する具体的システムが打ち出された。

生産中止や開発中止の対象品目が示された。

開発期間をドラスチックに短縮する思想が示され、その一例として緊急開発プロジェクトが打ち出された。一つの戦略商品を半年以内に売り出すというのである。

開発から営業まで一気通貫の戦略実行体制が示され、営業の「何を売ってもいい」は明確に否定された。

最後にこの改革案の合理化効果として、人が余ることが説明された。

どこかでその話が出てくるだろうと予期していた年輩者は身構えた。しかし黒岩は言った。

「この改革はリストラではない。人減らしではない。ここにいる皆が気持ちを合わせ、攻めに転じる」

すべての説明が終わったとき、初日の東京本社会場では、出席者の態度はさして変わらなかった。もっとも危機感が低く、もっとも古臭い雰囲気の職場だった東京本社の社員の反応は、むしろ冷めていたと言えるだろう。

「こんな雰囲気で、社内に改革シナリオは浸透するのだろうか」

黒岩や川端の心に不安が増した。

しかし巡業二日目の大阪の会場で異変が起きた。

すべてのプレゼンテーションが終わり、黒岩が最後を「よろしく」と締めたとき、出席者から拍手が沸き起こったのである。

部屋の隅で誰かが拍手を始め、それが自然発生的に伝播し、たちまち部屋全体が力強い拍手の音で満たされた。

一瞬、黒岩莞太は何が起きたかと思った。経験したことのない情景だった。すぐに黒岩、川端たちも手を叩いて拍手に加わり、そして笑顔でお礼の会釈を送った。

巡業で回った七カ所のうち、四カ所で拍手が出た。どこの会場でも、もっとも熱く反応してくれたのは若手社員だった。

「待っていたものが、ようやく来た」

彼らはそう感じて、会社の打ち出した新方針に支持を表明してくれたのである。

その場には、面白くないと感じている「B3心情抵抗型」の社員が間違いなく混じっているに違いなかったが、会場の雰囲気に押されて一緒に拍手をしていた。

その人たちが一緒に拍手をしたという事実は重要だった。冷めた雰囲気で解散するのとは、人々の心に天と地ほどの違いが出る。

拍手が収まると、新経営陣に内定している人の挨拶が行われた。

アスター工販の会長黒岩莞太、新社長川端祐二、ＢＵ社長星鉄也、古手川修、赤坂三郎。五人は前に進み出て、出席者に向かって横並びに立った。

星鉄也は緊張していた。一回目の巡業のとき、東京で黒岩に怒鳴り飛ばされた管理職の一件が頭から離れることはなかった。

一歩先に何が待っているのか分からないと思っていた。

しかしこの二回目の巡業で大きな波乱は起きなかった。むしろ彼は、社員の気持ちが一つにまとまりつつあることを感じはじめていた。

黒岩に次いで、新社長に就任予定の川端祐二が力強く挨拶した。

「香川社長から『アスター工販を立て直すのは、会社更生法を適用された破産会社を強権で立て直すよりも大変だろう』と言われました……つまりわれわれの事業は『倒れてしまったほうが後始末が簡単だ』と言われるほどの状況です」

「私はこの役割が自分に与えられたことを男冥利と感じます。必死にやります。皆さんの一致協力なくして改革は成らず、しかしその皆さん自身にも変わっていただかなければなりません」

また強い拍手が出た。

次いで星鉄也が挨拶した。黒岩から「いっさい弱気を見せるな。臆せず、堂々と行け」と言われていたが、そんなアドバイスは無用だった。

「今回はかけ声だけの改革ではありません。新しい戦略とビジネスプロセスが明示されています。明日から何をすればいいのか、はっきりしています。微力ながら私は走ります。一緒に走ってください」

古手川修は厳しく、しかし熱く語った。

「毎月振り込まれる給料の中に、われわれが自分で稼いだお金がどれくらい入っているかご存じですか?……四分の一だけです。給料の四分の三は、太陽産業の他の事業部の人々が稼いだおカネで補塡してもらっているのです……人様の稼ぎにすがって生活しているのと同じではありませんか。そこからなんとか抜け出なければいけません。過ぎた日の責任は問われていません。ここを出発点にして、前向きに進みたいと思います」

赤坂三郎は新経営陣の中で三十八歳と最年少ながら、もっとも元気だった。

「私自身驚いています。皆さんの中にはこの人事に気分を害されている方もおられるかもしれません。しかし私は、これも人生の定めだと受け止めています。やるからには思い切りやります。言うべきことは言います。一緒に戦ってください」

一人の挨拶が終わるたびに拍手が出た。

社員の多くが、前向きの余韻を感じながら散会した。その雰囲気が大切だった。

世の中では、この段階ですでに挫折の兆候を示す改革が多い。

社員の「マインド・行動」にインパクトを与えることに失敗し、社員の気持ちが盛り上がらず、したがってエネルギーが結集されないのである。

その理由は、プレゼンのテクニックではない。表層的な言葉の選び方ではない。演出は大切だが、しかし社員は正直に本質を嗅ぎ分ける。それが部屋の雰囲気に正直に出るのである。

「いい形で立ち上がりそうだ」

黒岩莞太とコンサルタント五十嵐直樹はそう思った。

《星鉄也の上司だった鹿児島茂雄（四十七歳）二年後の回顧談》（改革追随者「B1心情賛成型」）

自分の部下が一夜明けたら上司になっていました（笑）。アメリカ企業みたいな事件がこの私に起きたのです……大ショックでした（笑）。

この一〇年間、私は星鉄也君がトップスピードで昇格するのを見守ってきました。

彼は仕事内容で優秀なだけでなく、目標が高く、粘り強かったですね。言い訳をしない男でした。どんなときでもお客さんの視点で前向きに対応する姿勢がありました。

ですから、タスクフォースに人を出せと言われたとき、私は迷わず彼を推薦しました。実を言うと……私はいずれどこかで星君に追い越されるだろうと予感していたと思います。

あの人事は本人にとっても嬉しい昇進ではなかったはずです。われわれは彼にとてつもない重荷を背負わせたのですよ。

それは、その後の彼の苦労を見れば、すべての人が認めることだと思います。

しかし当時、人によっては腹を立てたようです。この会社はもう年輩者をいらないということかと。身の程を知らない批判でしたね。代わりに「おまえやれ」と言われたら、年輩社員のほぼ全員が逃げ出すか、やってもすぐに破綻していた困難な任務だったと思います。

あのとき私は、会社に活力を取り戻すには彼のような人材を早く経営者に育て、リーダーシップを発揮してもらうしかないと気持ちを切り替えました。

危機的状況を打開する人材として彼を選び出す慧眼が、この会社に残っていたことが大きな救いだとさえ私は感じました。

ただ、私は星君と同じBU1に配属されることになりましたので、急に部下が上司になってしまう自分は、彼とどうつきあっていけばよいのか、そのことがもっとも不安でした。

当然、彼も同じだったと思います。

もし彼がわけの分からないことや理不尽なことをしたら、私が彼の一番の部下として、あるいは元上司としてアドバイスをしたり、諫めることができるのかどうかも考えました。

しかし実際に始まってみたら、それは杞憂でした。彼の優れた人間性はそんな問題を微塵も感じさせません。

二年たった今も、まだ彼が遠慮をしているところを感じることもありますが、何か問題があっても、その都度解決できると思っています。

《秋山資材部長（五十六歳）の話》（「B3心情抵抗型」だったが、転出が決まって「D2更迭抵抗型」に移ったようだ）

私は今回の人事発表で、アスター事業部の外に異動になりましたよ。

ええ、意外だったね。この改革はアスター工販だけを対象にするという話だったから、外に出るのは、吉本社長たちだけだと思っていた。

組織のヨコとか、タテとか言ってるけど、そんなことで本当にこの会社がよくなるのか……おまけにこんな短期勝負のやり方をして……私が皆にそう言っていたのが、また黒岩君あたりに聞こえたのかな……。

前月くらいから業績がひどく落ちはじめているでしょう……こう言っちゃ何だけど……自業自得になりつつあるんじゃないの？

だって、皆がやる気をなくすようなやり方をしてるじゃない……当然だよ。皆言っているよ。「現場を知らない人に何ができるの」ってさ。

星鉄也とか赤坂三郎みたいな若手に任せて、本当に切り抜けられるのか……川端だって分からないよ……「絹のハンカチ」で汗を拭いてきたような連中じゃないのかね……。

まあ、これで私は関係がなくなるから、じっくり彼らのお手並みを眺めていますよ。

黒岩君も大変でしょう……失敗したら全部彼の責任だからね（笑）……内心では、アスター事業部に来たことを後悔しているのではないかと思うけど……。

旧組織の崩壊

沈滞の底からいきなり「カオスの縁」に引きずり出された組織が、どのように変化していくかを事前に計算しておくことはできない。

各地でのプレゼンを終え、新体制の発足に向けて事態は順調に推移しているかに見えたが、ことはそれほど単純ではなかった。

実は、年輩者を中心として管理職の士気が低下し、それに合わせてアスター工販社内の**組織統治**が急速に低下しはじめていたのである。

そのため業績のさらなる急落が始まった。恐ろしい「死の谷」が足元にチラチラと見えはじめたのである。

タスクフォースがプレゼンの中で指摘したように、アスター工販のシェア喪失はこの一年ほどで加速していた。

その傾向は皮肉なことに、改革の発表が行われた四月以降、さらに悪化の兆しを見せはじめた。

四月の一回目巡業で全国の管理職への説明が行われ、それから二回目の「改革シナリオ」の発表まで三週間のブランクが意図的に設定された。

その間いろいろ考えさせられた管理職の中には、過去の経営に不満を募らせたり、支店長や本社経営陣に感情的反発を示す者もいた。

四月末に数字を締めてみると、受注は対前年比で二二%の減少だった。前に比べればこれでもよくなっていたが、泥沼から早く抜け出したい黒岩にとって不安な数字だった。

そんな中で五月中旬、改革プレゼンの二回目巡業が行われ、アスター工販の経営陣が総入れ替えになり、支店長や営業所長の職位も廃止になることが発表された。

若手社員にとっては、歓迎すべき改革だった。会場の拍手は彼らの期待を表したものだった。しかし五月の受注は対前年比三二％の減少とさらに落ち込んだ。しばらくして届けられたデータを見ると、市場シェアもこの一〇年来で最低水準に落ち込んでいたのである。

黒岩は何度も吉本社長に業績悪化の理由をただしたが、吉本の解釈ははっきりしなかった。しかし黒岩や川端たちは、何かが狂いはじめていると感じはじめた。

何か予想外のこと、つまり改革のシナリオに含まれていないことが、どこかで起きているのではないか。

やがてその真相が見えてきた。

改革プレゼンに対する管理職の本音の反応が伝わってきた。

組織のほとんどをガラガラポンとする大組織変更は、年輩者が多い管理職に大きな身の不安を与えていた。それは黒岩たちの予想を超える動揺だった。

黒岩たちは現経営陣や支店長らが、個人的にあげつらわれることがないよう、それなりの配慮をしたつもりだった。

しかし仙台支店のエピソードのように、怨嗟の反応はむしろ組織の下から上がってきた。支店長たちは、部下の目線が気になりはじめていた。

部下に向かって「業績が急落している。もっと売れ」と叱咤すれば、何を言われるか分からないという心理が頭をもたげていた。

「私の支店はもう統制できません。替わることが分かっている支店長の言うことなど誰も聞きません」

そう言っている支店長がいると聞き及んで、黒岩は情けないと思った。上司として、もともと尊敬されていなかったのではないかと思った。

しかし黒岩の判断に甘さがあったのも確かだった。

単なる人事交代なら、業績を落とさずに後任者に仕事を引き渡そうと努めるのが普通だから、組織の緊張感は維持される。

しかし今回は、支店長にとっても部下にとっても、自分の部署が消えてしまうのである。本社の役員も替わってしまう。業績が落ちたところで、叱る人も叱られる人もバラバラになって分からなくなるのである。

そうした状況を皆がいち早く嗅ぎつけ、消えていく部署への帰属意識は急速に薄まり、そこにあった組織の「マインド連鎖」が切れてしまった。

もともと、赤字に鈍感な営業組織だった。営業マン一人ひとりがちょっと活動のペースを落とすだけで、会社全体にどれほどの危機が及んでいくかの認識は薄かった。

皆が浮き足立ち、集まれば人事の情報が行き交い、組織の行く末に話が集中した。

さらに事態の悪化に輪をかけたのが、トップ経営陣の崩壊だった。

吉本社長以下の経営陣は四月の改革プレゼンを聞いて以来、すっかりやる気を失い、活動をやめたも同然の状態に陥っていた。

役員の中には、転出先が決まるとすぐにアスター工販を離れたり、休暇をとって早々に離任する者が出てきた。

その言い分は、「新経営陣が早く組織に溶け込めるように、旧経営陣は早めに消えるほうがいいだろう」というものだった。

彼らなりに気をつかっているように聞こえたが、体のいい逃げ口上であった。なぜなら、やがて解体される旧組織に新経営陣が「早く溶け込む」ことなど、誰も求めていないのである。

旧軍の指揮官は前線にとどまり、士気と規律の維持に努め、新体制への引き渡しに備えることが本来の姿であったろう。

しかしアスター工販では指揮官が先に消えていった。それを社員は黙って見送っていた。

黒岩はこの事態に切歯扼腕した。しかし彼は先輩社員を深追いすることはしなかった。

緊張の糸が切れ、前線から離れていく者たちを無理に縛りつけたところで、大した働きを期待することはできない。

しかも「D1更迭淡々型」のスタンスをとっている彼らだが、もし社内に長く留め置かれれば、なかには「D2更迭抵抗型」の行動をとる者も出てくるかもしれない。

社内で改革抵抗者が増殖する事態が起きれば、ますます危険性は高まる。そうなれば、かえって事態は複雑な様相を呈する可能性がある。

黒岩は反省した。改革案の発表から組織変更まで、もっと短期間で走るべきだったかもしれない。

それが人事の鉄則ではなかったか。

しかし今回は普通の組織変更とは違う。これ以上急いではならない理由がたくさんあった。

無理をすれば、戦略の選択を間違えたり、社員の誤解を生み共感を得ることに失敗するなど、もっと大きな混乱が発生している可能性があった。

そう考えると、黒岩はこのまま乗り切る以外に道はないと自らを納得させた。

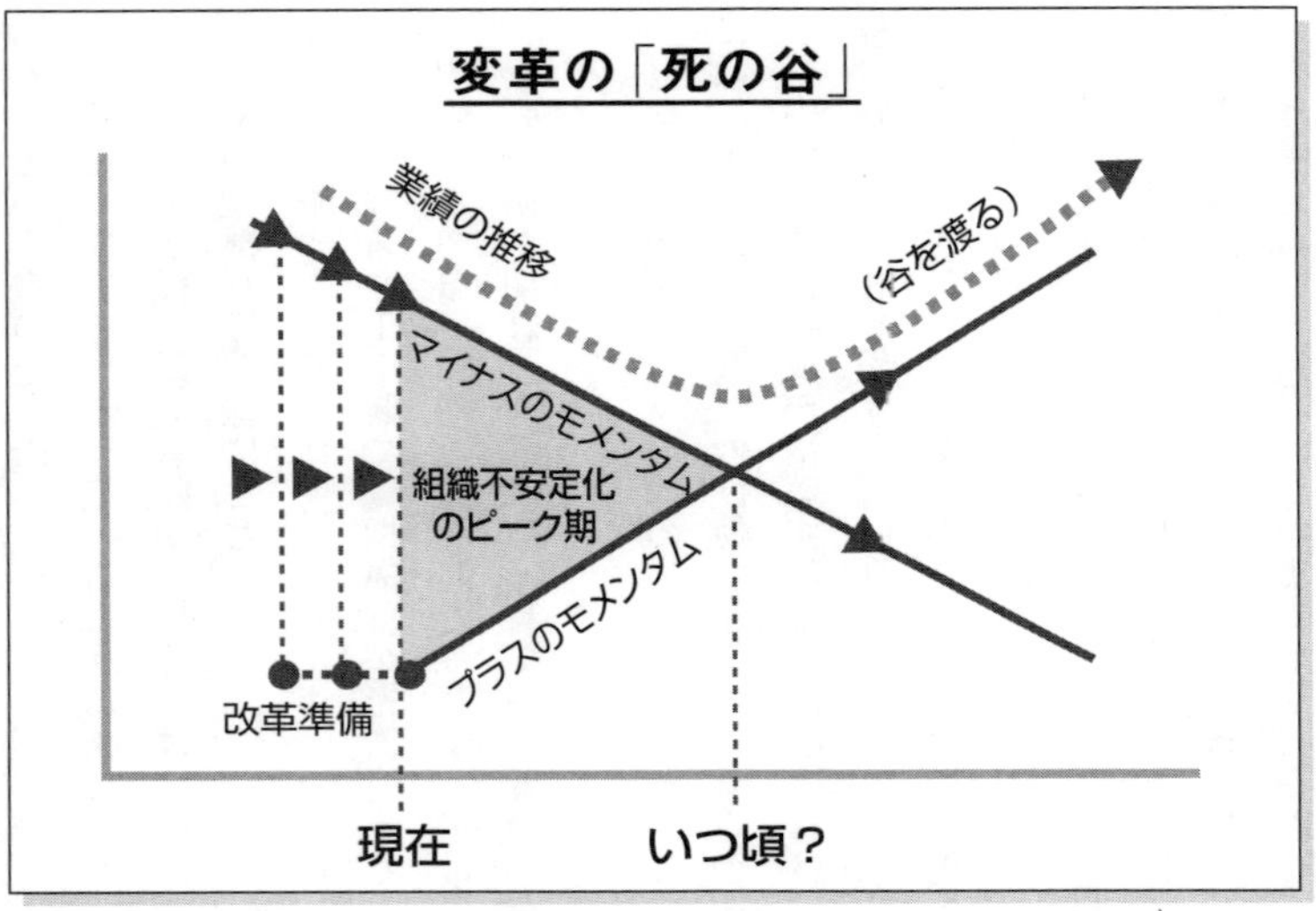

しかしもともと負け戦を演じていた事業組織が、さらに機能不全の状態に陥りつつあった。

黒岩たちが直面しはじめたこうした現象は、組織変革でしばしば発生する多くの混乱の一つだった。

変革への取り組みを始めてから、その効果が社員の目に見えてくるまでには時間がかかる。沈滞していた組織の中では、以前からの**マイナスのモメンタム**が作用し続けている。そこに社内の改革抵抗者の軋轢が加われば、マイナスのモメンタムはさらに加速することになる。

これに対して……もし改革の思想、具体的実行シナリオ、およびそのリーダーが強力なら（この三つがすべて揃わなければいけないというのが改革の苦しさの原因だ）……やがて改革の**プラスのモメンタム**が動きはじめる。

どちらのモメンタムを動かすのも、他ならない、社員である。

しかし初めのうち、プラスのモメンタムは「仮説」に基づいて推進されているだけであって、しばらくは何の成果も見えない。

変革にとってこれがもっとも危険な時期である。この混沌とした時期が長引けば長引くほど、改革リーダーの身に危険が迫る。その危険を生み出すのもまた、社員に他ならない。

仮説は人々を不安にし、**猜疑心**を生む。大多数の社員は経営の先読みなどできない。それほどの経験も視野も与えられていないからである。

だからリーダーが先読みを行い、決断し、皆に分かる言葉でそれを語り、不安と混沌の中を走り抜けなければならない。

しかし、皆がまだ分かっていないときに決断するリーダーは孤独になる宿命を負っている。

改革がうまく進めば、やがてプラスのモメンタムがマイナスのモメンタムを凌駕しはじめ、改革追随者（フォロワー）は改革推進者の側に動きはじめる。

そして明らかな成果が表面に見えてくる。そのときが「向こう岸に渡った」と言える時期なのである。

要諦40　「危ない橋」の中央では予期せぬ出来事がいろいろ起きる。改革者がもっとも孤独を感じるこの不安定期を乗り切るには、「打つべき手はすべて打った」「自分は正しいことをしている」と腹をくくって自分を支えるしかない。

二つのモメンタムの交点はいつ来るのだろうか。

失敗する改革では、その交点が永遠に来ない。一年も二年もスッタモンダを繰り返し、挙げ句の果てに改革が雲散霧消する企業もある。

その陰には必ず、弱い経営者と、抵抗の矢を放つ保守的な社員がいる。

話をアスター工販に戻そう。

タスクフォースは最後の作業を急いでいた。営業マン一人ひとりの適性を判断し、BU1〜3の営業組織に振り分けていく作業だった。

それには現地の顧客情報に詳しい支店管理職の協力が必要だった。彼らを巻き込むためには、改革シナリオが先に発表されていなければならず、そのためこの作業だけが残ったのである。

タスクフォースは大車輪で作業を続け、約二週間後の六月一日、ようやく全社員の新しい配属先を発表した。

各ビジネスユニットの経営陣もすべて固まった。多くの管理職は、少なくとも自分の落ち着き先が決まり、それなりの心のけじめをつけはじめていた。

若いBU社長の下に、古手の管理職が部下として入るケースが続出した。それについては、潜在的に多くの不満が社内にあるに違いなかった。

しかしこの発表時点で表面化したトラブルは何もなかった。ミニ会社のようなビジネスユニットの経営陣に加わることを喜び、見るからに張り切っている者のほうがとりあえずは目立っていた。

その日までが社員の不安のピークだった。

新体制発足まで、あと四週間に迫っていた。

営業マンは自分の所属するビジネスユニットと営業担当地区を示されたので、仕事の引き継ぎや顧客への挨拶に走り回りはじめた。

川端祐二は「今月の業績のことも忘れるな」と各地に檄を飛ばした。しかし内心では、六月の受注がさらに落ち込むことを覚悟していた。

この人事発表をもってタスクフォースの作業はすべて終わった。

史上最大の落ち込み

新体制に向けて最後の準備活動の前面に出てきたのは、いよいよ新経営陣のメンバーだった。社長内定者の川端祐二が、ＢＵ社長になる星鉄也、古手川修、赤坂三郎を集めて最初に課した仕事は、各ビジネスユニットのビジネスプランを最終的に仕上げることだった。

三人はそれぞれ自分の部下になる者を集め、コンサルタント五十嵐のアドバイスを受けながらその作業にとりかかった。

もちろん戦略の骨子は、タスクフォースが作り上げた原案がそのまま使われた。

しかし実際の事業責任を負うビジネスユニットの経営陣が、改めて「自分たちの計画」としてビジネスプランを書き上げ、年度予算の数値目標とともにその実現を約束することが重要だった。

こうして最後の準備活動が進められた。

旧体制最後の月になる六月の受注は対前年比四一％減という激しい落ち込みを見せた。史上最低の受注金額であった。

市場シェアは一三％に下がり、当然これも史上最低レベルになった。この状態がこのまま続けば、改革どころか、壊滅的な負け戦になってしまう。

受注減少を反映して、四月から六月までの第１四半期の損益は、年率に換算すれば赤字四〇億円にも迫る勢いになった。

この時期、アスター工販は強力な「マイナスのモメンタム」に支配されていた。

黒岩莞太が赴任してから、九カ月がたっていた。マイナスのモメンタムを前任者のせいにする時期はすでに終わっている。すべては黒岩が仕掛けていることだった。

黒岩は香川社長に、「改革初年度の後半には、単月で黒字の月が出るようにしたい」と約束したが、第1四半期は最悪の状況になってしまった。

この先、あの約束を果たせるかどうかはまったくの闇の中だ。

しかし黒岩莞太の確信に揺らぎはなかった。「自分のやっていることは正しい」と思っていた。

しかしその証拠を見せろと言われれば、まだ何もなかった。「プラスのモメンタム」の実態は誰にも見えていなかった。

大きな救いは、香川社長が黙って見守ってくれていることだった。

もし香川社長の神経が早くも切れはじめていたら……もし彼がここで黒岩の改革シナリオを疑いはじめていたら……もし本社内に出ている疑問の声に同調していたなら……黒岩という改革者への態度を急に変えることもあり得るのである。

しかしその香川五郎は山のようにじっとして動かなかった。

三枝匡の経営ノート 5

改革・八つのステップ

会社の改革がうまく進むときには、必ず八つのステップがきちんと踏まれている。改革がうまく進まないときには、八つのステップのどこかで改革の勢いを殺す障害が発生している。私は自分が関与してきた改革ケースを分析してそんな共通パターンに気づき、それを「改革・八つのステップ」と名づけた。

黒岩莞太らの改革チームはここまで、「改革・八つのステップ」を正確に踏んできている。そのお陰で、これほど速いスピードで改革を推し進めながらも、今のところ「死の谷」に転げ落ちることもなく前進を続けている。

第1ステップ「成り行きのシナリオ」

優秀な改革リーダーはまず、「このままいけば事業はどうなるか」の絵を正確に描くことに全力を挙げる。組織の内外を歩き回り、できる限り正確な情報を集め、手ずから(いわゆるハンズオン)の行動で自ら「問題のボトム」を確かめ、その先、事態がどう推移するかを読もうとする。それによって得られる見通しのことを、私は「成り行きのシナリオ」

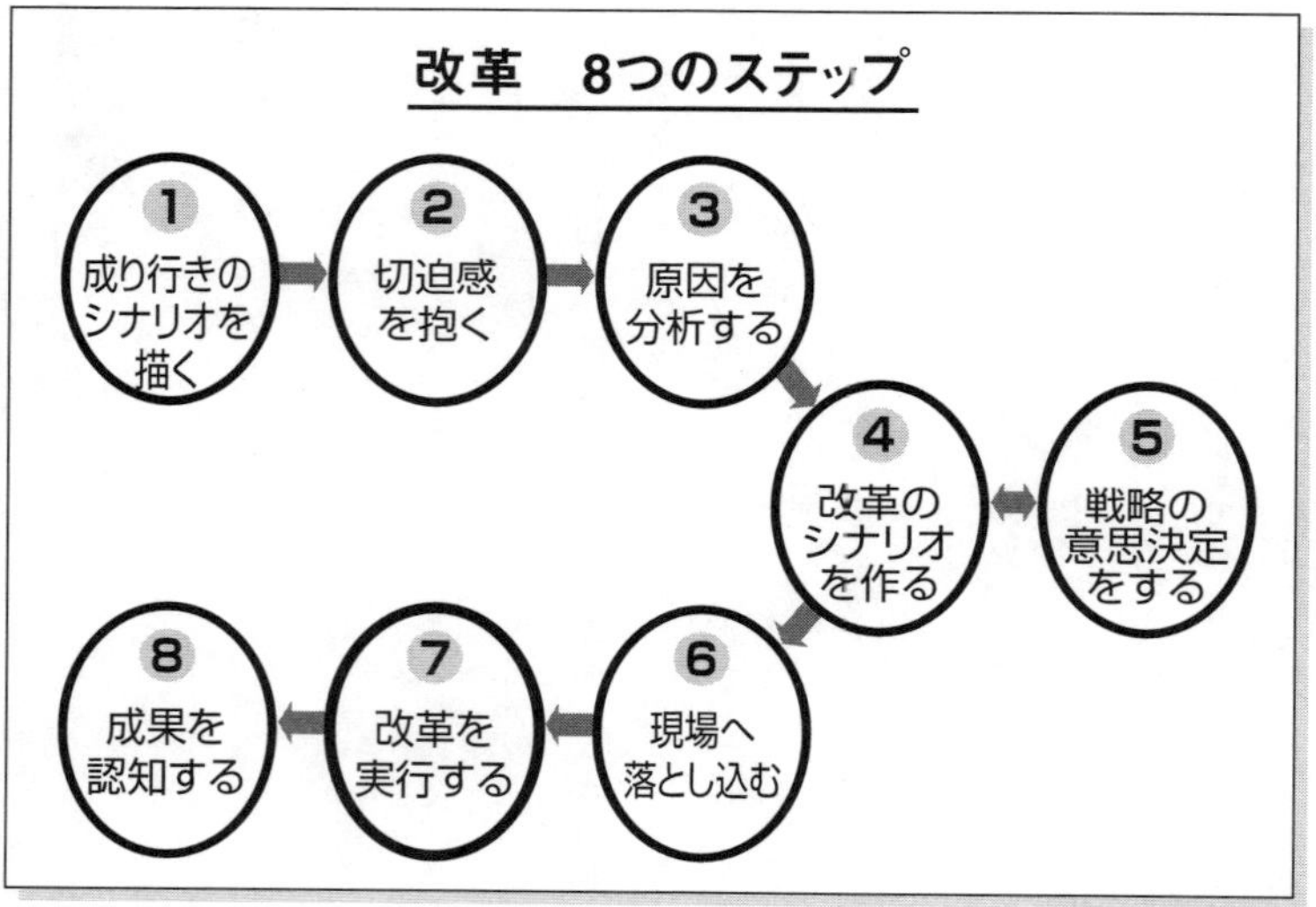

と呼ぶ。

不振の事業組織では、「成り行きのシナリオ」どころか、その基礎になるべき「現状の問題点」さえ十分に議論されていないことが多い。何が問題なのかはっきりしないのだから、改革への動きも始まるはずがない。

つまり組織として「現実直視」をきちんと行うことだけでも、かなりの努力を必要とするのである。第1ステップにおけるこの障害を、私は**「現実直視不足」の壁**と呼んでいる。

組織の中で「現実直視不足」の壁を乗り越えられるかどうかは、その組織のリーダーがカギを握っている。

組織が、「現実直視不足」に陥る理由としては、①リーダーが「現実直視」を行う能力に欠けている（たとえば、経営リテラシーが低いとか、経営経験が浅すぎて問題が見抜けないなど)、②情報不足(たとえば、会社の中でいい話しか上に伝わらないとか、情報の解析や報告手法がお粗末で誰も深刻さに気づかない、など)、③リーダーや幹部の時間軸の認識が甘い(しばらく放っておいても構わないと思っている)、④目標への執着心が薄い(必死に取り組もうとしていない)、⑤そもそも判断の基礎になるべき「あるべき姿」が初めから曖昧、などがある。

最後の⑤についてだが、強いリーダーや組織は、何かの実現を目指して行動を起こすときには必ず「こだわり」「思い入れ」あるいは、「あるべき姿」のイメージを抱いている。それは計画として文書化されていることもあれば、当事者の心の内に描かれているだけの場合もある。いずれにせよ「こだわり」や「あるべき姿」が明確でないと、うまくいっているかいないかの判断は成り行きに流され、厳しい現実直視は先延ばしにされてしまう。

アスター事業部でも、黒岩莞太が登場するまで「こだわり」や「あるべき姿」への執着は見られなかった。事業計画がはずれても当たり前、大赤字が垂れ流されても平気だった。

香川社長に正確な情報は届いておらず、社長は「このままで切り抜けられる」と楽観論を抱いて就任後三年間が経過した。さらに春田常務の甘い「成り行きのシナリオ」を信用したために、次の二年間も浪費する羽目になった。

香川が過ちに気づき、黒岩莞太を登場させたことによって、初めて正確な「現実直視」のプロセスが始まったのである。

第2ステップ「切迫感」

厳しい現実直視によって、「成り行きのシナリオ」を描き、もしそれが「あるべき姿」に似ていれば、われわれはひとまず安心することができる。その場合は改革など必要ではないのだから、「改革・八つのステップ」はそこで止まって構わない。

しかし「成り行きのシナリオ」が「あるべき姿」からはずれて不安を感じさせるものであれば、われわれは「これはまずい」と深刻さを認識することになる。つまり「切迫感」ないし、「危機感」を抱く。それが改革行動の出発点になる。

ところが不振企業では、危機感など感じていない人がたくさんいる。問題が深刻でも幹部や社員の認識が足りず、行動を起こそうとしないから、「改革・八つのステップ」はここで停滞する。当然、事態はジワジワと深刻化への道を辿る。これを、私は**「危機感不足」の壁**と呼ぶ。

トップが社内の危機感が足りないといくら叫んでも、社員の日常の行動はほとんど変わらない。実はここでもリーダーシップの真価が問われている。社内の危機感が低い理由はほとんどの場合、リーダーシップの弱さにあるからだ。

危機感は自然発生的に生まれたり、ボトムアップで生まれたりするものではない。何十万人の社員がいる巨大企業でも、たった一人のCEOの交代によって組織カルチャーのドラスチックな変化が起きる（たとえばGEのウェルチ、かつてのNTTの真藤、日産自動車のゴーン）。つまり危機感はリーダーが人為的に作り出すものなのだ。

成功する改革はリーダーの下でまとめられる「強烈な反省論」から始まる。それは気軽なものではない。社員が上層部や他部署をあげつらって溜飲を下げることをやめ、全員が「自分もまずかった」と強烈な自省の念に駆られるものでなければならない。

つまり、会社の痛みを個人レベルにまで分解することがカギである。それに成功すれば組織の危機感は自動的に高まり維持される。自分の痛みとして危機感を抱いた人々は、自分のために解決を図るべく動きはじめるからである。

第3ステップ「原因分析」

現状に危機感を抱いた人は必ず、「自分はどんな手を打てばいいのか?」と自問する。その疑問は自然に人を「なぜこんなことになったのか?」という疑問に導いていく。すなわち、行動を始める前に改めて原因分析が必要になるのである。

それまで「社内常識」で語られてきた問題の原因が、本当の原因とは限らない。むしろその逆のことが多い。つまり、関係者が考えてきた原因は表層的なもので、背後に真の原因が隠れていることが多い。しかしそれを見極めることは簡単ではない。それが**「分析力不足」の壁**である。

この壁を越えられるかどうかは二つの要素に依存する。①分析スキルと、②原因分析に対する「こだわり(執拗さ)」である。

個人あるいは組織として十分な分析スキルを体得していなければ、問題の本質に迫ることはできない。これは個人や組織の経営リテラシーの高さに直接相関している。慢性的な不振企業では、日頃からものごとを論理的に議論し数字を重視する気風が弱く、分析スキルを身につけた社員が少ないのが一般的である。

しかしいくら分析力が備わっていても、それだけでは足りない。改革では実態を暴くことに対する抵抗に出会うこともあるし、また関係者が協力的であっても必要な情報やデータが簡単に手に入るとは限らない。それでもあきらめず現場に突っ込んでいくこだわり（執拗さ）がないと、問題のボトムに迫ることはできないのである。

問題を生み出しているメカニズムが見えてきたら、それをなるべく単純化して、「原因ロジック」を描く。余計な要素を削ぎ落とし、悪さを生み出している根本原因を絞り込むのである。

改革の切り口を正しく設定できるかどうかはこの作業で決まる。「原因ロジック」が単純であれば、「改革のシナリオ」も単純になる。原因ロジックが複雑なまま改革に進むと、改革作業が複雑になり、無駄な動きや抵抗が増え、時にはぐちゃぐちゃになって改革は勢いを失うのである。

アスター工販の改革では分析からシナリオ作りに至るまで、「商売の基本サイクル」の論理が大黒柱になっている。改革の基軸に何らかの経営論理を据えると、分析やシナリオにストーリー性が出てくる。

黒岩莞太たちの伊豆の合宿場面を思い出していただきたい。改革にストーリー性を持たせられるかどうかの勝負は、シナリオ作りの段階ではなく、「原因ロジック」を整理する段階からすでに始まっているのである。

第4ステップ「シナリオ作り」

問題を引き起こしている「原因ロジック」が見えたら、それに基づいて「改革シナリオ」を組み立てる。

非常に重要なことだが、成功する戦略は常に話が単純にできている。長い時間をかけなければ説明しきれない戦略（つまり複雑な戦略）は劣っている可能性が高い。劣っているというのは、そのまま実行しても大した成果が得られないという意味である。

だから「改革シナリオ」はできるだけシンプルでなければならない。黒岩莞太らのタスクフォースはこの作業に四カ月をかけ、苦しみ抜きながらさまざまな改革の選択肢やリスクを検討していった。

内容の劣ったシナリオは社員の「マインド・行動」にインパクトを与えることができない。それが**「説得性不足」の壁**である。その壁を乗り越えるためには、シンプルで強力なシナリオが提示されなければならない。

しかし皮肉なことに、シンプルで強力なシナリオは逆に社員の心に猜疑心や不安を呼び起こしかねない。鋭い改革案であればあるほど、今度は単純化や変化への抵抗心理が頭をもたげてくるのである。

そこで大切なことは、①シナリオが論理的権威性に裏づけられていること、②分かりやすいストーリー性を持っていること、そして③改革リーダーが「熱い語り」をもって不退転の姿勢を示すことである。読者は黒岩莞太やタスクフォースの面々が行った社内プレゼンに、これら三つの要素がすべて組み込まれていたことを思い出すだろう。

第5ステップ「決断」

第4ステップのシナリオ作りと同時並行的に、第5ステップとして「一連の決断」が下されていく。それによって改革の切り口が明確になる。リスクの大きさや時間軸が決まり、全体のストーリーが固まっていく。つまりシナリオ作りと一連の決断は、同じ作業の中で進められなければならない。

ここに**「決断力不足」の壁**が隠れている。

もし改革リーダーが本当に思い切った改革に「突っ込んでいく」つもりでいるなら、彼はリスクの高い選択をし、次々と決断を重ねていかなければならない。しかし黒岩莞太ほどの経験や見識を持ち合わせていない人は、自分の「能力に見合った飛躍」の範囲でなければ大きな決断を下すことはできない。

また十分な情報が得られていない（すなわち第3、4ステップの作業が甘い）と感じるとき、人は決断に迷う。その決断によって自分の立場が危うくなる恐れがあるときにも決断力は鈍る。時間軸の感覚が甘いと、「まだ決めなくてもよいだろう」と先延ばしの態度が出やすい。リーダーのこうした決断条件の違いによって、改革シナリオの内容やその「鋭さ」が決まってくるのである。

改革案は最後に社長や取締役会に提出され、会社としての「決断」が下される。しかしそれは形式であって、改革の成否を決定づける実質的決断のほとんどはプランニング段階で下される。重要な選択肢がその作業の中で捨て去られている可能性も高い。

だから経営トップが自ら改革リーダーの役割を果たすつもりなら、きれいに整理された案が上がってくるのを待つのではなく、プランニング段階で自らこまめに作業に入り込むことが不可欠である。私はそれを、「生煮え状態での参加」が重要だと言っている。黒岩莞太は生煮え状態のタスクフォースの作業部屋に日夜出没し、完璧なまでに同時並行的決断を行っていった。

第6ステップ「現場への落とし込み」

「説得性不足」の壁を乗り越えることのできた改革シナリオは、次に社内各部署のアクションプランに落とし込まれる。ラインを巻き込み、改革案の説明や啓蒙が集中的に行われる。具体的な行動計画が部署別に作成され、改革の効果を測定する何らかの基準が示され、それに基づいて目標が設定される。

改革シナリオに対して総論賛成だった人々が、この段階までくると各論で抵抗を始めたり、実行案の細部を曖昧にしたり、さぼりを決め込むことがしばしば起きる。

ここに改革の**「具現化力不足」の壁**がある。

総論だけでは絶対に組織は変わらないのである。そのために改革推進者らは、①緻密な落とし込み能力、②燃えるリーダーシップ、③政治的軋轢の処理能力が求められる。

アスター工販の改革では、組織をすべて組み替えるという大胆な手法がとられた。改革シナリオを既存の部署に落とし込む代わりに、新組織の経営陣が自らビジネスプランを固める作業を行った。黒岩莞太、川端祐二、星鉄也らの改革リーダーたちは、抵抗に臆することなく、「具現化力不足」の壁を乗り越えていった。

この段階で改革者が遠慮や迷いを見せれば、改革は初速を失って墜落する。一度走りはじめたら、何が何でも「具現化力不足」の壁を突破しなければならないのである。

第7ステップ「実行」

改革の準備段階は終わり、第7ステップの実行段階はもっとも長丁場の勝負の場である。あくまで愚直に行動、行動、行動の繰り返しだ。思わぬ障害が現れて改革の継続が危うくなる事態もしばしば起きる。

改革の緊張の中に同じ個人を何年間も漬けておくようなやり方は賢明ではない。人間が緊張に耐えられる期間は一回ごとに限りがあるからだ。会社の中で改革対象の「突出部分」を決め、その部分に関しては短期勝負で一気に改革を進めるやり方をとる。対象外の部分は、触らず静かに放っておく。

場合によっては突出部分の中でも、さらに狭い範囲に限定して革新的手法を試行し、うまくいったら突出部分の中で水平展開するというやり方を繰り返す。つまり見かけは大きな改革でも、実行面では短期勝負の局地戦を精力的に繰り返していくのである。こうした考え方は当初のシナリオに組み込まれていなければならない。

日本企業の改革がなまくらになりやすい理由は、「突出部分」の設定と「一気呵成の勝負」というアプローチ（かなりの経営技量を求められるし、体力的にもしんどいやり方）から逃げたがるからである。

このステップには**「継続力不足」**の壁がある。

改革の継続力を保持するためには、①もともとのシナリオや改革の意味を社員に繰り返し思い出させる（双方向のコミュニケーションに努め、リーダーが「目的」と「意味」を提示し続ける）、②早期の成功（第6章要諦45）が皆に見えやすいように実行計画を組む、③熱くて継続力のあるリーダーを上に立てる、④いつまでもネガティブな行動をとり続ける社員がいたら断固として排除する（蛮勇を振るう）、などが重要である。

実行段階で、ああでもない、こうでもないと試行錯誤を繰り返すことが出てくるのは当然だ。もし基本的アプローチに間違いのあることが分かったら、第6ステップ「現場への落とし込み」にまで戻らなくてはならない。

場合によっては、第4ステップ「シナリオ作り」にまで戻らなければならないこともあるかもしれないが、しかしそこまで戻る事態になれば、ことの大きさにもよるが改革は失敗と見なされ、社内の熱が冷め、抑え込まれていた批判派が一気に元気を取り戻すことになりかねない。

だからこそ、第3、4ステップの作業が重要である。そこでの詰めが甘いと、実行段階で新たな問題がボロボロと露呈してくるのである。

第8ステップ「成果の認知」

改革に成功したら、リスクに挑んだ改革チームの努力は正当に認知されなければならない。たとえ失敗だったとしても、貴重な失敗経験を身につけた人材は次に生かされなければならない。これらのことについて責任を負っているのは、本書のストーリーで言えばスポンサー役の香川社長と事業部長黒岩莞太である。

この第8ステップは、「次への元気」を生み出すためのものだ。そこに**「達成感不足」の壁**が待っている。

米国のような金まみれのインセンティブ方式が、会社の長期の繁栄にとって有効だという証拠はない。しかしそれにしても日本企業では、リスクをとった者への報酬が不当に低いことが多すぎる。組織全体を救うために生きるか死ぬかの勝負をさせたくせに、改革メンバーを一回料亭に招いて「ご苦労さん」で終わりにしたり、事前に期待させるようなことをほのめかしながら、ことが終わってしまったらまたぞろ年功による平等論が出てきて、人事的にも金銭的にも報われなかったという話を聞いたりすると、当事者でなくとも胸くそが悪くなる。進んでリスクをとった社員にそこまで甘えるのか。

自分が十分報われなかったと感じた人材は、ばからしくなって、同じ組織の中で次のリスクに挑む意欲を減退させる。そのことと、日本企業でいわゆる起業家的サムライが減ってしまい、経営者的人材の枯渇が進んでいる現実とは、深い関係がある。

適正な「成果の認知」がどの程度であるべきかは、改革の内容、その成果の大きさ、褒めることに関する会社のカルチャー、経営者の姿勢などによって大きく変わる。

本書のストーリーでは、黒岩莞太たちが生み出した成果に対する報奨のことは触れられていない。もし黒岩莞太や星鉄也のような人材があなたの会社にいて同じような活躍をしたとすれば、その成果について彼らは社内でどのような扱いを受けるべきだろうか。あるいはあなたの会社の「褒めるシステム」のどこをどれほど変えれば、黒岩莞太のような人材が次のチャレンジに向けてまた意欲をかき立てられる状態になるだろうか。本書をダシにして、あなたの社内でそんな議論が行われるなら幸いである。

以上が「改革・八つのステップ」の説明である。賢明なる読者はすでにお気づきかもしれないが、実はこの八つのステップは改革だけでなく、個人の経営行動にも当てはまる。つまり、ミドルや若手社員が仕事のうえでちょっとした問題にぶつかったときでも、その処理を成功裏にやり遂げたときには、必ずこの八つのステップが踏まれているのである。

だから私は意味を広げて、これを「経営行動・八つのステップ」とも呼んでいる。それは経営的リーダーシップの押さえどころを示している。八つのステップを繰り返すたびに経営経験が増え、経営者的人材としての技量が高まっていくのである。

さて、黒岩莞太たちは改革の実行段階に突入した。この先、黒岩莞太たちの改革はどのような成果を生み出すのだろうか。

第6章

愚直かつ執拗に実行する

――改革を実行する

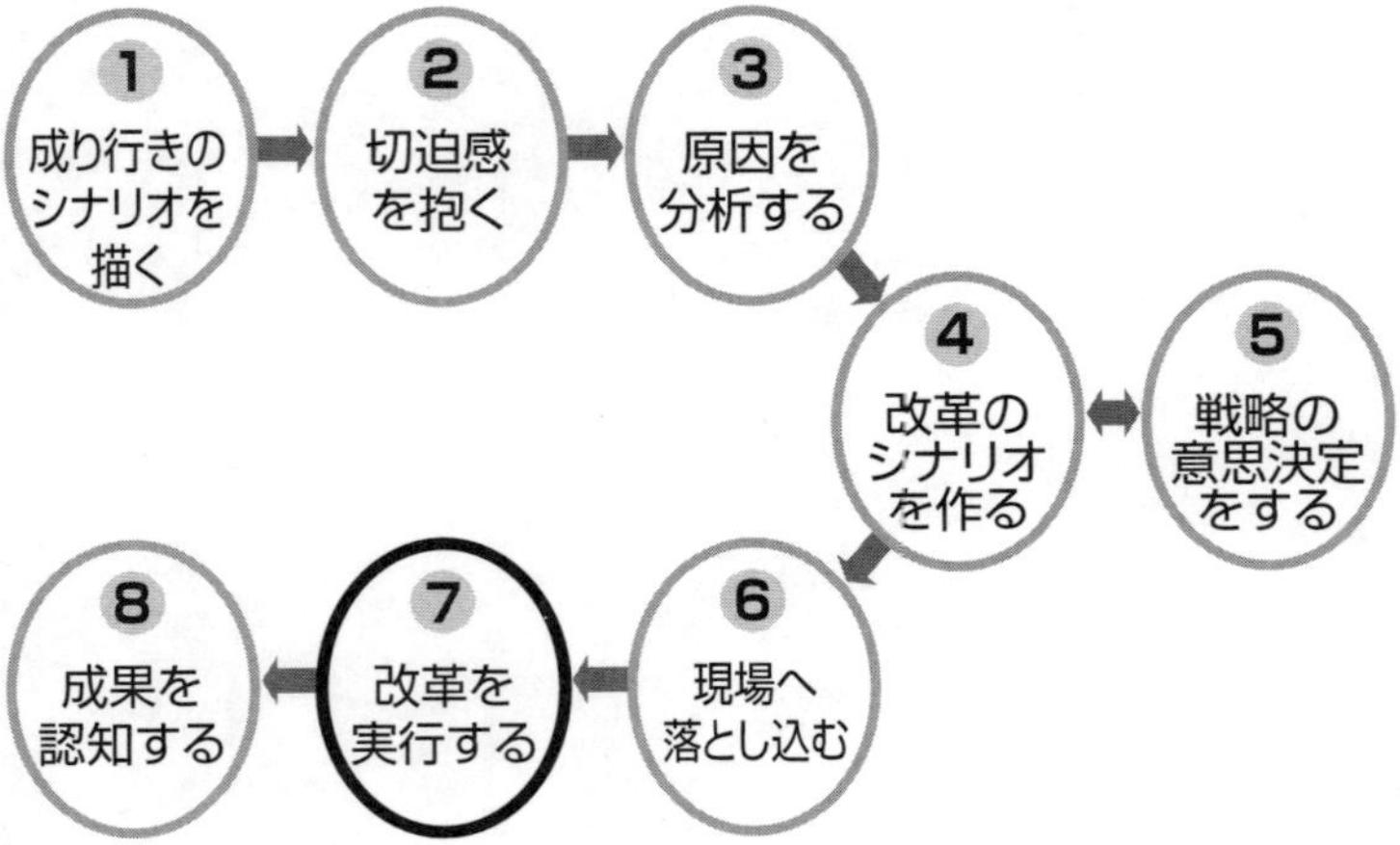

1
成り行きのシナリオを描く
2
切迫感を抱く
3
原因を分析する
4
改革のシナリオを作る
5
戦略の意思決定をする
6
現場へ落とし込む
7
改革を実行する
8
成果を認知する

覚悟のスタート

七月一日、アスター工販は新体制発足の日を迎えた。

会長黒岩莞太、社長川端祐二、そして三人のBU社長は、不安いっぱいの中で船出していく。

その日、新生アスター工販の全社員三六〇名が全国から東京に集められ、本社近くの会議場を借りて新体制発足の総決起大会が開かれた。

「そんなことに経費を使って、意味があるのか」

ここ三カ月間のひどい業績をあたかも新経営陣の責任のようにあげつらい、冗談のように陰口を叩く向きが社内にいることを黒岩や川端は知っていた。しかし気にしなかった。

業績が史上最低に落ちてもまだ痛みを感じないこの組織風土を今捨て去ることを、はっきり全社員に告げなければならない。

地方の営業事務の社員や工場の生産要員など、これまで会議に呼ばれたこともない社員まで集めて、改革のコンセプトを一人ひとりの心の奥底にしみわたらせるのである。

《BU1所属の開発技術者（二十七歳）の話》

社員決起大会はものすごく盛り上がりました。

全国の社員が初めて一カ所に集まったので、お互いに知らない顔が多く、この会社はこんなに多様な人々の集まりだったのかと驚きました。

黒岩会長が壇上に登場し、「何がなんでも『向こう岸』に渡り切ろう」と言われました。

川端社長や三人のBU社長が次々に登場し、ビジネスプランと今後の進め方を話してくれました。

話の筋が通っていて、会場の雰囲気が高揚していくのを感じました。

しかし私が本当に驚いたのは、そのあとビジネスユニットの分科会に移ったときのことです。私はBU1の所属なので、その会議場に行きました。

何に驚いたのかって、そこにいた社員の数が少なかったのです。たったの一三四名ほどでした。世の中にはそれでも大組織だと言う人はいるでしょう。しかしそれまで営業、生産、開発などの社員を全員集めるとなれば、アスター事業部は七〇〇名が対象でした。昔は一六〇〇名でした。当時は組織の中が複雑で、誰が何をしているのかよく分かりませんでした。

ところが今回、ホテルの会議室に行ってみたら、そこにC商品群の組織の全容が忽然と姿を現していたんです。

実に簡単な姿でした。六、七人の管理職で自在に動く規模だと思いました。

「これなら、誰に何を聞けばいいか、全部見える」

そう思いました。霧が晴れて盆地の景色が全部見えてきたような、私にとっては劇的な変化でした。

《BU2所属の営業マン（二十九歳）の話》
BU社長に就任した古手川修さんが、全員の前に立ってこう言いました。
「この部屋にいる一四四名が変われば、BU2事業は変わる。一四四名が変わらなければ、事業は変わらない。**誰のせいにもできない**。ここから先、そういう単純な図式です」
「若輩なのに生意気なことを言いますが……われわれはこの人生で何を楽しみに生きているのでしょうか。毎日の時間の大半を過ごしている自分の会社がこんな惨めたらしい状況で、このまま私たちの人生が終わってしまうなら、いったい**何の人生**なのでしょうか。幼い頃の夢は何だったのでしょうか」

周りを見たら、五十代の人たちも下を向いて聞いていました。古手川さんは強いなと思いました。素晴らしいなと思いました。負けないで頑張ってほしいと思いました。

私はこの一日で強いインパクトを受けました。これまで人ごとのように感じていた会社の問題が、実は自分の「生き様」の問題だったのです。

夜のパーティーには香川社長も来られました。

私は社内報や新聞に載った写真でしか社長の顔を見たことがありませんでした。関係会社のこのような集まりに本社社長が出席するのは異例だと聞きました。

美辞麗句のまったくない一日でした。香川社長の挨拶も厳しかったです。

「中小企業の泥臭さ、スピード一〇倍の精神でいきなさい。私は諸君に二年間の期限を課した。それでダメならこの事業は終わりです」

親会社の最高経営責任者が子会社にまで下りてきて、全社員を前にここまで言い切ったのです。腹の中にどーんと響きました。

香川社長とアスター工販経営陣の話は完全に一致していました。両者が一体になって、**同じストーリー**で動いていることをはっきり感じました。

《BU3の企画担当（二十八歳）の話》

厳しい一日でしたが、夜のパーティーは最高潮に盛り上がりました（笑）。

私たちの気持ちは前向きでした。これから一人ひとりが何をすればいいのか具体的方針が鮮明に見えていたからだと思います。

それどころか、私なんかつい、何となく希望に満ちた感じになり（笑）……皆でワーワーやっていたら、この時点で改革が成功したかのような錯覚を覚え、前途洋々たる気分にもなりました（笑）。

今回の組織変更で事業部からアスター工販に異動せず、元の職場に残った人たちがたくさんいたのですが……二、三日のうちにその人たちにも、この決起大会の様子が伝わりました。

それを聞いて、「俺も入れてほしかった」と言う人がいました……現金なものです。この前まで逃げ腰だったくせに（笑）……人心とはこういうものかと思いました。

それを見て、私のやる気はさらに倍増しました。この改革を何が何でも成功させたいと思いました。

組織のスピード化

これら二十代の社員はビジネスユニットの「小振りの組織」に驚いたが、それと似た現象が社内のあらゆるレベルで起きた。

旧体制下での経営会議は、三〇人近い幹部が集まって丸一日かけていた。

C商品群の議題はいつも後回しにされていた。何が決まったのかもはっきりしないことが多かった。

星鉄也がBU1の経営会議を開くと、出席者はビジネスユニットの営業部長や開発部長など七名、それに黒岩会長と川端社長が横に座って聞いているという小会議だった。

初めから終わりまでC商品群の議題を深く議論し、その場で結論を出すことができた。

黒岩会長も川端社長も、星鉄也から求められない限り極力発言を控えていた。

BU社長の権限と権威を尊重し、会議が終わり他の幹部が退席してから、二人は個人的に星鉄也へのアドバイスや指示を出すようにしていた。

七名のビジネスユニット幹部のうち、三人は星鉄也よりも年長者だった。その一人は星鉄也の元上司だった鹿児島茂雄である。

しかし、星鉄也の会議運営に遠慮は見られなかった。年長者の幹部も、この日までに気持ちの整理をつけていた。

初めての経営会議が終わったとき、鹿児島が皆の前で言った。

「こんなふうに、目の前でどんどん結論を出せて最高だね。この前までの会議は何だったのかと思うよ（笑）」

黒岩はじめ他のメンバーも微笑して頷いた。この組織が彼らには新鮮だった。鹿児島の言葉は星鉄也への応援の言葉でもあった。

ビジネスユニットの中で、さまざまな変化が起きた。

営業組織の変化はもっとも劇的だった。

《BU2の大阪の営業マン（三十四歳）の話》

月に一回、本社でビジネスユニットの営業会議が開かれるようになりました。四五名の営業マンと本社の人たちが毎月直接話をすることなど、以前には思いもよりませんでした。

目の前に川端社長がいて、朝一番に声をかけてくれます。以前の体制で私が社長の顔を見たのは二年に一回くらいでした。本社なんて遥か宇宙の先でしたよ。

まず黒岩会長が「太陽産業」と「アスター事業部」の経営状況を説明してくれます。

そのあと川端社長が「アスター工販」の前月実績を説明し、次いでBU社長の古手川修さんが「ビジネスユニット」の経営報告や改革プロジェクトの進捗状況を説明します。

このトップ三人の話は、一回分だけでも、私が旧組織の大阪支店にいたら一〇年たっても聞けないくらいの情報量です（笑）。

今月の営業会議にはコンサルタントの五十嵐さんが来て、新しい営業戦略の論理的な解説をしてくれました。

BU2の製造部長や開発部長も出ています。開発なんて以前は遠い存在でしたが……信じられないほど風通しがよくなりました。

BU社長の古手川さんは、「情報連鎖」や「時間連鎖」を縮めることで、われわれの「マインド連鎖」も縮まると盛んに言っています。確かにそれが起きつつあると感じます。

古手川さんのことを皆が一日目から「社長」と呼びました。年長の社員も割り切ってそう呼んでいました。

初めは本人も気恥ずかしい感じで、川端社長もニヤニヤして見ていました。しかし、すぐに定着してしまいました。

午後からは営業方針が説明されたり、個人別営業成績の発表が行われます。

営業活動の進捗フォローは、以前とは比べものにならないほど厳しくなりました。雲泥の差です。

時には営業部長の怒声が飛んでくるようになりました。

今までの「やってもやらなくても同じ」のカルチャーを完全に壊すために意識してやっているのだと思います。とにかく昔のだらけた雰囲気は最初の会議の最初の五分で吹き飛びました（笑）。

特に自分の行動管理ができていない人、たとえば一日平均の客先訪問が二件しかないとか……いくら当社の商談が複雑な内容だと言っても、その気になればもっと動けますよ……つまり怠け者は、徹底的に指導されています。当然だと思います。

戦略商品が明確になり、以前の「何を売ってもいい」は完璧に否定されました。支店長や営業所長がいなくなったので、本社の営業方針を全員が直接聞いて、それが直ちに営業末端の活動内容になります。

その意味で、**営業の切れ味**が格段に鋭くなったと新しい営業部長が言っていました。インセンティブの金額も高くなりました。

やる気のある営業マンにとっては面白く、そうでない者には辛いものがあるでしょうね。営業マン一人ひとりが各地でミニ会社を開いたようなもので、プロとしての技量がそのまま成績に出てくる体制です。鍛えられるシステムです。

とにかく、起きている変化が非連続的というか、革命的というか……ドサッと一気に変わりました……何もかも……。

過去に何度もこの組織を変えようとして変わらなかった理由が、私には分かったような気がします……組織を変えるときは、こういうやり方をしなければならないのだと……。

でも、この変化についていけない人、昔の雰囲気が懐かしい人、新しい営業方針に忠実に動けない人も、まだたくさんいます……そう簡単に体が動かないんですよ（笑）。

叱られてもケロリとしている人もいます。

自動車のセールスとか保険のセールスなどに比べれば、われわれはまだノンビリしています。

それを皆が知っています……この会社ではどんな劣悪な営業成績でも、とりあえずは毎月、大企業レベルの給料が振り込まれ、全社一律の賞与が払われてきたし……。以前に代理店や中小企業のお客さんから、そんなやり方だから赤字になるのは当たり前だろうって、何度も言われたことがありますからね（笑）。

この先、多少は落ちこぼれが出ると思いますね。上もそれを分かっていると思います。でも事業が赤字ですから、いつまでもただ飯を食っているわけにはいきませんよね。

《BU1所属、もと仙台支店次長（五十二歳）の話》

旧体制では、営業マンの仕事内容が複雑すぎたと思います。あれも売れ、これも売れ、という状況で……顧客もバラバラで。しかし、新体制になってから、劇的な変化が起きました。

私はBU1所属ですから、C商品群のことだけ考えればいいようになりました。訪問するお客様も絞られ、戦略商品も二品目だけ、クレーム処理の連携もスッキリ……。

とにかく朝から晩まで、**考えることが単純**になりました。組織の単純化がわれわれの仕事と心理をこれほどシンプルにしてくれるとは思いませんでした。

面白い話があるんです……。

旧体制では、アスター工販本社、支店、営業所から各地の営業マンに向けて、営業指示、商品情報、クレーム情報、人事通達、総務連絡などが、書類やメールで頻繁に送られてきました。

それに加え、本社事業部のプロダクトマネジャー、開発センター、工場などからも、同じような連絡や通達が来ました。

あるときそれを調べたら……驚いちゃいけませんよ……一人の営業マンが一ヵ月に受け取っている文書が、簡単なメールなどを除いて、平均三〇〇件もあったんです（笑）。書類にすると五〇〇ページを超えていました。

律儀に書類を読んでいたら、営業活動の時間なんかありません（笑）。全部読み切れませんから、結局は無視でした。本社の商品戦略が「現場で骨抜き」になっているという黒岩会長の指摘はまさに当たりでした。

本社や工場の発信者は、自分は重要な連絡しか流していないと思っているのです。しかし受け手の営業マンのところでは、とんでもないことが起きているのです。

紙を電子メールに切り替えたことで、本社の人たちは経費削減に成功したと思っているのですが、バンバン連絡がくるようになれば、なおさら現場はお手上げです。ほとんど暴力的とも言える情報過剰なのです。

昔の社長も事業部長も、大局的なことはいろいろ言ってましたが、まさか自分の指示がこんな理由で末端で雲散霧消しているとは気づかなかったでしょう……実態を見ようとしませんでしたから。

要諦41　組織や戦略の矛盾が解決されずに社内を順送りにされると、最後に末端営業マンと顧客接点のところにしわ寄せされる。逆に言えば、顧客接点での自社の弱みや矛盾を見れば、社内の問題点が凝集して見えてくることが多い。

新体制では連絡や通達の数が激減しました。四分の一くらいになりました。ちゃんと全部読めますよ。

とにかく、営業マンの意識が単純になったことは大きいと思います。

顧客への接近

以前の体制では、「創って、作って、売る」をきちんと整合させる役割は、本社アスター事業部の事業部長一人しか果たせない仕事だった。新体制ではその役割が、本社事業部長からアスター工販の社長さえも飛び越えて、ＢＵ社長のレベルにまで落とし込まれた。つまり、事業責任が二レベル下まで降りたのである。

だからアスター工販の会長と社長の仕事は、むしろ各ＢＵ社長を「支援」したり、ＢＵごとの動きがバラバラにならないように、戦略的な「ヨコ串」を入れることが主たる役割になった。

改革ではこのタテとヨコ串のバランスが重要である。

黒岩会長はＣＥＯとして全体戦略に責任を負うとともに、機能分野としてはマーケティングと営業を重点的に見ることにした。

彼の願望は、アスター工販を親会社太陽産業の中でもとりわけマーケティング志向が強く、経営リテラシーの高い子会社に変身させることだった。

一方、川端社長はＣＯＯとして全体オペレーションに責任を持つと同時に、機能分野としては全社共通のコスト低減手法の導入、品質向上プログラムの推進、生産リードタイム短縮の手法開発などについて、ＢＵ間で取り組みがバラバラになったり作業が重複しないように、全体調整を図る役割を持つことになった。

「一人で戦っていると思うなよ」

川端社長はしばしば、三人のＢＵ社長にこう言った。「**マネジメントチーム**」という言葉が頻繁に使われた。

黒岩会長と川端社長は、新体制発足と同時に猛烈な勢いで顧客回りを始めた。

エンドユーザーの不満が市場で渦巻いていることはタスクフォースの段階で把握していた。とりわけ品質に対する不満が強かった。

代理店もアスター工販への不信感を根強く持っていた。品質をよくするだけでなく、儲かる仕組みを提供しない限り、代理店がこちらを向かないことは明らかだった。

《横浜市のエンドユーザーA社の社長（六十二歳）の話》

半年前に黒岩事業部長が来たときには、相当きついことを言わせてもらいました。

三年前に大きな投資をして、そのときに買ったアスター製品がすぐに故障して、それ以来、何度直してもまた壊れる。

もうこりごりで、アスター製品は買わないことに決めていると言いました。

でも現に社内で使っているアスター製品がまだたくさんあるので、なんだかんだ言いながら、しょうがなくつきあっていました。

昨日、新社長の川端さんが訪ねてきました。今度の改革の内容をじっくり話してくれて……これから絶対によくするから、もうしばらく時間をくれと。

私も経営者ですからね。ちょっと感激しましたよ……改革の話やその熱心さに。

新しい提案が出てきました。当社の技術陣とアスター工販の技術陣の間で、メンテナンス向上や将来の技術開発に向けて「技術交流」をやらせてほしいということでした。

もちろん異存はありませんよ。こちらが商品を買う買わないは別にして、とりあえずそのあたりから改善したいということだったので。

ウチも故障がなくなればありがたいし、メーカーの技術陣がこんな中小企業にまで来てディスカッションをしてくれれば、こちらの社員の技術水準も上がるし。

それと先週、ＢＵ社長とかいう人が来て……星鉄也という名前の……今までのアスター工販のイメージと違って、あまりに若いのでびっくりしたんだけど、この人が元気でね。

気のせいか、このところアスター工販の営業マンの態度が少し変わったような気がする。前より反応が早くなったというか……少し本気になったというか……。

とにかく、あの会社の中で何かが起きていることは感じるよ。

《代理店大山商事、代表取締役大山郁夫社長の話》

黒岩会長と川端社長が七月初めに揃って訪ねて来られました。

半年でどんな改革準備を進めたかを……どうしてそんなことまで、と思うくらいオープンに話してくれました。

驚いたよ……支店を廃止するとか、全国の営業を三つに分けちゃうなんて発想は、私にはまったくなかったね……思い切ったことをしたもんだ。

古手川さん……ＢＵ社長という変わった肩書の人……にも会ったけど、これがまためちゃくちゃ張り切っていて、ギラギラしていて……。

一緒に来た営業部長は私も前から知っていた人だけど、久しぶりに会ったら、顔つきも目つきも前より締まっていました。

こちらが何か文句を言うと、古手川さんが……彼はまだ四十一歳でしょう？……向こうも負けずにワーワー反論してきて、その内容がきちんとしているんだ。いいと思ったね。

年上の営業部長にも、びしっと指示を出していた。

私は黒岩会長につい、「失礼ですけど、川端社長や古手川さんは、今までどこに隠れていたんですかね？」って聞いちゃったよ（笑）。

黒岩さんはニヤニヤして「社内を一生懸命探したら……いたんですよ」だってさ。

太陽産業くらいの一流企業になれば、埋もれている人材が多いのでしょうかね……いえ、これは皮肉（笑）。黒岩さんが来るまで彼らを生き埋めにしていたんだから（笑）。

私はアスター代理店会の会長をしているので、川端社長から代理店会の活性化について提案がありました。

フラフラしていた代理店政策を明確にしたので、ついては代理店会の臨時総会をやりたいという話でした。それもわずか一カ月後に開きたいと。

仕事のスピードが全然違ってきたので、こっちもあわてましたよ。

しかも当日は太陽産業の香川社長がパーティーに出席されたんです。過去三〇年間を思い出しても、この代理店会に太陽産業の社長が出てきたことは一度もありません。

おまけにそのご挨拶がすごかったんです。

「今日は代理店の皆さんに謝りに来ました。太陽産業社長としてアスター工販の事業に手抜きをしていました。改心して、この事業を立て直すので、皆様に助けていただきたいのです」

東証一部上場の大メーカーの社長が、あんなに頭を低くして反省論を言われたので、代理店の社長さんたちは皆びっくりしましたよ。

アスター工販の幹部や営業マンも出席していましたが、彼らの話すこともずいぶん変化していました。

経営方針のプレゼンテーションというのがあったのですが、過去に見たことのない積極姿勢でした。なにか、違う会社と取引を始めたみたいな感じでしたよ……(笑)。

黒岩会長や川端社長は、わずか半年でよくここまで持ってきたなと思います。

こうなると、こちらもうかうかしていられないという感じになってきました(笑)。応分の働きをしないと、今度はこちらがケツを叩かれる番になってしまうからね。

代理店会から戻ったら、すぐにウチの担当常務と営業部長に話をしましたよ。アスター商品をもう少し動かせと……。代理店各社も同じだと思いますよ。

驚きの変化

読者は、七月一日の新体制発足のあと、アスター工販の業績が急に上向きの傾向を示しはじめたと聞けば、「話がうますぎる」「ウソだろう」と感じるに違いない。

しかし、このストーリーでV字回復の二年間の「時間軸」を合わせてある実在企業では、現実にそれが起きはじめた。それも激しい変化だった。

左のグラフは実際に起きたことよりも、かなり控え目に修正してある。

修正した理由は実在企業のデータを守るためと、現実に起きた変化をそのままお見せしても読者には絵空事に映るのではないかと考えたからだ。

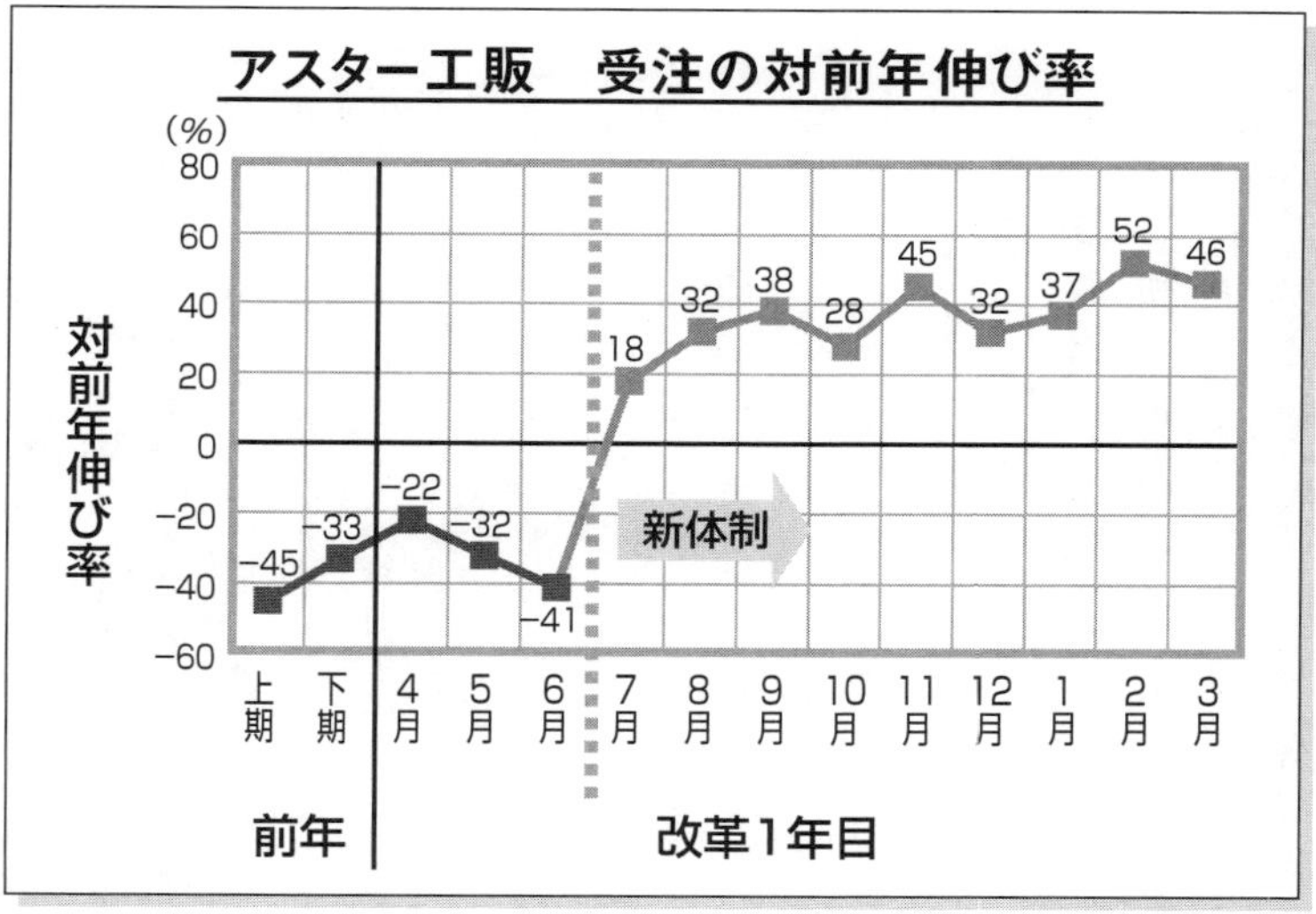

よく練られた改革シナリオで追い込んでいくと、世の中にはこのグラフよりも激しい変化が現実に起こる改革ケースがあるということである。

旧体制最後の六月の受注が、対前年比四一％減という激しい落ち込みだったことは前に述べた。史上最低の受注金額だった。

そのため四月から六月までの第1四半期損益が赤字一〇億円（年率換算で赤字四〇億円）にも迫る危機的レベルに陥ったこともすでに述べた。

その時期、アスター工販は強力な「マイナスのモメンタム」に支配されていた。

しかし新体制に移行した七月を締めてみると、受注が大きく反転し、対前年比で一八％もの伸びを見せていることが分かった。マイナス四一％からの驚きの反転だった。

だが、その好転を見ても黒岩は、「改革は始まったばかり。具体的効果が出てくるはずはない。これは先月までの反動だ。一過性の出来事にすぎない」と思っていた。

つまり、営業マンの所属やテリトリーが変わり、その引き継ぎの活動で、先月の営業活動は手抜きになっていた。中高年齢層の社員は身の不安を感じて、それ以前から浮き足立っていた。しかし彼らの居場所が固まり、七月一日以降必死の営業活動を始めたので、中途で止まっていた商談の多くが一気に進んだのに違いない。それが黒岩や川端らの解釈だった。

しかし事実は異なる様相を見せはじめた。

次の八月が始まると受注の対前年比はさらに上がり、月末に締めてみると三二％増になった。黒岩も川端も狐につままれた感じになった。しかし改革の効果が出るには依然として早すぎる。やはり第1四半期の反動が続いているのではないか。再びそう解釈せざるを得なかった。

しかし次の九月の受注がさらに対前年比三八％もの伸びを示したとき、彼らは「これはホンモノかもしれない」と思いはじめた。

やがて業界団体がとりまとめた市場データが三カ月遅れで入ってきた。経営陣は感激して大声を上げ、喝采の拍手をした。

彼らが発見したことは、景気低迷の中で市場は伸びていないという事実だった……ということは……アスター工販の売上増は、シェア増加によってもたらされていることが明らかになったのである。一〇年近く負け戦を続けてきたこの組織が、初めて反撃に転じはじめたのである。

もちろん低価格で押し込むような売り方ではなかった。各ビジネスユニットは川端社長の指示で商談一件一件の利益管理を強化していたので、粗利益率はむしろ向上する傾向にあった。

だからこれは、まともに受注が増え、まともに利益が増えはじめたということなのである。

こんな短兵急な反転現象は、黒岩莞太の予想を超えることだった。六年前の東亜テックでもこんなことはなかった。

黒岩たちは確かに「愚直」に改革を推し進めてきたが、こんなに早く成果が生まれることがあり得るのだろうか。もしそうなら、その要因は何なのか。

組織がシンプルになり、経営の意思がモロに皆に伝わりはじめたことは大きいだろう。

また、社員たちは「あと二年限り」と言われ、それを言葉だけの脅しと思わず真摯に受け止めた。危機感を抱いて自分の意思で動きはじめた者の多いことが何よりも大きい。

市場セグメンテーションや新開発戦略などを論理的に詰め、ロジカルに実行に移していく経営が、皆に新鮮に映っている効果も確かにあるだろう。

しかしどう考えても、それらの施策の具体的効果が出るには早すぎる。

そうなれば結論は一つしかない。ここまでの効果はほとんど心理的なもの、つまり皆が**やる気**になったためとしか考えられなかった。

その証拠に、受注急増は三つのビジネスユニットすべてにおいて一律に見られた。

全体市場が伸びてもいないのに、競争状況の異なる三つの商品群で突如として共通のモメンタムが生まれるとすれば、それは内的要因によるものとしか考えられなかった。

社員の意識が束になるだけで、これほどのエネルギーが出てきたのである。

「出来すぎだな」

黒岩莞太はそう思った。

もし心理的効果だけでこのような成果が生まれるなら、「この七年間の事業不振、しかも累積赤字一五〇億円とは何だったのか」と考えざるを得なかった。

つまり組織が、ただたるんでいたというだけのことだったのである。

要諦42 改革シナリオが明快なら、聞くだけで社員の気持ちの高揚と行動変化が生まれ、早期に改革効果が出はじめる。改革一年目に劇的な成果が生まれる場合、その成果の半分以上は、社員の「やる気」の高まりによると思われることが多い。

要諦43 社員の「やる気」の高まりによる効果が出ている間に、経営改革の「仕組みによる強さ」の構築を急がなくてはならない。「構造的効果」は二年目が勝負だ。

黒岩会長は経営陣の引き締めにかかった。

このジャンプが単に心理的なものなら、効果はいつまで続くか分からない。疲れやマンネリ化で勢いを失う恐れがあるし、何か否定的なことが起きれば一気につぶれてしまうかもしれない。

「創って、作って、売る」の仕組みを早く定着させ、戦略を末端まで徹底し、改革シナリオが「多少サボっていても継続的効果を発揮する」ところまで持っていかなければならない。

要諦44 優れた改革シナリオは頭から「頑張り」を求めるものではない。**仕組みによる強さ**のストーリーが明快なとき、気骨のリーダーの下で皆「頑張る」ことを始めるのである。

星鉄也や古手川修たちは、改革テーマの実行を加速した。

それにしても、ありがたい追い風だった。なぜなら、この数字の上昇を聞いて社員が勇気百倍になったからである。

受注は増えても、月々の売り上げに基づく月次決算はまだひどい赤字だった。しかし自分たちが水面に向かって浮上しはじめたという証拠ほど、彼らを元気づけるものはなかった。

要諦45 改革では、小さい成果であっても**早期の成功**（Early Success）を示すことが重要である。それによって「自分たちは間違っていなかった」という自信を得られる。またそれは、改革抵抗者の猜疑心を解きほぐす最大の武器になる（拙著『経営パワーの危機』191ページ参照）。

星鉄也も古手川修も、タスクフォースの改革シナリオがこの早期の順風を呼び起こす役割を果たしたのであれば、あの苦しい作業をした甲斐があったと思った。

新しい「販売ストーリー」

新体制になった翌月、つまり八月の初めに、ＢＵ２で新商品の発売準備が始まった。

ＢＵ社長の古手川は、当面の商談や代理店対策で外を飛び回ることを優先させた。

そこで川端社長とコンサルタント五十嵐の二人が組んで、新商品発売計画の立ち上げをサポートすることになった。

会社全体としても初めての新商品だった。

これを実験場にして、以前とはまったく異なる「新商品導入プラン」「営業拡販ツール」「戦略トレーニング」の手法を確立するという意図だった。

要諦46　新しいことを手がけるたびに**新手法の作り込み**を重ねていく。改革コンセプト（たとえば戦略連鎖）に準拠しつつ、現場で使える具体的ツールを埋め込む。この作業を手抜きすれば社員行動は変わらず、改革は観念に終わる。

ＢＵ２の幹部で新商品立ち上げ準備に当たったのは、マーケティング担当の大瀬靖司（四十四歳）だった。

実を言えば彼は当時、新体制のことをあまり面白く思っていなかった。タスクフォースと称して選ばれた者だけが何かやっているように見えて、疎外感を抱いていた。

自分より若いBU社長が生まれたのも不愉快で、内心ふて腐れていた。

最初のミーティングで、五十嵐が大瀬にこう聞いた。

「この新商品の顧客に与える経済メリットを説明してくれますか」

「新商品は部品性能が三割よくなって……」

「私が聞いているのは性能ではありません。お客様の得る経済的利益ですよ」

半年前、この商品の開発を担当していた猫田洋次が黒岩との面談で同じ質問を受け、同じやりとりになり、同じ間違いを指摘されていた。

ユーザーの経済メリットは、さまざまな要素が複雑に作用している。正確に論じるためには、ユーザーの仕事内容を裏側までよく知っていなければならない。

これまでアスター工販の社員はエンドユーザーへの食い込みが浅く、本能的にこの問題から逃げていた。

「当社の商品はイメージや流行に左右される商品ではありません。経済メリットを説明できずに、営業マンが商品を売り込むことなどできますか？　あなたは『技術性能』さえよければ自動的にお客は買ってくれるはずだ、だからその先の説明は営業マンが自分で考えろ、そう言っているように聞こえます」

大瀬は言葉につまった。

しかしその時点で彼はまだ、そんな分析を新たに行う必要はないと思っていた。

今までの資料をちょっと改良すればいいだろうくらいに考えていた。そのため、その仕事を部下任せにして、自分は他のことで走り回っていた。

改革に気乗りはしなかったが、彼が長年情熱を傾けてきた新商品だけは、なんとか成功させたいと思っていた。

何度か催促がきて、しようがなく大瀬は半日でバタバタと原案を作り、川端社長と五十嵐に説明するミーティングに臨んだ。

ところが川端社長は資料を一、二分見たところで顔を上げ、大瀬を睨んだ。

「君はこの仕事を、どうして手抜きするんだ？」

簡単に手抜きと見抜かれたのは驚きだった。今までの社長とは違っていた。

「全国の営業マンの成績が、君の作る『拡販ツール』の良し悪しにかかっている。マーケティング担当の君にとって、これより優先度の高い仕事があるのか？」

そこで大瀬は、つい下手な言い訳をした。改革を面白く思っていない態度が顔に出ていた。それが川端の怒りに火をつけた。

「何を言っているんだ。営業マンも、開発も、工場も、皆が赤字から抜け出ようと頑張っているのに、君一人、いい加減な仕事をするな！」

川端社長はそう言うと、会議室から出て行ってしまった。大瀬は参った。

幸いにコンサルタントの五十嵐が部屋に残っていてくれた。気を取り直して五十嵐に改めて教えを請い、大瀬は検討すべき項目を洗い直した。思っていたよりも複雑な作業だった。

その分析を詰めていくと、思いもしないことが起きた。

新たな「顧客の視点」に基づいて、新商品の生み出す顧客の経済メリットを計算していくと、数日で驚くほど大きな効果金額が見えてきたのである。

これなら新商品の価格をかなり高く設定しても、顧客は投資を短期で回収できるのだから喜んで買ってくれるはずだ。

アスター工販に有望な高利益商品が誕生することになる。これこそ皆が探していた「戦略商品」ではないのか。

「俺の分析は正しいのか？」

大瀬は何度も自問した。タスクフォースに参加した者たちが悩んだのと同じパターンだった。

そこで大瀬はいくつかの顧客を回って自分の計算を検証していった。

今まで気づかなかった顧客の新しい考え方が見えてきた。それらを計算に組み込むと、ようやく大瀬は自分の分析に確信を抱くことができた。

賢明なる読者は、大瀬のこの行動のおかしさにすでにお気づきのことだろう。

自社の論理ばかりで市場に商品を送り出してきた企業（旧来の「プロダクトアウト」の発想にとらわれている企業）では、社員は顧客のことを従来の論理だけで見ている。

いくら概念的に「顧客志向になれ」「マーケットインで考えろ」などと言われても、新たな論理で顧客の実態を問われると、「そういう見方はしていなかった」「顧客に聞いてみないと分からない」となる。

この作業を通じて大瀬は初めて、「自分は実は、顧客のことがよく分かっていなかった」と気づいた。コンセプトと分析ツールを与えられ、具体的作業を強いられない限り、社員の思考はなかなか切り替わらないのである。彼は数カ月前に猫田洋次が黒岩莞太に叱られて通過したのと同じトンネルを抜けた。

これまで「B3心情抵抗型」に属していた彼は、この経験を通じて「A3積極行動型」に変わっていくのである。

具体的仕掛けの埋め込み

《ＢＵ２マーケティング担当大瀬靖司（四十四歳）の話》

私は五十嵐さんや川端社長の指導を受けて、新商品の「売り込みロジック」を作り上げました。営業マンが顧客に説明できるように、それを「拡販ツール」に仕立て上げ、営業マンの前で模範演技をするようになりました。

つまり……私は改心をしたのです（笑）。

さらに、画期的なことが起きました。新しい**営業トレーニング**の手法です。

アスター工販ではこれまで、社員教育や営業研修はほとんど行われていませんでした。

川端社長の言によれば、日本的経営の強みが社員教育にあるというのは米国人の生み出した幻想、つまりウソだそうです。

多くの日本企業は社員教育に大したカネを使っておらず、手を抜いた集合研修でお茶を濁しており、今ではむしろ米国企業のほうがよほど教育熱心だというのです。

われわれはＢＵ２の営業マン全員と開発技術者を開発センターに集めました。

新商品を開発した開発技術者が「先生役」になり、商品知識を覚えたり売り込みの練習をするなど、マンツーマンの集中トレーニングを行い、最後の筆記試験は「落ちたら賞与に響く」と脅されていたので、皆は一日目から必死でした。

上は営業部長や開発部長、下は若い営業マンや開発者までが、二日間缶詰になって一緒に過ごしました。ついこの前までの社内では、想像もつかない光景でした。画期的でしたよ。

商品の特徴や売り込みのポイントが理解されただけでなく、ビジネスユニットの「創って、作って、売る」の組織の一体感が一気に出たと思います。まさにマインド連鎖です。

しかも川端社長が面白いことを言っていました。

「これは、営業マンのためのトレーニングというだけではない。実は技術陣のためのトレーニングでもある」

技術者は従来、「技術さえよければ売れるはず、あとは営業の問題」という態度でしたが、このトレーニングを通じて現場営業マンの売り込み感覚にも触れることができたのです。

トレーニングが終わったら次に、営業戦略の新しい仕掛けとして、「買ってくれそうな顧客」「そうでもないから訪問頻度を減らすべき顧客」などが分かる顧客セグメンテーションが導入されました。五十嵐さんとワーワーやりながら、新商品について「顧客魅力度」を判定するツールができあがったときには、われながら興奮しました。

その商品を潜在顧客がどの程度買うニーズを持っているか、営業マンがわずか一、二回訪問しただけで採点できるツールです。

これまで「このユーザーは買ってくれる可能性が高いか」と聞かれても、営業マンごとに判断が主観的であてにならなかったのに、簡単に点数が出るようになったのです。

点数が低ければ、営業マンはその顧客への訪問を避けようとするのは当然です。「戦略」にこのようなツールが伴うと、少人数の営業部隊でも営業効率が画期的に上がります。

しかも、点数が高く出た顧客は、どんな要素で点数が高いのかを見ると、営業的な攻めどころも分かる仕組みです。

このツールは、今回の営業改革の中で大ヒットでした。

それに加えて、社内開発した**営業訪問管理ソフト**が使えるようになりました。

全国の営業マンが「買ってくれそうな顧客」をちゃんと訪問しているかどうかの行動管理が見えてくるようになったのです。

しかも全国のターゲット顧客一軒一軒の商談の進み具合が、ネット通信で週単位、月単位で集約される**営業進捗管理システム**も埋め込まれました。

かつて当社の営業組織はブラックボックス状態でした。支店やその先で誰が何をしているのか、本社ではまったく分からない組織でした。

新商品を売るのも「面倒なだけ。やってもやらなくても同じ」の営業部隊でした。新製品の発売後半年たっても、どの程度拡販活動が行われているのか見えず、ただ「売れない」と言っていました。

しかし新体制が発足してから、全国の営業活動の様子が本社から見えるようになりました。

おまけに営業マンと営業部長は直結ですから、拡販活動がものすごくシャープに立ち上がるようになりました。

革命的変化ですよ。

こうした一連の改革作業をきっかけにして、私は今回の改革への態度を改めました。すっかり反省しました（笑）。

改革シナリオにも耳を傾けるようになりました。年下のBU社長にも慣れました（笑）。

私はタスクフォースの活動が新体制の発足後も続いているのだと考えるようになったのです。

常に問題意識を持って解析する。方針が見えたら素早く実行し、その問題点を早くフィードバックして活動を修正する。

その活動の推進者は自分たち自身である。そういう認識をビジネスユニットの社員全員が共有することが重要だと教えられました。

最近は黒岩会長や川端社長に会うと、ニコニコしながら言葉をかけられるようになりました。どうやら見直していただけたようです（笑）。

これで私もやっとタスクフォースの一員になったと思っています。

単月黒字化の大騒ぎ

熱き思いの改革は、社内のあちこちで展開された。

ＢＵ１に設定されていた改善改革テーマ一八項目には、開発関連や生産関連など、どれも一筋縄でいかない難しいテーマが含まれていた。

新戦略に合わせて、緊急の新商品開発プロジェクトが始まった。

今まで一つの商品を開発するのに二、三年かかっていた。

その発想をがらりと変え、仕事の進め方をコンカレント（同時並行的）な取り組みに改め、またこの緊急プロジェクトに関しては従来商品の部品をなるべく流用し、わずか六カ月間で開発を完了するという計画だった。

それを強力に推進したのはBU社長の星鉄也だった。

技術的に見て、決して簡単な商品ではなかった。戦略の中核に据える予定の重要商品だった。

それをわずか半年で完成させるというのは、それまでの「社内常識」からすれば誰にとっても奇想天外だった。

仕事の進め方を根本的に変えない限り、できるはずのないことだった。

要諦47
改革テーマは広く浅く推進するのではなく、改革の**突出部分**を設定し、それについてはボトムの問題にまで鋭く切り込んで一気に改革する。その間、組織の**安定部分**として置いておく部分は放っておく。リスクを限定するのである。

新体制発足から半年後の十二月に、その商品は本当に予定通り完成した。コスト目標もピシャリと実現した。

BU1の全員が喜びの祝杯を上げた。

先のBU2の新商品立ち上げのときに試行された営業戦略トレーニングの手法が、今度はそっくりBU1に移植された。

どこかの「突出部分」で成功した改革モデルを、社内で**水平展開**するという手法だった。

BU1の技術陣と営業マン全員が集まったそのトレーニング会場で、星鉄也は感激しながら皆に挨拶した。

「営業の人たちの求めている商品を開発陣はいち早く認識し、この短期間で開発を完了させました。やればできるもんだ！　俺たちはすごいよ」

明らかに「五つの連鎖」が速く回りはじめていた。勝ち戦に挑む体制がだんだん整ってきたと星鉄也は思った。

受注金額の増加が続いていた。対前年受注額は、新体制発足とともに完全にプラスに転じたまま推移し、それどころか、十一月の受注額は記録的な対前年比四五％増になった。「プラスのモメンタム」が勢いを増しつつあった。十二月に受注額の増勢は三二％に落ちたが、それにもかかわらず、劇的なことが起きた。

受注ベースで見た損益が十二月の単月で「黒字」になったのである。読者は再び「これは作り話だろう」と思うかもしれない。しかしこれは現実に起きたエピソードの再現である。

利益率の高い商品が多かったことも幸いしていた。売上ベースでの月次決算はまだ赤字だったから、負け戦を演じていることに変わりはなかった。

しかも来月になれば、受注ベースも再び赤字に戻ることは確実と思えた。だからほんの瞬間風速の話だった。

しかし経営陣には信じられない成果だった。

年率で赤字四〇億円の基調だった第1四半期からわずか半年ほどで、受注ベースとはいえ、黒字の月が出るという劇的変化が起きたのである。

「出来すぎだな」

黒岩莞太は同じせりふを吐いた。警戒感は同じだった。しかし彼のその言葉と実際の行動はまったく逆だった。

もし読者が黒岩会長の立場にいたら、この一過性とも思える目先の成果に、どのような態度で臨むだろうか。「本物ではない。騒ぐほどのことではない」とクールな態度で黙っているだけだろうか。

黒岩莞太の態度は違った。出来すぎだと思いつつ、彼はこの降って湧いた出来事をものすごく大きな音を立てて社内に伝えた。

各BU社長のデスクの横に、本社香川社長から送られた大きな花束が飾られた。香川社長、黒岩会長、川端社長の連名で「早期の成果おめでとう。決算ベースでの黒字化を目指し、引き続き頑張れ」のメッセージが寄せられた。

すべて黒岩莞太がアレンジしたことだった。

「自分たちは、いい仕事をしているんだ」

長い年月、褒められることの喜びをすっかり忘れていた組織だった。小さな成功さえ味わったことのない組織だった。

その彼らにとって、これは大きな「事件」になった。営業会議のあとに行われたビジネスユニットの飲み会は、大騒ぎとなった。

変革とは「事件」を軸にして前進するものである。黒岩が太鼓を叩かなければ、これは事件として認知されず、ありふれた一片の茶飯事として片づけられていただろう。

要諦48　早期の成功（Early Success）が出たら、皆で目いっぱい祝う。たとえそれが一夜の喜びかもしれないと思っても、明日は明日の風が吹くと割り切って、今日の成功を喜び合う。飲み屋のツケなど、あとで何とかするのである。

内部の競争

その騒ぎの中で、表情の冴えない社員の一群がいた。

ＢＵ３の幹部や社員たちだった。三人のＢＵ社長の中でもっとも若い赤坂三郎の表情には、焦りに似たものがにじみ出ていた。

実は香川社長から贈られた花束は、「会社全体」の受注黒字を祝ったものであって、ビジネスユニットごとの黒字を祝ったものではなかった。

というのは、受注黒字を示したのはＢＵ１とＢＵ２だけで、ＢＵ３はまだ赤字だったのである。

「俺たちだけが、十二月に受注黒字を達成できなかった」

赤坂三郎ばかりでなく、ＢＵ３の経営陣は猛烈な悔しさを味わっていた。赤坂三郎のデスクの横にも香川社長の花束が置かれたが、ちっとも嬉しくなかった。

おまけにある夜、赤坂三郎が本社で残業していると、携帯に電話がかかってきた。川端社長のやけに明るい声だった。一杯引っかけていることはすぐに分かった。

「おーい、赤坂君か。今、会社の前のレストランでＢＵ２の営業マンたちが飲んで騒いでいる。君らもここに来て、一緒に飲まないか。今月だけかもしれないが、半年で受注黒字の月が出るなんてすごいことだから」

会社全体の業績を皆で祝おうという、屈託のない社長の誘いだった。

しかし若いＢＵ社長は口をとがらして拗ねた。

「社長、イヤですよ……僕らは赤字ですから……『手をついて静かに反省！』なんです」

「ははは。気にするな。一杯くらい、いいだろう」

「イヤですよ……今夜は仕事です」

まるで子供がダダをこねているようなものだった。

しかしその電話を切ったあと、川端社長はあることに気づいて強い感動を覚えた。酔いが醒める思いだった。

アスター工販の社内で過去に、業績が悪いからと言って、これほどの悔しさや対抗心を燃やした者がいただろうか。

昔の機能別組織では、すべての部署がすべての商品を扱い、各商品の損益責任は社員全員に薄く広くばらまかれていた。

商品ごとに「創って、作って、売る」の全体に損益責任を負っている人はいなかった。そのため、ある商品群が赤字になろうとも、それを直ちに自分の痛みとして感じる人はいなかった。

もしいたとすれば、事業部長ただ一人だった。

しかし今、赤坂三郎は悔しがっている。彼は痛いのだ。彼の部下たちも悔しくて、痛いのだ。

それが彼らを次の飛躍に向けて駆り立てている。

誰もが重要だと分かっているはずの内部の競争原理が、アスター事業部の昔の組織では完全に死んでいた。それが今、蘇ったことを、そのとき川端祐二は改めて認識したのである。

これもまたスモール・イズ・ビューティフルを実現した組織の効用だった。

要諦49

沈滞企業の社員は外部競争に鈍感なばかりか、内部競争の悔しさや痛みを感じる機会が少ない。元気な組織とは感情の起伏の激しい組織であり、褒められたり、悔しかったり、痛かったりを豊富に体験させる組織である。

こうして多くの変革の努力が重ねられ、アスター工販はかなりのスピードで活性化の道を辿っていった。事前に立案された周到な「改革シナリオ」が、多くの成功を呼び込んでいった。

受注ベースの損益は、年が明けた一月には再び赤字に転落したが、二月、三月は連続して黒字になった。

遅れていたBU3も二月には受注黒字を記録した。赤坂三郎と彼の部下たちは嬉しそうな顔をして、遅ればせながらパーティーを開いた。黒岩会長も川端社長も参加して皆と騒いだ。

赤坂三郎は笑いながらこう挨拶した。

「十二月の屈辱を二度と味わうことのないようにしましょう（笑）」

すぐに、会社の中で受注黒字は話題にならなくなった。次の目標は売上ベースでの黒字、つまり通常の月次決算における黒字だった。

一年目の第1四半期は悲惨な赤字一〇億円（年率四〇億円）だったが、新体制に移行してからの赤字は第2四半期が六億円、第3四半期が三億円、第4四半期が二億円へと急激に縮小した。

これらを合計して改革一年目の年度赤字は二一億円になった。前年度の赤字三〇億円に比べても、まだ大きな赤字だった。

しかし年度後半の急激な改善で、今や黒字化は完全に射程距離に入った。

市場シェアも上がった。わずか一〇カ月ほどの戦いで、市場シェアは四、五年前のレベルに一気に戻った。

それでも簡単に黒字に戻らないのだから、いかに深い谷間に転落していたかということだ。

太陽産業の香川社長は、黒岩莞太、川端祐二、五十嵐直樹の三人を夕食の席に招いてここまでの努

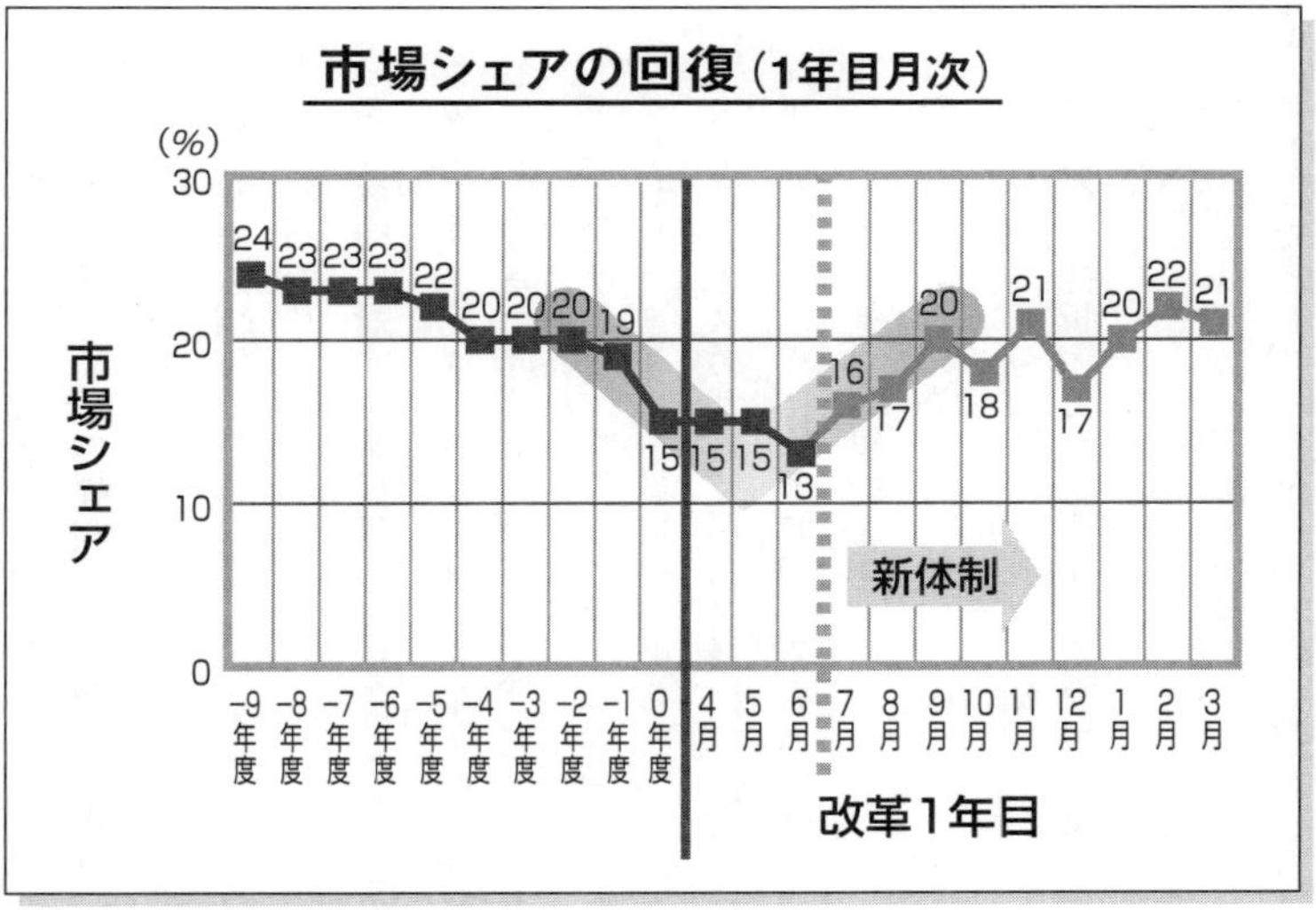

力をねぎらった。
「莞太が一年前に『改革一年目の後半には、単月黒字の月を出します』と言ったときに、私はちょっと驚いてね（笑）。でも本当にそれに近い結果を出してくれた。十二月の受注黒字が一つの節目だったね」
　あれで勢いがついた感じだった。そしてＢＵ社長たちもようやく指導者らしくなってきた。
　こうして改革一年目が終わった。

《古手川修の話》
　なんとかいい形で動きはじめています。少しホッとしています。
　それにしても私のＢＵ社長任命は、よくやらせたものだと思います。タスクフォースからの流れがあったとはいえ、経営にはまったくのど素人でしたから。
　経営的立場となれば、開発だけ、生産だけ、営業だけ、といった機能別経験では済みません。それをこの一年間、イヤというほど知りました。

初めの頃、私の最大の課題は年長者への物言いでした。年長者すなわち偉い人という図式が私のDNAに刷り込まれていましたから（笑）。

私はこれでも繊細でして（笑）……初めは言うべきことが言えず、黙ってしまったり、かろうじてメールを送ったり……。

結局は**集団に対する責任感**の問題でした。この事業を救えるかどうかが、すべて自分の行動にかかっていると思うと黙っているわけにはいきません。

しばらくすると年長者の部下にも、じっと目を見ながら話せるようになりました。

こちらにそれなりの思いがあれば、年長者もきちんと話や指示を聞いてくれます。こちらに逃げの気持ちがあれば、それを見抜いて彼らも馬鹿にしてくる。それが分かりました。

タスクフォースのとき、黒岩会長に「挫折を知らない」と言われた記憶は鮮明です。

挫折など、しようと思ってできるものではないし、挫折を知らないまま人生を終えることができるなら、それで幸せだと思います。

しかし集団の上に立って皆を引っ張っていかなければならない立場なら、必ずどこかで壁に行き当たったり、挫折することも出てくるはずです。

まさに今、挫折するかどうかの正念場に来ています。夜中に疲れ切って寝ても、時々朝早く目が覚めてしまいます。

しかし最近あることにふっと気づいて、それから肩の力が抜けました。それは、もしこの改革が失敗に終わったとして、自分はいったい何を失うのかということです。

何も恐れる必要はないのです。

これほど経営のセオリーを学び、これほど経営者的立場で仕事にのめり込み、これほど人の上に立つことを学んで……人生のこの段階で自分が得ているものはあまりにも大きいと思います。

ですから、私は高リスクの経営改革を推進していますが、個人的には高リスクでもなんでもない、とにかくやりたいことを思いっ切りやればいいのだと思うようになりました。

昔は黒岩会長や川端社長が遥か殿上人のように偉く見えていたのですが……生意気なことを言いますが……この一年でほんの少しだけ距離が縮まったような……(笑)。

私は一年前より、ずっと強くなったと思います(笑)。

家族には心から感謝しています。女房は一番に私の体調を考えてくれます。子供と時間がとれない分、休みに一緒にいられる時間がより貴重になります。

それを考えれば本社にいる単身赴任者には申し訳ないですね。子供も小さく今の時期を考えれば何とかしてあげたいのですが。

家族のバックアップには、皆本当に感謝です。

仕事で頭が煮詰まってしまい、一人になって考えたいこともあります。そんなときは、休みの日に**息抜き**でパッと伊豆に行きます。

たまにしか行けませんが、現在はアオリイカ釣りに凝っています。下田の先の磯から、人生のこと、ここから先の自分の夢を考え、アオリイカとも話しながら釣り糸を手繰ります。会社の仕事がこの嵐ですから、私には至福の時ですよ(笑)。

《名古屋で営業成績を大きく伸ばした営業マン、坂上浩志（三十四歳）の話》

昔は上司から厳しい指導を受けることはありませんでした。それを当たり前に思っていました。新体制で個人の成果が厳しく問われるようになって、会社の中に緊迫した冷たい空気が流れはじめたように思いました。孤独感を抱きました。

会社が立ち直るためには、本当にこんな変化が必要なのか、なぜそこまで言われなければならないのか、自分の人生はこれでよいのか、などと不安に襲われました。

自分は今まで一生懸命やってきた、会社の上層部が悪いのに何で今さらこんなにしんどい思いをしなければならないのかとも思いました。

そう感じて、人々はこの会社に残るか、転職するかの選択をしたと思います。

私は残りました。やるからには前向きに取り組むことに決めました。プロ意識を持とうと。やった人がそれなりに報われるという世界を体験してみると、合理性があることも見えてきました。頑張ったらそれなりの待遇を受けるということを体験して、私は見事に販売報奨金を意識した人間に変わったと思います。家のローン、子供の養育費など生活面で実際に楽になったのも事実です。

昔は何を売ってもいいという営業でしたが、今はどのようにすれば目玉商品をもっと売ることができるのか、必死に**自分で考える**ようになりました。

なるべく報奨金をもらえるように重点商品に力を注げば、それは会社の戦略にも合致していますから、会社もハッピー、自分もハッピーなわけです。

この二年間は並大抵の苦労ではありませんでした。

新組織になってから営業テリトリーが広くなり、仕事の内容もきつくなり、朝早く出て夜遅くまで働き、自発的に休日出勤をすることもしょっちゅうでした。

累積赤字一五〇億円の体質から一気に抜け出るには、それくらい働かないと追いつきっこありません。

しかし家族と一緒にいられる時間が減り、妻にはどれだけ会社の状況を説明しても、なかなか理解してもらえませんでした。

最近、妻は「自立」という言葉をよく口にするようになりました……離婚の危機？……いえ、それは大丈夫です。でも、家族も個人個人が精神的に強くなったように思います。

ここまで頑張れたのは、会社を黒字にすることが自分の唯一の生き残る道だと考えたからです。

この二年間は自分にとってムダではなかったと思います。

人間ここまで我慢して、頑張れるのだという自信を持つことができました。これは今後、家族を背負って生きていくうえで、またビジネス人生のうえで、大きな自信になると思います。

黒字達成！

経営陣も社員も自信を持ちはじめていた。何よりも、会社の中が明るくなった。とりわけ東京本社の湿った雰囲気はどこかに飛んでいってしまった。

月次決算ベースでの黒字は早くも五月に来た。

六月は再び赤字だったが、改革開始からちょうど一周年の七月から、とうとうアスター工販は毎月黒字を出すようになった。わずかな額であったが、安定して黒字基調になった。

皆の関心は次に向かった。それは半期での期間黒字だった。無理な目標ではなかった。

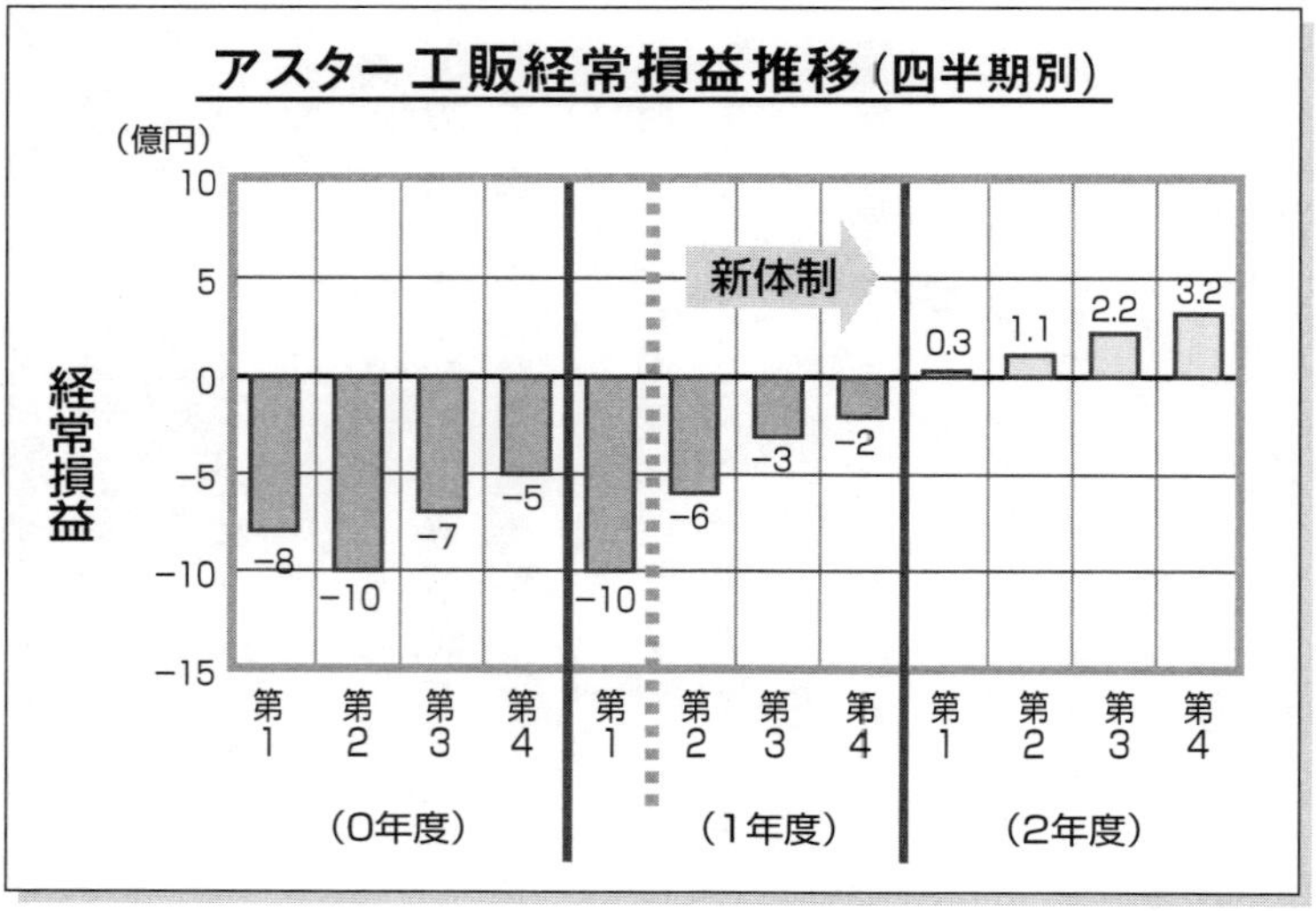

そしてついに上期は、一億円の期間黒字を計上するに至った。その知らせに社員は「すごい、やった」と思った。実に、八年ぶりの半期黒字だった。

しかし気の毒にも、昨年十二月のときと同じで、表情の冴えない一団が社内にいた。

会社全体は黒字を達成したものの、ビジネスユニット別に見ると、再びＢＵ３が若干の赤字を出した。また乗り遅れたのである。

赤坂三郎は再び地団駄を踏んだ。また「静かに反省！」と叫んでいた。

しかしもともとＥ商品群は、売り上げも少ないのに社員数を増やし、新事業のつもりで改めて育てるという戦略シナリオだったから、短期的に黒字に転換するのは容易なことではなかった。

改革スタート時点の業績に比べれば、ＢＵ３が最大の成長性と利益改善率を示していた。

この頃、競合企業で大きな組織変更と役員の更迭が行われたという噂が聞こえてきた。眠れる獅

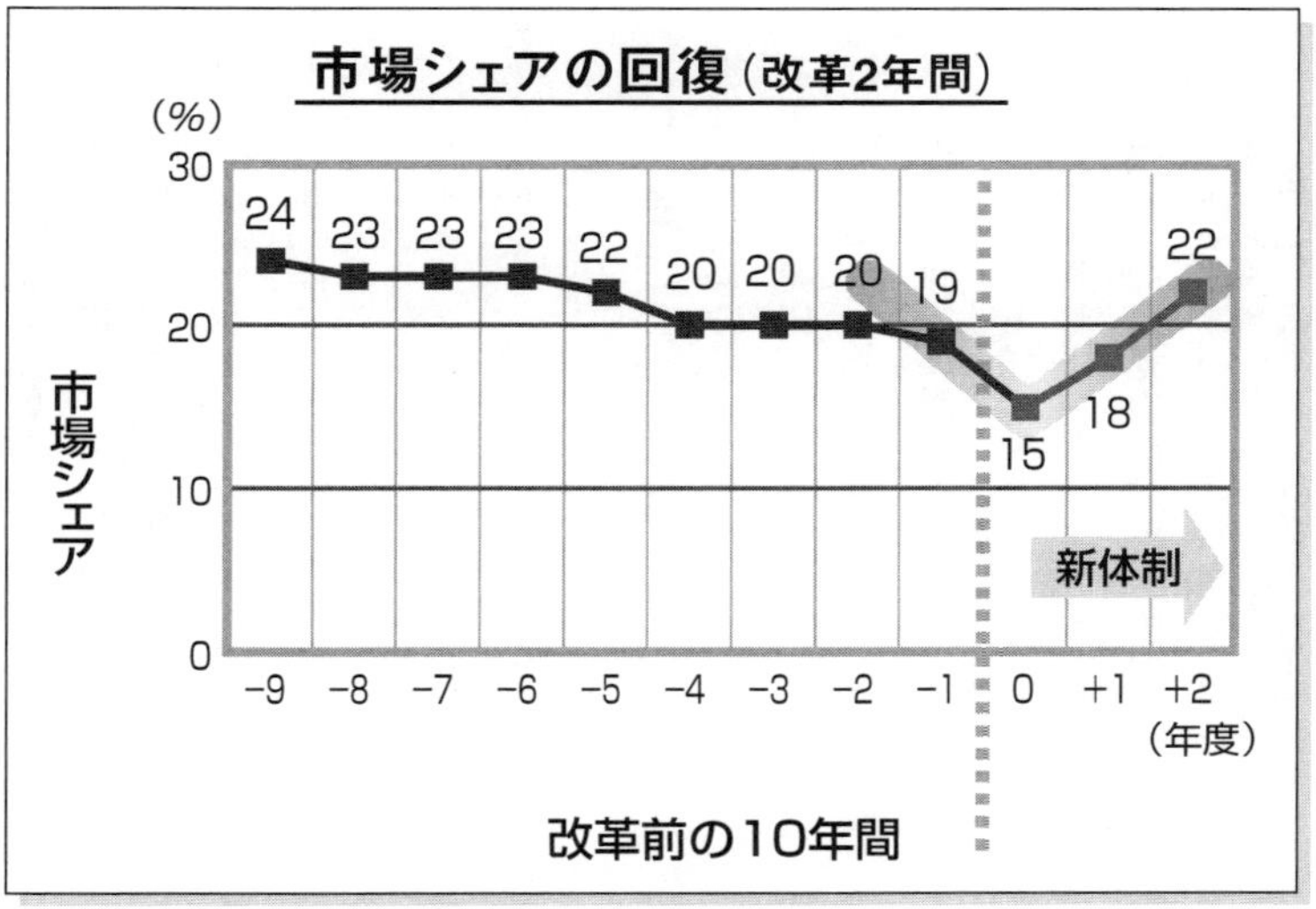

子アスター工販が突然目を覚まし、競合企業にとって驚きの脅威になりつつあった。

要諦50

競合企業の反応をなるべく先延ばしにするためには、改革や新戦略のことを得意になってマスコミに喋りすぎない。業界の会合などで余計なことは言わない。この時期、深く静かに潜行して内部改革に努める。

二年目の下期は黒字幅が四億円を超えた。しかもＢＵ１～３のすべてが半期黒字を達成し、年度を通した利益は五億円を超えた。実に、八年ぶりの年間黒字決算であった。

利益率からすればまだ低い利益だ。しかしとにかく、黒岩莞太は香川社長と約束した二年以内の黒字化を成し遂げたのである。

「実現できなければ、退任する覚悟」

そう言って臨んだ改革に成功したのである。

幹部も社員も、再び大騒ぎでこれを祝った。

そろそろ本書の紙幅もつきようとしている。彼らの戦いはまだまだ続く。

黒岩莞太、川端祐二、星鉄也らの経営陣ばかりでなく、この改革に関係したアスター工販のすべての社員にとって、決して楽な二年間ではなかった。

初めは改革に不満であっても、マーケティングの大瀬靖司や名古屋の営業マン坂上浩志のように、新しい仕事の手法にチャレンジし、自分の役割を再設定して自分の実力を上げるきっかけにした者も多い。

しかしチャンスを与えられたのに背を向け、毎日不満を垂れ流しつつ、自分でその生活を打開する勇気もないまま、惰性の人生を過ごしている社員もまだいる。

次の一手

《黒岩莞太会長の話》

二年前の「死に体」に近い状況のままでは、事業売却を狙っても買い手企業が見つからなかったと思います。赤字がさらに膨らんで、今頃、事業清算に追い込まれていたでしょう。

誰もが二年以内に黒字にするなど夢物語だと思っていました……貧乏くじを引いた私は気の毒だと。確かに、会社の中を歩いてみるとひどい状態でした。

しかしあまりお粗末だったので、私はかえって復活の芽があると思いました。

最近の米国的感覚の投資家や証券アナリストたちは、こんな事業に経営陣が時間とエネルギーを使うこと自体が間違いで、さっさとつぶせという態度です。

しかし私はそんな安直な論理に簡単に乗る気にはなれませんでした。

株主を重要な**ステークホルダー**だとおっしゃるのも結構でしょう。しかし株主の多くは、電話やインターネット取引で秒単位にコロコロ入れ替わっていく人々です。何のコミットもしない人々です。しかし、日本企業の社員は二〇年、三〇年と長い人生を会社で過ごし、朝から晩まで働いてきました。会社の価値を増やす行動をとってきたのは彼らです。

ですから、私にとっては社員のほうがよほど重要なステークホルダーです。

ところが大問題は、そのステークホルダーたる社員が能力を目いっぱい発揮して働かず、リスクもとらず、つまり何の賭け（ステーク）もなく安住して、結局は他人に補塡してもらったおカネで生活していた。そして、そのことに大した危機感を感じなくなっていたという驚くべき事実です。

もしその姿勢が変わり、皆が熱く燃え、本気になってこの事業に取り組んだらこの会社に何が起きるのか。私はそれを見極めるべきだと思いました。事業をやめるにしても、そのあとだと思いました。

驚いたことに、そして嬉しいことに、改革を始めてみたらシナリオ通りになりました。一年ほどで半期決算の黒字化、一年半ほどで年間決算の黒字化に持ち込めたのですから上出来です。

フリーキャッシュフローもプラスに転じました。

改革を実行した段階では計算上一〇％の余剰人員が出るシナリオでしたが、リストラを避け、攻めの戦略に徹して、今ではそろそろ人が足りない感じになってきました。

いったいあの「失われた七年間」と、その間に垂れ流された赤字一五〇億円は何だったのかと思います。

この二年間、改革推進者ばかりでなく、社員にとっても、いろいろ波乱がありました。

沈滞企業で甘えていた社員は、経営姿勢が変わってもすぐに対応できません。それが「改革フォロワー」のフォロワーたる理由です。

周りが変わったのを見て、ようやく自分も変わろうとするんです。その心理が動き出すまでが大変なんです。

組織を変えたい人と、自分は変わりたくないという人々が引き起こす人間的軋轢が多くの辛さを生みました。すべて「マインド・行動」にかかわる問題でした。

社員の一部には、親会社は黒字だから大丈夫、したがって「二年で撤退というのは単なる脅し」「どのみち事業は継続するだろう」とたかをくくって、初めから動かない態度の人がいました。

戦略を明確にして細かい指示を出すと「これは軍隊組織か」と不平を言う者もいました。

数字を厳しく問えば「脅された」と感じる人がおり、営業トレーニングを行えば「俺たちは言われたことを喋るテープレコーダーか」と陰口を叩く者がいました。

一人ひとりの役割が明確になり、責任が明確になってくると「しんどい」「雰囲気が冷たくなった」「孤独に感じる」となるのです。

必ず、「自分は一生懸命やってきた。悪いのは会社の上層部なのに、今さら俺たちにしわ寄せするな」という言い方をする人が出てきます。

経営者が悪いというのは当然です。しかし長く不振の続いた企業では、上と同じ体質が下にもしみ込んでいます。下だって相当無責任になっています。

はた目から見ればミドルだってすっかりたるんでいて、「朱に交わって真っ赤っか」なんですよ(笑)。

そういう人が、アスター工販はもうイヤだと言って他のちゃんとした会社に転職すれば、そこでもっと厳しい目に遭うのです。前の会社はよかったと思うのです。

しかし世間の風を知らない社員は、「この会社に残ることは『いばらの道』の選択だ」となるわけです。

私にすれば何がいばらの道なのかと思います。もちろん事態を深刻に考えて、真面目に頑張った人ほど辛く感じたのは事実ですが。

この改革を嫌って辞表を出し、社外に去った人がこの二年間で六人いました。三六〇名中の六名ですから、私は最低限のレベルだったと思います。

私は今回辞めたいという社員をいっさい慰留しませんでした。あれだけ明確にシナリオを提示したのですから、それでも辞めたい者がいれば辞めていい。

去る者は追わず。私は残った者だけで、この事業を立て直す覚悟でした。

米国なら二割とか三割の社員、つまり一〇〇名近い社員が入れ替わってもおかしくないケースです。それが六名というのですから、米国の経営者からは恐らく、「そんな甘いやり方では、やる気のない社員がそのまま残っているに違いない」と断言されてしまいます（笑）。

日本でも経営者によっては、「こんな状況ならもっと人が辞めてもいい。もっと激しいやり方をすべきだ」と考える経営者がいるでしょう。

しかし、辞めた社員が少ないから、この改革が甘かったと言われるのは短絡的です。

相当ドラスチックな改革でした。しかし、皆が改革シナリオに共感し、頑張る気持ちになってくれたから、辞める人が少なかったのだと私は思っています。

世の中では、このような改革で役員レベルも抵抗し、いろいろ事件や波乱が起きるそうです。

事業部の外から肝いりで呼ばれた役員が、改革に期待を寄せている社員を前に、「本当はこんな会社に来たくなかった」と演説して、社員のほうが「なんだこいつ」となった話を聞いたことがあります（笑）。

業績比例インセンティブが設定されたとき、それに賛成している社員を前に、「自分はインセンティブよりも固定賞与のほうがいい」と役員が抵抗したという笑い話もあります。

われわれには笑い話ですけど、その会社の社員にとってはたまらない事件でしょう。

そんな役員こそスパッと辞めさせればいい。でも、そこまでしない経営者が多いですよね。それで改革が死んでしまいます。

子会社の役員が本社に行って、自分の会社の社長批判をばらまくというのはよくある話です。今回の改革でも、私に隠れて香川社長にアプローチした人がいました（笑）。世の中には守旧派がかけ込んでくると、それだけでフラフラしてしまうトップもいるそうです。しかし香川社長は取り合いませんでした。

他の会社では労働組合の幹部に、「俺たちは言えないから、組合が頑張れ」と陰でけしかけた取締役の話もあります。

本来なら社長をクビにすることもできるはずの権威ある取締役という職位を、ここまで堕落させたのは日本だけだと思います。

五十嵐さんから聞きましたが、改革の尖兵であるタスクフォースにおいてさえ、時には脱落者が出るそうです。

タスクフォースの中に社内政治を持ち込んで、役員や周囲の思惑を見ながら態度を変える人。

頭でっかちで理屈ばかり唱え、生身の人間を動かすことができず、評論家に終わる人。
プレッシャーの下で自分を見失い、落ちこぼれ、いじけて「改革抵抗者」に転じてしまう人。
新しい経営陣のナンバー2に任命されながらも、自分がナンバーワンに選ばれなかったことに拗ねて改革行動を投げ出したという**幼児的中年**の話も聞いたことがあります。

弾は後ろから飛んでくるとは限りません。仲間だと思っていた人が、すぐ横から至近距離で弾を撃ってきたときのショックはたまらないそうですよ（笑）。

改革者が苦境に立ち、周囲の者に助けを求めているときに限って、社内で陰湿な行動や喧嘩が始まるのです。

今回のアスター工販の改革で私は、働かずに偉そうにしているだけの人は、人事体系にかかわりなく、全員横にどいてもらいました。

それは断固として実行しました。その人たちにとっては不満でしょうが、彼らがあのままいたら、間違いなくこの事業は死んでいました。

私は社内で何度も、「とりあえずは、だまされたつもりで、愚直にやってほしい」と説きました。前向きのミドルは、「いえ、だまされているとは思いませんから（笑）」と言って、本当に真っ直ぐに努力してくれました。

組織の中でがんじがらめになっていた人々が解放され、自由に飛び回れるようになったときのエネルギーのすごさには感激しますよ。

今では社員の表情が明るくなり、プライドを取り戻したように見えます。二年前に比べて、皆が少し若がえったように感じます。

エンドユーザーや代理店から、「アスター工販は変わった」とお褒めの言葉をいただくことが非常に多くなりました。

そうした意味で、この話がサクセス・ストーリーだと言われるのは嬉しいことです。

しかし本当にサクセス・ストーリーかといえば、まだ早いと思います。多少の黒字を計上するようになっただけで、成長会社になったわけではありません。「普通の会社」に戻っただけです。

人間の組織はすべて、発展することをやめた途端に腐りはじめます。ですから絶対に会社は少しずつでも成長し続けなければなりません。

その意味では、**次の一手**がものすごく重要な時期に来ました。

今の**事業ドメイン**のままでは、いつか来た道を遡るだけで、今さら大したことにはならないと思います。成熟し切ってしまった分野だと思います。

ですから、アスターの事業分野を成長分野にシフトしていくことが必要です。それもかなり大胆に。太陽産業の資金力が潤沢なうちに、M&Aや新規事業の展開を図る必要があります。

そのような攻めの戦略をとっていくためにこそ、私はこの二年間の再建努力は意味があったと位置づけています。

なぜなら、あの腐った組織のままでは、M&A戦略なんて……夢想でしたよ。売るにも買うにも、あんな組織は誰も食いつきません（笑）。

黒字にしたことでサクセス・ストーリーと言ってくださるのは嬉しいですが、それよりもあなた、われわれのこの二年間の最大の成果は何だったか、分かります？

太陽産業の本社でもなかなか気づいていただけない成果……それは「人材」ですよ。

星鉄也、古手川修、赤坂三郎。この修羅場の中で鍛錬されて、四十歳前後の新しいリーダー群が生まれました。以前の体制では一〇年かかっても育てられなかったでしょう。

その下のBU経営陣の中からも、目につく人材が出てきています。

初め改革に背を向けていたけれど、途中から目覚めた人もいます。もちろん五十代の社員でもこの二年で一皮も二皮もむけて、よし、これから勝負という感じになっている人もいます。

そういう素晴らしい連中を見ると心が痛みます……あの一〇年近い停滞のために、この優秀な人々の育成をどれほど遅らせてしまったか……。

一五〇億円の損よりも、それが歴代経営者の最大の罪ではないでしょうか。

この先、この元気な人たちを軸にして、次の事業展開を考えなければなりません。

今や問題は、次の一手をどう打つかですよ。攻めですよ、攻め！

魂の伝授

《川端祐二社長の話》

この一〇年間何度も改革を試み、そのたびに失敗してきましたが、今回は何とか「向こう岸」に渡ることができました。反対側の岩肌にへばりついただけですが（笑）。

この二年間、いろいろなことがありましたが、最終的にうまくいった理由を整理してみると、そのほとんどが改革前の準備段階に遡ります。

もちろん改革を始めてから、私やBU社長たちが顧客や代理店を頻繁に訪問してコミュニケーションを深めたこと、品質向上の活動を徹底したこと、コストダウンの努力を重ねたことなど、日々の実践レベルでの活動も大きかったと思います。

過去の改革では、改革を始めた時点から「ああでもない、こうでもない」の騒ぎが始まったのですが、今回は事前に**失敗の落とし穴**を見通し、あらかじめ埋め立てたり、横に避ける工夫がなされていたと思います。

黒岩会長がこの会社に来てから改革シナリオができあがるまでに六カ月間、それから各地のプレゼンや人事を組んで新体制を組むまでさらに三カ月をかけました。

準備している間も赤字の発生が続いていましたから、われわれは焦っていました。

しかし結局は「急がば回れ」でした。あの準備のお陰で、改革が始まると同時に上向きの「プラスのモメンタム」が一気に動きはじめたのだと思います。

三つのビジネスユニットがすべて黒字になりましたが、まだ不安があります。特にＢＵ３は少しでも競争が厳しくなると、また赤字になるかもしれません。

そうなれば、ＢＵ３の事業閉鎖を決めるかもしれません。

そうした見極めを行うことは、二年前に香川社長にお約束したことです。恐らくその**デシジョン・ポイント**があと一年くらいで到来すると思います。

いろいろ大変な二年間でしたが、社長としてこの仕事ができたことは男冥利につきると思っています。

家庭のことですか？　タスクフォースの四カ月間と、新体制発足後の一年間は土曜も日曜も出勤、平日も朝早く出て、終電間際に帰宅という状態が続きました。

一〇年間のツケを返そうというのですから、しようがないですよ。

それに……前にも言いましたが……「ガンバリ」はもう古いとかダサイというのは間違いです。そんな考え方をするのは日本人が老けてきたからです。米国のベンチャー企業では、日本人以上に猛烈に働いていますから。

人生の転機を迎えた人が苦労するのと同じように、組織カルチャーを変えるにはこれくらいのエネルギーがいるのですよ。

でも家内は「何をしているのだろう」と思っていたようです。

私の両親も、老齢ですがまだ元気で、私がうっかり「二年間の期限つきで経営改革」なんてことを言っちゃったので、かなり心配していたらしいです。

しかし『日経ビジネス』に業績回復の記事や私ら経営陣の写真が出たので、家族が「お父さん、すごいね」と言ってくれて……ようやく家族の失地を回復しました（笑）。両親にも親孝行になりました。

アスター工販の将来戦略のことですが、この先をどう持っていくか、まだ見えていません。近々、改革シナリオの第二弾をまとめる作業に入りたいと思っています。

いえ、次のシナリオは内部改革よりも、外に打って出る戦略になります。

これからの私の仕事の優先度ナンバーワンは、次の改革者予備軍を育てることでしょうね。

その人たちが次々に出てくれれば……この会社は時代の変化に合わせてどんどん進化していく組織になると思います。

私もどんどん足を前に出します。一カ所にじっとしていると、今度は私が守旧派になってしまいますからね（笑）。

《星鉄也の話》

沈滞した日本企業の改革ではしばしば、さぼり、悪口、妬み、足の引っ張り合い、時にはブラックレターや無言電話などの陰湿な行為を含めて、不愉快なことがたくさん出てくるそうです。

今回のアスター工販の改革では、そのようなことは比較的少なかったと思います。

その理由は、経営陣が非常に明確なストーリーと固いスクラムで動いたので、皆のエネルギーが束になるのが早かったからだと思います。

そのお陰で改革の効果がスンナリ出はじめ、さらにそのお陰で瑣末なトラブルが抑え込まれるという好循環が起こったのだと思います。

基本戦略が明確だったので、それからはずれた行動をとる社員に対してははっきりノーと言うことができたのも大きかったと思います。

それでもなお後ろ向きに陰湿に動くような人に対しては、黒岩会長と川端社長が断固たる姿勢で臨み、それを排除しました。

改革はいざとなれば「戦い」ですから、当然だと思います。一部の反対者に遠慮したら全員が殺されます。

この改革は私の人生の大きなターニングポイントになったと思います。

この二年間、自分の未熟さとの戦いでした。人が上っていく階段というものは、人それぞれにその高さ、幅、長さ、そしておのずと上るペースも違うものだと思います。

あとから何を思おうと、人から何を言われようと、その時点での自分が精一杯の自分です。

未熟な自分と重い任務のギャップはものすごい重圧でした。しかし、もがき苦しみながらそれを超えてきたことが貴重な経験になっています。

この会社はなんとか黒字になりましたが、本当に改革できたのでしょうか？

昔に比べれば、トップの熱い意思、それを支える勇敢な中間管理職、ベクトルの合った従業員層、そんな構図が少しだけ見えるようになりました。でも、まだまだ足りないと思います。

本当に元気な企業は、社員が自発的に動いて、組織が自律的に前に転がっていくエネルギーを出し続けなければなりません。

しかし社員が自分で動いているように見えても、そこには必ず、トップの強い意思が働いていなければなりません。上から下に常に何か強烈なものが発信されていなければなりません。

昔のアスター工販を思い出すと、トップは「社員は自発的にどんどん動け」「もっと責任感を持て」などと言っているだけでした。経営者としてずいぶん無責任だったと思います。

経営戦略とは端的に言って、激しい企業間競争にどうしたら勝てるかであり、トップはそのための**「絵」**を組織に提示し続けなければなりません。

その絵が示されたうえで、改革とは上から下への**「魂の伝授」**に他ならないと思います。

その魂とは何でしょうか。私は事業を先導する経営者にとって、あるいは経営者的人材の育成において、もっとも重要な要素は**「高い志」**であると思います。

私は過去に、この会社の経営者や事業部長に失望することが多かったのです。しかし巡りめぐって今、私は人の上に立ち、ＢＵ社長としてまさにそのことで日々七転八倒しています。

私が指導者としてどこまで行けるのか、人生の勝負どころが来ていると思います。

エピローグ　事業変革の成功要因

恐らく読者の中には、黒岩莞太の陰に隠れて時々黒子のように登場するコンサルタント「五十嵐直樹」は、著者の私が実在モデルだと思った方も多いだろう。しかし仕事先での私の役割は、もちろん五十嵐と同じ場合もあったが、実際にはむしろ「黒岩莞太」の役割のかなりの部分を引き受けることが多かった。

前に述べたように、社内に「黒岩莞太」の役割を果たし切る人材が見当たらない組織では、改革はいずれ途中で頓挫する可能性が高い。その状況に困り果てたその会社の「香川五郎」さんから頼み込まれると、私はその役割をつい引き受けてしまうことが多かったのである。

必要とあれば私は役員ないしそれに近い待遇で社内に入った。私が丸ごと「黒岩莞太」になるのではなく、社長や他の役員の誰かと組んでその役を果たす約束なのだが、改革が始まればどうしても私が改革の矢面に立つことが多かった。思わぬところから弾が飛んできたり、火の粉をかぶって戦う羽目になる。面白い仕事だと思うよりも、「こんな役割まで背負って、因果な商売だ」と思うことがしばしばだった。

米国には事業再建（ターンアラウンド）のプロフェッショナルはたくさんいるが、日本には多くない。村意識の強い日本企業では、銀行派遣の役員や会社更生法の管財人などが「絶対権力者」として乗り込んでくる場合を除いて、そと者への拒絶感が強い。とりわけ社員の危機感が低くて、「事業は健全だ」「自分たちは優秀だ」とまだプライドを保っている段階では、組織に入り込むだけで相当の抵抗が出る。

業績不振がさらに続いて社内の危機感が高まり、プライドも崩れた段階になるとそと者は入りやすくなる。しかしそのときにはかなり手遅れで、打てる戦略の選択肢が極端に減っていることが多い。そんな環境の中で意欲のある社員を探してチームを組み、うまく事業が元気になってきたときには、その仕事を引き受けてよかったと感じる。とりわけ一緒にリスクを賭けて働いた「川端祐二」さんや「星鉄也」さんらの改革メンバーが、経営者的人材として力量をめざましく上げたのを見るのが最大の誇りになる。

しかしそうしたことを感謝されるようになるのは、山場をいくつも越えて死の谷の「向こう岸」に渡り切り、三年ぶりに復配した、五年ぶりに黒字になった、史上最高益が出たなどと業績の好転が具体的に見えてからのことだ。それまではいつも孤独だった。

企業の人材が成功と失敗を経験して育っていくのと同じように、私も成功ばかりでなく、これまで失敗や屈辱をたくさん経験した。若いときには傲慢な態度をとって失敗したり、カオスの縁が見えずに転げ落ちたり、戦略の押しボタンを間違えて思わぬ苦杯を舐めた。社長と二人で組んで改革に当たる約束で二階に上がったのに、後ろを見たら梯子がはずされていて「香川五郎」さんは高見の見物、自分だけが「黒岩莞太」の役回りで戦っている、といった憤怒の事態もあった。

思い通りにいかないことが起きてみると、そのときは人のせいにして腹を立てたりするのだが、冷静に考えると結局、自分の「読み」が足らず、経営的力量が不足していたと反省することが多かった。

経営者が抱え込む問題のほとんどすべては、経営者自身の力量の反映である。私がこの仕事を始めた頃は、閉鎖的な日本的組織を相手にして事業活性化の問題を扱うには、年齢が若すぎたと思う。しかしその時期からいろいろ経験したお陰で、五十歳に近づいた頃には、どんなにひどい経営の内情を見ても、まず驚くことはなくなった。「これはどこかで見た景色だ」と思うことが増えたのである。そして以前の成功や失敗の経験を加味して戦略やアクションを組み立てられるようになった。

オーソドックスな改革手法

プロローグで触れたように、本書のストーリーは五社の実話がミックスされているが、基本的な流れや「時間軸」は、比較的最近一つの企業で行われた改革の流れを基本にしている。その一社は、私が人生で手がけたさまざまな成功や失敗のケースの中で、ベスト3に入る劇的な業績変化を見せた企業である。

日産自動車の改革に乗り込んだカルロス・ゴーンとアスター工販の黒岩莞太には、行動の時間軸に不思議なほど共通点があることは前に述べた。社内面談や視察を行いながら改革チームの発足まで持っていくのに両者とも約二カ月。必死の作業で改革シナリオを組み立て、その発表にこぎつけるのに両者とも約四カ月。

ところがこの二人は、改革を始めてから成果が表面に現れてくるまでの時間軸についても、酷似したパターンを辿っている。

日産リバイバルプランが発表されたのが十月十八日で、そのちょうど一年後の十月三十日に日産自動車は上半期業績が黒字に転換したことを発表した。さらにその半年後には年度利益が黒字に転じたばかりでなく過去最高に達し、三年ぶりに復配することを発表した。

アスター工販も新体制発足の七月から一年後の上半期業績が黒字に転じた。さらにその半年後には、年度損益が八年ぶりに黒字に転じたことを発表した。

本書のストーリーを読んで「出来すぎの話だ」「現実には起こり得ない話だ」と感じた読者もいるかもしれない。しかしアスター事業部よりも遥かに複雑で巨大組織の日産自動車は、本書のストーリーと同じペースで遥かにすさまじい業績回復を果たしたのである。

それぞれ改革の焦点に違いはある。日産自動車は手っ取り早い購買コストの削減を目玉にした。国内の営業改革は後回しになった。本当に強い会社に変身できるかどうかの真価が問われるのは、このあとのことだ。アスター工販と同様に日産自動車も、まだ病院の集中治療室から一般病棟に移っただけと解すべきだろう。しかし改革ストーリーがどんな内容であったにせよ、あれだけの短期間にあれだけの業績回復を示すには、部外者には見えないすさまじい緊張や抵抗の場面が社内や外注先で繰り返されたに違いない。私はその様子を生々しく想像することができる。

日産自動車の業績のV字回復を見て、日本経済新聞は「サンデー日経」面に、日産がリストラ費用などを前倒しで計上し、業績回復を事実以上によく見せる会計処理を前年に行っていたという批判記事を載せた。「回復の真実」「会計マジック」「演出」「計算し尽くされたパフォーマンス」とある。しかし私は、危険な吊り橋を必死の思いで渡ってきた改革先導者たちの成果を「パフォーマンス」と呼ぶ、この外野席の気楽なヤジに、当事者でもないのに無性に腹が立った。会社が乾坤一擲の改革に入るときに、一気に過去の膿を出しきり、会計原則や税務の許す限り、落とせる改革費用をすべて落とし切り、社内のマインドを過去の経営のくびきからできるだけ解放しておくことは、改革の王道なのである。

日本の金融機関や政府が、いつまでもバブルの処理を遅らせ、ダラダラと人々の心を引きずったために、どれほど国民のマインドを冷えさせ、日本経済の元気を失わせてしまったことか。同じように、改革に臨む企業が過去の負の遺産を引きずり、改革の成果としてようやく生み出した利益が「過去の失敗の清算」のために相殺され続けるならば、汗と涙の改革に取り組んできた社員のマインドがどれほどそがれることか。

そんなネガティブな要素に耐えながら改革を何年も続けられるほど人間の緊張は続かないのである。だから改革は一気呵成に行わなければならない。

カルロス・ゴーンは異常な改革手法をとったのではない。ダメな会社やダメな国家を立て直すときにはこれしかない、というきわめてオーソドックスな手順を踏んだだけのことである。

成功の要因とステップ

最後に、実在の改革参加者たちが本書のために書いてくれた寄稿文をなるべく生かしながら、アスター工販の改革がうまくいった要因をまとめておこう。

1　改革コンセプトへのこだわり　アスター工販のモデルになった五社のうち一社では、何年か前に風土改革コンサルタントのお世話になったことがある。組織に「ゆらぎ」を起こして変革するという触れ込みだったが、それは事業戦略への踏み込みがまったく欠落している手法だった。

会社の外で行うミーティングでミドルが不満を出し合い、社内新聞を十カ月間出しただけで改革は内部崩壊してしまった。コミュニケーションをよくすることは非常に重要だが、ミドルの個人的了見を突き合わせるだけで事業の閉塞を打開できるほど事態は単純ではなかったのである。

アスター工販では、まず競争や顧客を意識した「戦略」と「ビジネスプロセス」の変革を目指した。そして組織活性化や風土改革は単にその結果として導かれるという図式（第3章、改革のコンセプト3「事業変革　三つの原動力」）を徹頭徹尾、追求している。

2　存在価値のない事業を捨てる覚悟　改革シナリオの検討作業で、黒岩莞太や五十嵐直樹が一貫して問うたのは、「事業の存在価値があると言い切れるストーリーが描けるか？」だった。

アスター事業部で過去に失敗した改革は、何がなんでも事業を続けることが前提だった。そこで、うまくいくように見せた作文を作り上げ、経営陣が皆でそれを承認し、実際には実現できず、問題の先送りを繰り返してきた。

今回は経営トップが「生き残ればいい」という消極的な経営姿勢を改め、「魅力ある事業にできなければ撤退」という決断からすべての改革が始まっている。本当に実行可能な改革を考え、それでどこまで行き着けるかを自問し続け、甘い部分には鋭く切り込んでシナリオを組み直していった。

3　戦略的思考と経営手法の創意工夫　ただ生き残るという発想を捨てて攻めを意識すれば、強い分野で「勝ち戦」を狙い、弱い分野はやめてしまうという、「絞りと集中」の戦略をトコトン追求することになる。黒岩莞太と五十嵐は「業界の素人」だったが、視点の置き方、原則的な考え方については徹底的に指導し、浅い考えをはねつけていった。

業界経験が長いことはこういう局面では自慢にならず、かえって戦略判断の邪魔になるかもしれないという事実を、タスクフォース作業の情景が物語っている。

本書のストーリーを読むに当たって、たとえば「営業部隊を小さく分けるのはおかしい」とか、「営業マン全員を毎月本社に集めるなど、とてもできない」など、微細な施策について良し悪しを評論するような読み方はあまり賢明ではない。

その会社のその状況に対してもっとも有効だと思われる手を、自分の創意工夫で編み出し、それを勇気を持って実行すればいいのである。人が同じことをやっているかどうかを気にする横並び人間は改革者に向いていない。たとえ第三者には愚策や奇策に見えても、自分の状況に有効だと思えば採用すればいいし、そうでなければ捨てればいい。

研究開発と同じように、企業ごとの「経営手法の創意工夫《クリエイティビティー》」が重要なのである。

4　実行者による計画作り

失敗する改革では、「企画チームが計画を立て、誰かにやらせる」形をとっていることが多い。つまり経営企画室のような部署に頭の涼しい人を集めて考えさせ、実行責任はラインに引き渡し、プランを立てた人は批評者の立場をとるのである。

アスター工販では限りなく現実的で、細かい数字を挙げた実行計画を、「実行者が自分で作る」ことにこだわった。

「強烈な反省論→総合的な改革シナリオ→実際に新組織が立ち上がったときのビジネスプラン→その

年度の予算→各部署での具体的アクションプラン」がすべて同じ作業の中で作られた。

タスクフォースに全面的な権限が付与され、人事を含めて総合的に考えることが求められた。実行責任まで負わされることを知ったタスクフォースには大変な緊迫感が出て、狂気と思えるほどのめり込んでシナリオを作った。

その苦しい作業を通じて、皆が「よし、何がなんでもこの通りにやってやる」という気持ちになっていった。

5　実行フォローへの緻密な落とし込み　失敗する改革ではトップが全体方針を述べ、部署別のテーマに落とし、「あとは新戦略の意味を考えて各部署で推進しなさい」というスタイルが多い。あとの追及が弱く、「どうなっている?」と聞かれる間隔が次第に長くなっていき、最後は消えてしまう。
それに対してアスター工販の改革では、開発のセグメンテーション、顧客のセグメンテーション、営業進捗管理システム、大瀬靖司の編み出した「顧客魅力度」の判定ツールなど、戦略ストーリーを具体的な実行管理ツールに落とし込み、現場末端の活動にまでフォロー体制が連動するように工夫されている。また、「目で見て分かる管理」へのこだわりがあった。

「頑張れ」の号令だけでは戦略は実体化しないのである。「武器」や「道具」を作り、組織の各レベルをつながなければならない。

6　経営トップの後押し　アスター工販で過去に失敗した改革と今回が決定的に違うのは、「本社社長のトップダウンで始まった」という事実である。香川社長と黒岩莞太は社内の政治的障害を排除して改革チームを守り、また必要な経営資源を与えるように配慮した。

7　時間軸の明示　香川社長と黒岩莞太による二年間の期限設定も強いインパクトを与えた。守旧派の退路を断つとともに、改革者たちにとっては「二年の期限が切れるまでは文句を言わないから徹底的にやれ」というエールでもあった。

8　オープンで分かりやすい説明　全社員に会社の悪さ加減が赤裸々に知らされた。それなくして「現実直視」や「強烈な反省論」を迫ることは不可能である。外部コンサルタントの五十嵐が第三者の視点で厳しい指摘を行い、社員同士では抵抗の出かねない論点についての受け入れ度を高めた。社員に対する方針説明がたびたび行われ、トップが生の声で社員のベクトル合わせを図った。早期の成果をタイムリーに開示して、士気を保つ工夫がなされた。

9　気骨の人事　改革には「気骨の人事」が不可欠である。伝統的日本企業では、アスター工販のようなドラスチックな人事を到底容認できないという会社がまだ多い。しかしトップ経営者がその気になればできる。

旧来の人事体系にこだわって全員が沈んでいくのか、それともエリートを育成し、その人たちが尖兵になって新たな事業成長機会を生み出し、そのメリットを他の社員も享受するというサイクルに入っていくかどうかの選択である。

プロローグで述べたように、改革ではスポンサー役（香川社長）、力のリーダー（黒岩莞太）、智のリーダー（五十嵐直樹）、動のリーダー（川端祐二）の四人の組み合わせを確保しなければならない。それぞれ複数の人間の組み合わせでもいい。

10　しっかり叱る　人を叱るにはエネルギーがいる。叱ればそれだけ自分も厳しい規範が求められる。最近の日本企業では叱ることが減っているが、黒岩莞太と川端祐二はよく怒り、よく叱った。

体裁のいい言葉でその場をとりつくろい結局何もしない人、自分は手を施さないが評論家的に人を批判をする人、自分のしていることがどんな意味を持っているか分からないまま時間だけを浪費させる人、そのような行動は二人によって厳しく否定された。

曖昧な叱り方ではなく、一発で当人に問題が認識され、直ちに是正されるよう明確に指導された。それでも直そうとしない人は、最後には横にどいてもらう措置がなされた。いくら戦略がよくても、そういう人が社内で威張っていたら改革が現場で骨抜きになるからである。その際には、やりすぎて恐怖政治にならないように、きちんとした論理と明快な説明を伴うことが重要である。

11　ハンズオンによる実行　アスター工販の改革の「積み木」を驚くべき速さと緻密さで積み上げることができたのは、トップ経営陣が「ハンズオン」で現場に目を配り、積み木を途中で崩しかねない要素を早め早めに排除していったからである。それなくしてこの改革スピードを実現することはできない。

「高い志」と「魂の伝授」

経営組織の改革とは、「正しい」と思われることを、「愚直」に、必死になってやり通すことである。それには先頭に立つ人の果てしない情熱の投入が必要である。

ストーリー最後の《星鉄也の話》に、「改革とは『魂の伝授』である」「経営者にとってもっとも重要なのは『高い志』である」という言葉が出てくる。

これは私の言葉ではない。ある上場企業で数年前に経営改革が行われたとき、幹部のさぼりや陰湿な抵抗に遭いながら満身創痍で動き回った改革チームのメンバーの一人が、今回本書のために寄せてくれた文章の一節である。

赤字に陥って久しいのに、それでも変わることのできない会社を何とか変えたいと願い、大組織を相手にドン・キホーテのように戦いを挑み、トップ経営者や役員の経営姿勢を体が触れるほど近くでつぶさに見た彼は、「経営とは何か」を生々しい体験の中で考え続けた。

その結果、会社を元気にできるかどうかは戦略も大切だが、リーダーの「高い志」と「魂の伝授」がカギだと語るようになった。今、彼は経営者的人材として、新たな挑戦に情熱を燃やしている。

日本企業のあちこちに埋もれているこのような人材に、日本は十分な活躍の場を与えることができるのだろうか。その道が十分に開かれるならば、これからの日本の経営もまだまだ捨てたものではないと思うのである。

皆さん、なんとか日本を元気な国にしようではありませんか。

私は本書を自分のビジネス人生の総決算のつもりで書いた。言うまでもなく本書は、それぞれの人生の中で私と一緒に働いてくださった多くの方々の支えがあってこそ生まれた。企業改革の最前線で、死の谷に臨む厳しい時期にあっても私とともに頑張り続けてくれた「気骨の面々」を思い出すたびに、私は誇りと感謝の気持ちでいっぱいになる。改めてこの場を借りて厚く御礼を申し上げたい。また、私の原稿を辛抱強く待ち続け、多くの示唆を与えてくれた日本経済新聞社出版局の西林啓二、伊藤公一の両氏に感謝の意を表したい。

本書のストーリーにはとうとう最後まで女性を登場させることができなかった。日本の多くの大企業は、残念ながらまだ女性を選抜して激しい改革の最前線に立たせるところまで来ていないのである。しかしそのときが来ても、本書の登場人物の名前を女性に置き換えるだけで、行わなければならない仕事の内容は男性も女性も同じである。

表舞台には現れなかったものの、本書の陰には多くの女性がいた。改革の矢面に立った人々にはそれぞれ家庭があり、そこには陰で男たちを支える家族がいた。多くの者が、仕事が厳しいときほど家庭に戻るとホッとし、家族のありがたさを強く感じたと語っている。

私の人生でも同じだった。

私は本書を、貧困の中にあって一生懸命私を育ててくれた亡き母鷹子、人生をここまで一緒に歩んでくれた妻英子、そして今ニューヨークにいて明日を模索している一人娘明子の三人の最愛の女たちに捧げる。

要諦49　沈滞企業では競争の悔しさや痛みを感じる機会が少ない。元気な組織は感情の起伏が激しい。(339)

要諦50　改革や新戦略を得意になってマスコミに喋りすぎない。余計なことは言わない。(347)

要諦36　「気骨の人事」の実現は、企業トップがその改革に本気かどうかの踏み絵になる。(268)

要諦37　強い経営者的人材プールを社内で作るには、組織内部の競争原理を抜本的に高める必要がある。(269)

要諦38　一般に経営改革では、「突撃しない古参兵」よりも、今は能力不足だが潜在性の高い「元気者」を投入すべきである。(270)

要諦39　力量に不安のある人材を投入しすぎると、改革のリスク総量は初めから限界を超える可能性がある。(271)

要諦40　「危ない橋」の中央で迫ってくる不安には、「打つべき手はすべて打った」と腹をくくって自分を支えるしかない。(289)

第6章　愚直かつ執拗に実行する

要諦41　組織や戦略の矛盾が解決されずに順送りにされると、営業と顧客の接点にしわ寄せが現れてくる。(317)

要諦42　改革1年目に現れる劇的な成果の半分以上は、社員の「やる気」の高まりによるものが多い。(326)

要諦43　社員の「やる気」の高まりによる効果が出ている間に、「仕組みによる強さ」の構築を急ぐ。(326)

要諦44　社員の「頑張り」は、「仕組みによる強さ」のストーリーが明確な場合に生まれてくる。(326)

要諦45　早期の成功（Early Success）は、改革抵抗者の猜疑心を解きほぐす最大の武器になる。(326)

要諦46　改革を始めた後は、新しいことを手がけるたびに新手法（具体的ツール）を埋め込んでいく。(327)

要諦47　突出した改革テーマに絞り込んで、ボトムまで一気に鋭く切り込む。リスクを限定する。(335)

要諦48　早期の成功（Early Success）が出たら皆で目一杯祝う。飲み屋のツケはあとで何とかする。(337)

要諦23　人々に「強烈な反省論」を迫るには、徹底的な事実・データに基づく追い込みが不可欠。(206)

要諦24　特定の個人や部署を責めずに、古いシステムの問題点をクールに指摘し続ける。(209)

要諦25　戦略マップでトップの考えを幹部に徹底する。マトリックスにするのが効果的。(227)

要諦26　基本に忠実な組織を「愚直」に作っていけば、会社は元気になる。(227)

要諦27　営業マンの頭の中をいつもスッキリさせておく。彼らの心理的集中を確保することに留意する。(228)

要諦28　戦略の内容よりも、トップによるしつこいフォローのほうが大きな影響を与えることが多い。(229)

要諦29　戦略指針を与えても、その実行をモニターするシステムがなければ戦略は「骨抜き」になる。(229)

要諦30　改革が「人減らし」だと受け取られてしまうと、改革に対して社員は防御的になる。(232)

第5章　熱き心で皆を巻き込む

要諦31　改革シナリオのプレゼンテーションは、聞き手の表情が分かる少人数を相手に行う。(253)

要諦32　「強烈な反省論」と「解決案」は抱き合わせで発表するのが常道。(254)

要諦33　改革シナリオ発表後に意図的な反対行動が現れたら、改革の修羅場に突入する可能性がある。(256)

要諦34　いったん改革をスタートさせたら、改革者は徹底的に意思を貫徹する。(257)

要諦35　「気骨の人事」なくして、改革の仕掛けは人々を熱く動かすところまで行けない。(267)

要諦10　仮説検証の手法をうまく使えば、分析やシナリオ作りの時間を大幅に短縮することができる。(128)

要諦11　「組織の再構築」と「戦略の見直し」はワンセットで検討することが不可欠。(143)

要諦12　セオリーや原則論を外部から学んで初めて、ようやく内部の問題が見えてくる。(145)

要諦13　事業活性化には、商売の基本サイクルを貫く「五つの連鎖」の抜本的改善が必要。(153)

第4章　組織全体を貫くストーリーをどう組み立てるか

要諦14　「強烈な反省論」は「改革シナリオ」の出発点であり、裏腹の関係にある。(169)

要諦15　スピードに関する組織カルチャーを最初にリセットしないと勝利の方程式は動き出さない。(170)

要諦16　変革リーダーは、社員を厳しい現実直視に追い込み、そこからのジャンプを考えさせる。(173)

要諦17　改革シナリオ作りでは、あらゆる選択肢についてオープンに考える権限を与える。(174)

要諦18　改革シナリオ発表前に起きる小さな出来事は、よほどのものでない限り相手にしない。(176)

要諦19　前向きに進もうとしている人々を守るのは改革リーダーの最大の責務である。(183)

要諦20　事業再生の道がない「悪性の赤字」は、恥も外聞もなく早期に撤収すべきである。(191)

要諦21　計画を組む者と、それを実行する者は同じでなければならない。(192)

要諦22　改革先導者は「覚悟」を決め、それを人生の貴重なチャンスととらえ、ひたすら足を前に出す。(199)

改革を成功へ導くための要諦50

改革の成功は積み木細工と同じで、一つひとつの成功要因を着実に押さえながら、きちんと積み上げていくことによってのみ達成されるものです。それぞれの局面で押さえておくべきポイント（改革の要諦1～50）をまとめました（カッコ内はページ数）。

第3章　改革の糸口となるコンセプトを探す

要諦1　改革チームの人選は、改革の成功・失敗に決定的な影響を及ぼす。(97)

要諦2　組織カルチャーの変化は、必ず組織内で起きる「事件」を触媒にして進展する。(99)

要諦3　改革シナリオを検討する初めの段階では選択肢を規制しない。(103)

要諦4　人間も組織も「カオスの縁」に立たされたときに、新しい変化への適応がもっとも早く進む。(104)

要諦5　改革リーダーは、初めからある程度「最悪のシナリオ」を計算しておく。(105)

要諦6　経営行動は、厳しい「現実直視」と問題を「自分で扱える」大きさに分解することから始まる。(106)

要諦7　停滞している状況をその会社の「社内常識」で分類しても、抜本的解決の糸口は見えない。(113)

要諦8　解決策を探し出すには、社員が共有すべきコンセプト・理論・ツールをトップが示さなければならない。(114)

要諦9　「創って、作って、売る」をスピードよく回すことが顧客満足の本質。(120)

症状48　会社全体で戦略に関する知識技量が低く、戦略の創造性が弱い。(84)

症状49　幹部の経営リテラシー（読み書き能力）が不足している。(84)

症状50　狭い社内で同じ考え方が伝播し、皆が似たようなことしか言わない。社外のことに鈍感。(84)

全に把握していない。(64)
症状32　社員が外部に会社の不満を垂れ流し、会社の看板を背負うことを投げ出している。(65)
症状33　過去の戦略不在やふらつきのため、取引先が不信感を抱いている。(67)
症状34　組織末端のあちこちに一種の被害者意識が広がっている。(69)
症状35　本社の商品戦略が顧客接点まで届いていない。(70)
症状36　営業活動のエネルギー配分が管理されていない。(70)
症状37　「絞り」「セグメンテーション」の考え方が足りない。(71)
症状38　「戦略」が個人レベルまで降りておらず、毎日の「活動管理」のシステムが甘い。(72)
症状39　ラインの推進力が弱く、スタッフが強い。(73)
症状40　代理症候群が広まり、組織の各レベルにミニ大将がはびこっている。(75)
症状41　社員が勤勉でない。とりわけ役員やエリート層が汗を流して働かない。(79)
症状42　抜本的に構造を変えるべきものを、個人や狭い職場の改善の話にすり替える人が多い。(79)
症状43　組織に感動がない。表情がない。真実を語ることがタブーになっている。(80)
症状44　社員が心を束ねるために共有すべき「攻めの戦略」が提示されていない。(80)
症状45　総合的な分析力と経営コンセプトに欠けている。戦略と現場の問題がバラバラに扱われている。(81)
症状46　事業全体を貫くストーリーがない。組織の各レベルで戦略が骨抜きにされている。(83)
症状47　対症療法的な組織変更や人事異動が頻繁に行われ、すでに改革疲れを起こしている。(83)

第2章　組織の中で何が起きているか

症状14　会議の出席者がやたらと多い。(45)
症状15　ミドルが機能別組織のたこつぼに潜り込んでいる。(51)
症状16　プロダクトマネジャーが社内政治の「掃き溜め」にされている。(51)
症状17　全部署が全商品群に関与しているため、個々の商品への責任感が薄まっている。(52)
症状18　「妥協的態度＝決定の先延ばし＝時間軸の延長＝競争力の低下」のパターン。(52)
症状19　社内では顧客の視点や競合の話がなく、内向きの話ばかり。(53)
症状20　「負け戦」をしているという自意識がない。(53)
症状21　個人として「赤字の痛み」を感じていない。責任を皆で薄め合っている。(53)
症状22　商品別の全体戦略が「開発→生産→営業→顧客」の一気通貫で行われていない。(57)
症状23　商品別損益がボトムラインで語られていない。(57)
症状24　原価計算がたくさんの商品を丸めた形で行われている。(58)
症状25　赤字の原因を個々の「現場」に遡及することができない。(58)
症状26　関係会社を含めた商品別の連結損益が見えていない。(58)
症状27　利益志向の管理システムが途中で切れており、組織末端では旧来の売上高志向から抜け切れていない。(59)
症状28　トップも社員も表層的な数字ばかりを追いかけ、議論が現場の実態に迫っていない。(59)
症状29　開発者がマーケティングや市場での勝ち負けに鈍感になっている。(61)
症状30　あれもこれもと開発テーマが多すぎる。(62)
症状31　開発陣が「顧客メリットの構造」「顧客の購買ロジック」を完

あなたの会社でもこうした症状が見られませんか？
——不振事業の症状50

黒岩たちが改革の過程で見てきた光景（不振事業でよく見受けられる症状１～50）をまとめました。あなたの会社は大丈夫ですか？　現実を直視してみましょう（カッコ内はページ数）。

第１章　見せかけの再建

症状１　組織内に危機感がない。一般に企業の業績悪化と社内の危機感は逆相関の関係である。(18)

症状２　カンパニー制や執行役員制を導入したが、大した効果をあげていない。(18)

症状３　経営者は、ただ危機感を煽る言葉を口にしているだけである。(21)

症状４　横並びの業界心理が経営陣を支配している。(22)

症状５　リスク戦略の実行能力の低い人材が、改革者として配されている。(23)

症状６　経営スキルの低い経営者が、社員の意識を変えるために「意識改革をしよう」と叫んでいる。(24)

症状７　多くの社員が「そと者」を心理的に区別している。(25)

症状８　激しい議論は大人げないと思われている。(25)

症状９　トップが自らハンズオンの経営スタイルをとっていない。(26)

症状10　昔のことばかりを引き合いに出す「語り部」が多い。(27)

症状11　ミドルが問題を他人のせいばかりにしている。(27)

症状12　組織に「政治性」がはびこっている。(32)

症状13　時間だけが経過し、会社のとり得る選択肢が次第に減少している。(33)

【著者紹介】

三枝　匡（さえぐさ・ただし）

1967年一橋大学経済学部卒業。三井石油化学を経て、ボストン・コンサルティング・グループ勤務。75年スタンフォード大学経営学修士（MBA）取得。30代から経営の実践に転じ、赤字企業再建やベンチャー投資など3社の代表取締役を歴任。86年㈱三枝匡事務所を設立。上場会社ないし同等規模の企業を対象に不振の事業部や子会社の再建支援を行うターンアラウンド・スペシャリストとして活動。役員に就任して、自ら事業責任を負うこともある。
一橋大学大学院商学研究科（MBA コース）非常勤講師の他、数社の社外取締役や監査役なども務めている。著書等は以下のとおり。

『戦略プロフェッショナル』（ダイヤモンド社）
　戦略理論を実戦に使って市場シェア大逆転を引き起こす実話ドラマ。経営ノートでは「戦略実践」について解説。

『経営パワーの危機』（日本経済新聞社）
　36歳の熱き経営リーダーが倒産企業を成長会社に蘇らせる実話ドラマ。経営ノートでは「経営者的人材育成」について解説。

『「鈍」な会社を「俊敏」企業に蘇らせる！』（監訳、日本経済新聞社）
　UCLA 教授による複雑系と組織活性化の理論書。

V字回復の経営
2年で会社を変えられますか

2001年9月17日　1版1刷
2002年3月26日　9刷

著　者　三枝　匡

発行者　喜多恒雄

発行所　日本経済新聞社
http://www.nikkei.co.jp/pub/
東京都千代田区大手町1-9-5　〒100-8066
電話　03-3270-0251　振替　00130-7-555

印刷・製本　大日本印刷

ISBN4-532-14934-7